I0820982

ESPÍRITUS FANTASMAS
Y MUNDO SOBRENATURAL

ESPÍRITUS FANTASMAS

Y MUNDO SOBRENATURAL

DK Penguin Random House

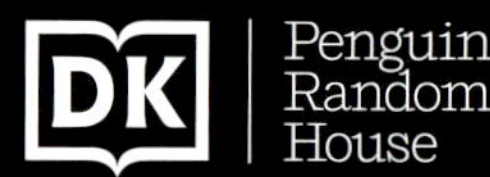

Edición sénior Kathryn Hennessy
Edición del proyecto Abigail Mitchell
Edición Victoria Murrell, Fiona Plowman y Victoria Pyke
Coordinación de arte Helen Spencer
Diseño Judy Caley
Coordinación editorial Gareth Jones
Coordinación de arte sénior Lee Griffiths
Iconografía Sarah Smithies y Jo Walton
Asistente de iconografía Nunhoih Guite
Producción sénior Robert Dunn
Control de producción Nancy-Jane Maun
Desarrollo de diseño de cubiertas Sophia MTT
Diseño de cubierta sénior Surabhi Wadhwa-Gandhi
Maquetación sénior Harish Aggarwal
Coordinación de cubiertas sénior Priyanka Sharma-Saddi
Subdirección de publicaciones Liz Wheeler
Dirección de arte Maxine Pedliham y Karen Self
Dirección de publicaciones Jonathan Metcalf
Dirección editorial Liz Gough

DE LA EDICIÓN ESPAÑOLA
Servicios editoriales deleatur, s.l.
Traducción José Luis López Angón
Coordinación de proyecto Helena Peña Del Valle
Dirección editorial Elsa Vicente

Publicado originalmente en Gran Bretaña en 2024 por Dorling Kindersley Limited, 20 Vauxhall Bridge Road, London SW1V 2SA

Parte de Penguin Random House

008-336851-Oct/2025

Título original: *A History of Ghosts, Spirits and the Supernatural*

ISBN: 979-8-2171-2987-4

Impreso en India

www.dkespañol.com

FSC www.fsc.org MIXTO Papel | Apoyando la silvicultura responsable FSC™ C018179

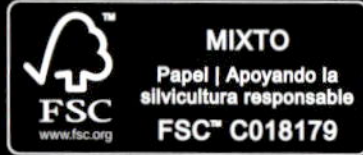

Este libro se ha impreso con papel certificado por el Forest Stewardship Council™ como parte del compromiso de DK por un futuro sostenible. Para más información, visita **www.dk.com/uk/information/sustainability.**

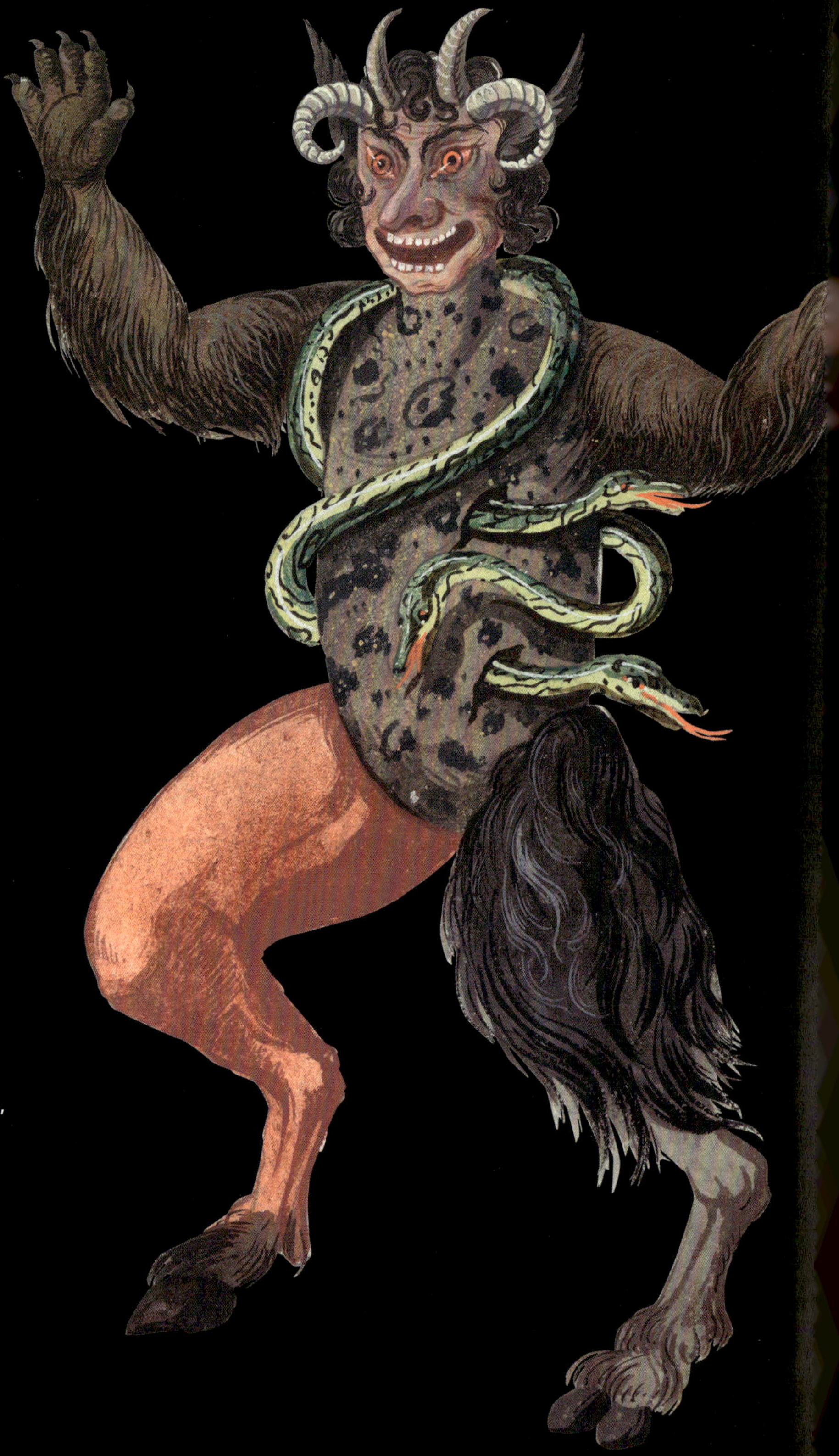

CONTENIDO

PREGUNTAR A LOS ANTEPASADOS
El mundo antiguo

INFRAMUNDOS Y MÁS ALLÁ
De la antigüedad a la Edad Media

ENCUENTRO CON LOS ESPÍRITUS
1400–1700

OCULTISMO Y NO MUERTOS
1700–1900

REVISIONISMO Y RESURGIMIENTOS
Desde 1900

CONSULTOR

El profesor Owen Davies es historiador especializado en brujería, magia, fantasmas y medicina popular. Es autor de varias publicaciones, miembro del Departamento de Historia de la Universidad de Hertfordshire y vicepresidente de The Folklore Society. Sus trabajos de investigación suelen ser interdisciplinarios, aplicando conocimientos arqueológicos, antropológicos y biomédicos a temas históricos, y reflejan un interés particular por el patrimonio, así como por la historia del paisaje.

COLABORADORES

Ben Gazur es escritor especializado en historia, folclore y cultura popular. Ha escrito artículos para la BBC, la Wellcome Collection, *The Guardian* y *All About History*.

Ted Hand es profesor en una escuela pública estadounidense e investigador independiente, especializado en la historia del esoterismo occidental: ocultismo, magia renacentista, wicca y la contracultura ocultista y mágica del siglo XX.

Sam Hirst es investigador posdoctoral en la Universidad de Nottingham. Su investigación se centra en la literatura gótica del siglo XVIII y el Romanticismo, así como en los géneros romántico, gótico y de terror en la literatura y el cine modernos.

Ceri Houlbrook es historiadora y sus principales intereses de investigación son el patrimonio y la cultura material del ritual y el folclore en las islas británicas. Es profesora titular de Folclore e Historia en la Universidad de Hertfordshire y ha colaborado con el Museo Ashmolean de Oxford y el Museo de Arqueología de Londres.

Cailín Murray es profesora asociada de Antropología en la Ball State University de Indiana. Sus investigaciones se centran tanto en la etnohistoria medioambiental del colonialismo en Norteamérica como en la antropología de lo sobrenatural, y en cómo ambas están interrelacionadas.

Helen Nde es una escritora y artista camerunesa afincada en Atlanta. Dirige la comunidad en línea Mythological Africans, que explora la mitología, el folclore, la espiritualidad y la cultura del continente africano. También ha publicado *The Runaway Princess and Other Stories*.

Andrew Hock Soon Ng es profesor asociado en la Universidad de Monash (Malasia), donde enseña literatura y escritura creativa. Su investigación principal se centra en los estudios góticos y los relatos de terror, incluida la tradición literaria de los monstruos asiáticos.

Philip Parker es historiador y exdiplomático británico. Estudió Historia en el Trinity College de Cambridge y Relaciones Internacionales en la Johns Hopkins School of Advanced International Studies. Colaboró en la obra de DK *Magia, brujería y ocultismo* y es autor de numerosos libros aclamados por la crítica.

Francis Young es historiador y folclorista, especializado en la historia de las religiones y las creencias. Es un autor galardonado y aparece regularmente en la radio de la BBC, además de escribir para *History Today*, *BBC History Magazine*, *The Catholic Herald* y otras publicaciones.

PREFACIO

A lo largo de la historia y a lo ancho del mundo, los vivos han sido perseguidos por fantasmas y otros seres sobrenaturales. El mundo de los espíritus está repleto de diversos seres, benévolos o malignos, cuyas características han sido modeladas por las distintas culturas humanas: de los *jinn* de las creencias árabes a las hadas de Irlanda, de los demoníacos *yōkai* de Japón a los espíritus divinos *òrìṣà* de los yoruba de África occidental.

La religión y el mito han tenido un papel importante en la configuración de la naturaleza de los seres sobrenaturales. Pero aunque algunos espíritus eran –en algunos casos siguen siendo– considerados seres divinos, relacionados con la divinidad, muchas culturas desarrollaron nociones de fantasmas y espíritus sin vínculo alguno con la religión. Las sociedades crean espíritus para reflejar distintos aspectos de la condición humana y para explicar el funcionamiento aparentemente inexplicable del mundo natural.

En las creencias de muchas culturas de todos los tiempos (aunque ni mucho menos en todas), los seres humanos también acaban convertidos en espíritus o fantasmas al morir. Los antropólogos han demostrado que, aunque en todo el mundo existen nociones básicas similares sobre los espíritus de los muertos (como su capacidad para abandonar el cuerpo físico), también hay una serie de interpretaciones y creencias diferentes: si son o no sensibles (capaces de sentir o percibir cosas), qué hacen y su relación con los vivos y con otras categorías de seres sobrenaturales. No es de extrañar que en el reino de los espíritus, al igual que en el mundo humano, encontremos lo bueno, lo malo y lo feo: los espíritus que creamos reflejan las cualidades y debilidades humanas.

Fantasmas y espíritus han sido venerados, apaciguados, conjurados y exorcizados, según los distintos contextos culturales. Se los ha considerado aterradores, reconfortantes, agresivos, pacíficos o enigmáticos. Mientras que algunos espíritus se revelan visualmente, otros pueden detectarse por los ruidos que hacen, por ciertos olores o a través del tacto. Rara vez hablan en voz alta o entablan largas conversaciones con los humanos, pero pueden comunicarse de formas diversas. Por ejemplo, a veces se ha creído que los fantasmas inquietos tenían la misión de rectificar alguna injusticia o de advertir a los vivos sobre alguna fatalidad inminente mediante gestos o gemidos. Otros no tenían ese propósito, pero se aparecían a los vivos como recuerdos silenciosos del pasado.

Personas y lugares pueden ser perturbados por espíritus. Además de los mitos y leyendas, las experiencias personales eran (y siguen siendo) fundamentales para sostener esa creencia. El mundo sobrenatural ha conservado su relevancia a lo largo del tiempo porque siempre ha habido gente que afirma haber tenido encuentros con fantasmas o espíritus. Estos suelen producirse por la noche, cuando se cree que la frontera entre el mundo humano y los otros mundos es más porosa. También es el momento en que la oscuridad excita la imaginación y los sueños se funden con la realidad. En muchas tradiciones, sin embargo, la gente no buscaba a los espíritus, ni los espíritus deseaban necesariamente buscar a los humanos. Ambos vivían vidas paralelas, con una interacción solo ocasional. Pero había lugares en el paisaje –espacios liminales o fronterizos– donde humanos y espíritus tenían más probabilidades de encontrarse para bien o para mal.

La asombrosa variedad de fantasmas y espíritus presentada en este libro, que abarca culturas de todo el mundo, muestra cómo lo sobrenatural puede entretener y educar. A veces el tema es tachado de frívolo por los académicos, pero estos espíritus reflejan las culturas que los produjeron y representan nociones y emociones universales, como el sentido de la vida o la vida después de la muerte, y la clara necesidad humana de creer que no estamos solos. Este libro también pone de manifiesto la gran influencia que los espíritus y lo sobrenatural han ejercido en la creatividad artística a lo largo de los siglos, de los grimorios medievales ilustrados con demonios y espíritus planetarios a las obras de arte modernas inspiradas en la comunicación con los espíritus, pasando por los fantasmas del purgatorio de William Shakespeare y los espectros de la serie de televisión *Scooby-Doo*. El mundo sobrenatural sigue jugando con nuestra imaginación, y su larga historia proporciona inspiración abundante. También se crean nuevos espíritus en el ciberespacio, lo que confirma que son eminentemente adaptables a los paisajes siempre cambiantes del mundo humano.

Owen Davies

OWEN DAVIES

◀ **Fantasmas juguetones**
La tumba (1743), de Robert Blair, fue uno de los primeros ejemplos de poesía de cementerio, que utilizaba imaginería macabra para reflexionar sobre la vida, la muerte y la inmortalidad. William Blake dibujó *Los retozos de los fantasmas* para la edición del poema de 1808.

PREGUNTAR A LOS ANTEPASADOS

EL MUNDO ANTIGUO

Introducción

Durante milenios, los seres humanos han buscado la protección de los espíritus de sus antepasados y otros seres sobrenaturales tanto en la vida como en la muerte. Aunque lo que se sabe sobre las creencias espirituales de los pueblos prehistóricos se basa tan solo en los restos arqueológicos que dejaron –imágenes en las paredes de cuevas y rocas, sepulturas y monumentos rituales–, las prácticas funerarias de la Edad de Piedra proporcionan el sentido más antiguo de la idea de una vida después de la muerte. La disposición de los cuerpos y la inclusión de ajuares funerarios, como bebida y comida, sugieren que se equipaba a los muertos para un viaje a otro lugar, pero la arqueología revela poco sobre la naturaleza de ese lugar. Los restos de rituales hallados en el suelo, algunos sacrificiales, apuntan a intentos de aplacar a dioses o espíritus desconocidos.

Los primeros escritos, de hace más de 5000 años, arrojan luz sobre cómo se concebían los mundos espirituales y el papel de los antepasados en ellos. Las tablillas cuneiformes de la antigua Mesopotamia revelan un mundo repleto de dioses, demonios y espíritus de los muertos. Los vivos se protegían de estas amenazas sobrenaturales, y los *ašipu* (sacerdotes-exorcistas profesionales) eran figuras importantes en la sociedad.

En las tumbas reales del antiguo Egipto, los textos jeroglíficos y las pinturas murales revelan una relación muy sofisticada entre los vivos y los muertos, así como el juicio del alma por Osiris, dios del más allá y del inframundo. La aristocracia y los sacerdotes encargaban elaborados rollos de papiro llamados «Libro de la salida al día» (conocidos hoy como «Libro de los Muertos»), que contenían conjuros para proteger a los muertos en su viaje al más allá. Los textos egipcios también incluyen las primeras ideas registradas sobre el concepto del alma humana. Los antiguos egipcios creían que el alma tenía varias partes constituyentes, una de las cuales –el *ib*– se situaba en el corazón. Dos milenios más tarde, filósofos griegos como Platón y Aristóteles

Primer arte rupestre australiano ***(p. 21)***

En torno a los muertos zoroástricos ***(p. 27)***

Nigromancia en el Antiguo Testamento ***(p. 41)***

escribieron extensamente sobre la naturaleza del alma y su ubicación en el cuerpo.

La escritura se desarrolló c. 1200 a. C. en las antiguas civilizaciones asiáticas. Registros de siglos posteriores muestran una preocupación por los espíritus ancestrales, y los conjuros escritos en tablillas de bambú sugieren que, como en la Mesopotamia primitiva, fantasmas y demonios nocturnos eran una preocupación cotidiana. Textos religiosos como el *Rigveda* y los Upanishads del hinduismo incluyen las primeras referencias al concepto de reencarnación. En vez de acceder a una vida después de la muerte, se creía que, tras la muerte biológica, el alma inmortal transmigra a otro cuerpo, humano o animal. Esta idea del renacimiento está presente en religiones orientales como el budismo y el hinduismo, en la filosofía griega clásica y en antiguas tradiciones religiosas no literarias de todo el mundo.

En la época de la dinastía Han occidental (206 a. C.–9 d. C.) en China y del Imperio romano (27 a. C.–476 d. C.) en Occidente, ya se habían registrado las ideas sobre la muerte, el alma y el más allá que dieron forma a las principales religiones. Estas fuentes también aportan pistas sobre las creencias que llevaron a los humanos prehistóricos a crear sus enigmáticos monumentos.

> «Heme aquí convertido en un cuerpo espiritual, en un bienaventurado a quien nada le falta. ¡Oh dioses todos, […] abridme el camino!»
>
> LIBRO DE LOS MUERTOS EGIPCIO, CAPÍTULO 9

Huesos oraculares chinos *(p. 50)*

Ajuar funerario anglosajón *(p. 52)*

La buena gente *(p. 58)*

EL NACIMIENTO DEL MÁS ALLÁ

creencias humanas tempranas

Los humanos son únicos como especie por su reverencia hacia los restos físicos de los muertos y por la creencia de que parte de la esencia de una persona sobrevive después de la muerte. Las creencias espirituales y las prácticas funerarias surgieron pronto en la evolución humana, quizá junto con la conciencia de la finitud de la vida y de que –aunque solo sea por razones de higiene– los muertos deben mantenerse separados de los vivos.

▼ Máscara de espíritu
Hallada en una cueva de Nahal Hemar (Israel), esta y otras máscaras espirituales similares de *c.* 7000 a.C. están decoradas con tiras de brea en la parte posterior. Las máscaras, que representan a individuos de distintas edades, tienen cavidades para los ojos y la boca, lo que sugiere que pudieron usarse en ceremonias chamánicas.

Enterrar a los muertos

Los enterramientos son incluso anteriores a la aparición de los humanos modernos (*Homo sapiens*). Hace unos 430 000 años, 28 miembros de la especie *Homo heidelbergensis* fueron enterrados en fosas poco profundas en la Sima de los Huesos, en Atapuerca (España). Hace unos 70 000 años, neandertales (*Homo neanderthalensis*) enterraron varios cadáveres en la cueva de Shanidar, en los montes Zagros de Irak; en uno de los cuerpos se hallaron restos de polen, lo que sugiere que se depositaron flores sobre el cadáver en su tumba.

Las primeras evidencias arqueológicas de ajuares funerarios (objetos enterrados junto a los muertos) se remontan al Paleolítico Medio (hace unos 28 000 años), y apuntan al surgimiento de la creencia en una vida después de la muerte. En Sungir (Rusia) se encontró a un niño y una niña de esa época enterrados junto a más de 10 000 cuentas de marfil, una figura de mamut y un cinturón de dientes de zorro.

▲ Pasaje al inframundo
El pasadizo oriental, de 40 m de longitud, que conduce al interior de la tumba de Knowth (Irlanda) es el más largo de su clase en Europa occidental. Las tumbas de corredor reflejan la idea del inframundo como un lugar real al que viajan los muertos.

Prácticas neolíticas

El desarrollo de la agricultura en el Neolítico, desde *c.* 10 000 a.C., dio lugar a sociedades más asentadas y, con ellas, a los primeros cementerios y a creencias religiosas más complejas. La creciente evidencia de objetos funerarios como cerámica, abalorios, aperos agrícolas y puntas de flecha de sílex enterrados en tumbas neolíticas sugiere que en estas sociedades se creía que los difuntos tenían necesidades más allá de la muerte que debían ser satisfechas.

Pruebas similares de culto a los muertos proceden de Çatalhöyük, en el centro de Turquía (*c.* 6000–5000 a.C.). Allí se enterraban esqueletos y cráneos bajo casas de adobe, algunas de ellas decoradas con pinturas de toros, felinos y buitres. Sobre la misma época, en la cultura china de Yangshao,

> «La importancia de los muertos residía en que se desplazaban a través del cosmos. Al igual que el Sol, eran un elemento dinámico.»
>
> **DAVID LEWIS-WILLIAMS Y DAVID PIERCE**, *DENTRO DE LA MENTE NEOLÍTICA* (2005)

los agricultores neolíticos enterraban a sus muertos en fosas y luego los exhumaban y volvían a enterrar. Esta práctica podría indicar que la muerte y el paso a la otra vida eran un proceso que no se consideraba concluido con la primera muerte «física».

A fines del Neolítico, la arquitectura monumental ya había aparecido en Europa. Grandes estructuras megalíticas como Stonehenge (Reino Unido) y los alineamientos de Carnac (Francia) parecen alinearse con cuerpos celestes, lo que sugiere una creencia en la conexión entre estos, los cuerpos vivos de los adoradores y los cuerpos muertos de los antepasados. Las tumbas de corredor, como las de Newgrange y Knowth en Irlanda (*c.* 3200 a. C.), en las que se accede a la cámara funeraria a través de un estrecho pasadizo, representan la transición al más allá, mientras que la frecuente decoración de espirales, rombos y círculos concéntricos pudo ser una forma de alterar la conciencia para entrar en el dominio de los muertos.

Inframundos artificiales

Algunas tumbas megalíticas tienen un atrio semicircular descubierto, que pudo ser lugar de celebración

▶ **Viaje al más allá**
Esta vasija funeraria de la cueva de Manunggul (Filipinas), datada *c.* 800 a. C., representa el viaje del alma al más allá. Forma parte de una tradición en la que se exhumaba un cuerpo para luego volver a enterrarlo dentro de un recipiente muy decorado.

▲ **Vestida con sus mejores galas**
Esta reconstrucción del atuendo de la chamana de Bad Dürrenberg muestra el tocado de venado y el colgante de dientes y colmillos de jabalí con los que fue enterrada. Es posible que la anormalidad de las vértebras del cuello y de la base del cráneo la llevaran a experimentar alucinaciones.

de rituales en honor de los muertos. Las cuevas, lugar de los primeros enterramientos paleolíticos, seguían siendo veneradas como puntos de encuentro entre el inframundo y el mundo superior. Puede que el inframundo se considerara un lugar físico al que iban los muertos. En Grecia, la gente peregrinaba a Alepotrypa para dejar ofrendas en la boca de una cueva, mientras que los pobladores de la Edad del Hierro (siglo I a. C.) de Carn Euny, en Cornualles (Reino Unido), crearon un *fogou* (cámara subterránea), quizá un pasadizo simbólico al más allá. La idea de un viaje a la tierra de los muertos es un tema recurrente en el arte primitivo, desde las urnas funerarias de Filipinas (p. 15) hasta las lápidas conmemorativas de la Escandinavia previkinga (*c.* 500 a. C.), que a menudo representan barcos.

Espíritus ancestrales

Los pobladores de las primeras aldeas agrícolas parecen haber venerado a espíritus ancestrales. En Ein Mahal (Israel) se enterraban decenas de cadáveres cerca del hogar de las casas, quizá como símbolo de la necesidad de mantener a los muertos cerca de los vivos. En Ain Ghazal (Jordania), una aldea agrícola de la cultura natufiense, la cabeza de los cadáveres se separaba del resto del esqueleto y se cubría con yeso blanco; después se le insertaban conchas en los ojos (p. 18). Los cadáveres de niños no recibían este tratamiento, lo que sugiere que solo los adultos podían convertirse en espíritus ancestrales. En otros lugares se conmemoraba a los muertos con imágenes, como se ve en las figurillas de Chipre o en las urnas funerarias decorativas de la cultura pomerana de la Edad del Hierro del norte de Polonia y Alemania.

◀ **Figurilla chipriota**
Las figurillas de arcilla planas y rectangulares como esta, adornadas con motivos geométricos que representan joyas y vestidos, son exclusivas de la Edad del Bronce Medio (2000–1600 a. C.) en Chipre. Es posible que cada figura representara el espíritu de un difunto particular.

El nacimiento del chamanismo

Se han encontrado pocas evidencias de prácticas prehistóricas de culto a los muertos. Sin embargo, la presencia habitual de imágenes de animales en los enterramientos y la inhumación de algunos cadáveres con ofrendas de restos animales sugieren una creencia en el chamanismo, que podría remontarse a la época preneolítica. El término «chamán» procede del pueblo evenki de Siberia, pero los estudiosos lo usan de forma más general para designar un amplio conjunto de creencias y prácticas centradas en la comunicación con los espíritus.

En Bad Dürrenberg (Alemania) se halló la tumba de una mujer de entre 30 y 40 años de edad, de *c.* 7000 a. C., enterrada con varios objetos funerarios, como los huesos y la cornamenta de un ciervo. El análisis de su esqueleto reveló una malformación espinal, y puede que esto le confiriera un estatus especial en la comunidad, quizá el de chamana. Del mismo modo, las excavaciones en cementerios neolíticos de Europa han revelado un puñado de cuerpos enterrados en posición sedente, en vez de la habitual postura plana o flexionada (con las rodillas dobladas). Al parecer, el papel de estos individuos en vida exigía un trato especial en la muerte. Al acceder al mundo de los espíritus en vida, estos chamanes –los primeros sacerdotes– debieron de dar a la gente motivos para esperar una vida después de la muerte. Pero, a falta de registros escritos, sus creencias específicas sobre lo sobrenatural siguen siendo un misterio.

▲ **Cara de espíritu**
Las urnas funerarias de la cultura pomerana, fechadas entre 600 y 200 a. C., están rematadas con una tapa en forma de sombrero y decoradas con rostros. Cada urna tiene un rostro único, que posiblemente represente al difunto que contuvo.

> «Viajas por otros mundos en nombre de tu pueblo con la ayuda de tu animal espiritual.»
>
> **HARALD MELLER**, DIRECTOR DEL MUSEO ESTATAL DE PREHISTORIA DE HALLE (ALEMANIA), SOBRE EL ROL DE LA CHAMANA DE BAD DÜRRENBERG (2023)

◀ **Esta estatuilla de marfil** de Brno (República Checa) está datada en 29 000–25 000 años. Se creía que estas figuras capturaban el espíritu de una persona, animal o enfermedad.

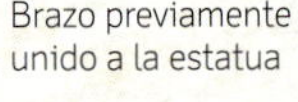

Brazo previamente unido a la estatua

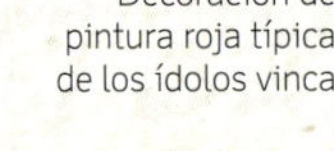

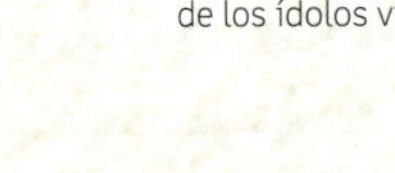

Decoración de pintura roja típica de los ídolos vinca

▲ **Cabezas de arenisca** como esta fueron halladas en la orilla del Danubio en Lepenski Vir (Serbia). Datadas *c.* 5000 a. C., se cree que representan espíritus fluviales o muertos.

▶ **Esta figura similar a una vaca** de la cultura neolítica china de Hongshan (*c.* 4700–2920 a. C.) probablemente la llevara como colgante un chamán, ya que se creía que el jade proporcionaba protección.

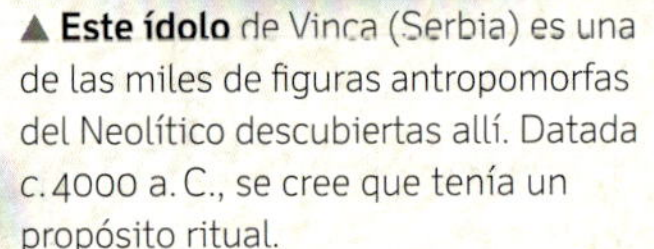

▲ **Este ídolo** de Vinca (Serbia) es una de las miles de figuras antropomorfas del Neolítico descubiertas allí. Datada *c.* 4000 a. C., se cree que tenía un propósito ritual.

▲ **Este cráneo** (*c.* 7000 a. C.) de Ain Ghazal (Jordania) está cubierto de yeso y tiene las cuencas oculares tapadas con conchas: un ejemplo temprano de veneración de cráneos de antepasados.

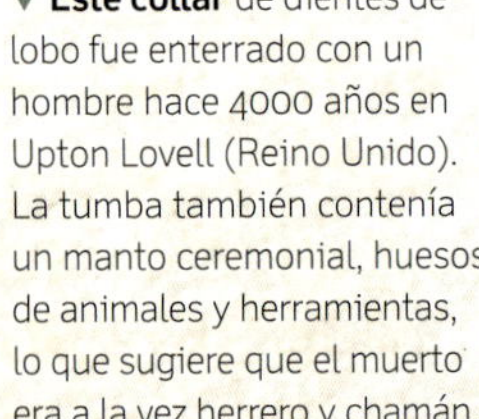

▼ **Este collar** de dientes de lobo fue enterrado con un hombre hace 4000 años en Upton Lovell (Reino Unido). La tumba también contenía un manto ceremonial, huesos de animales y herramientas, lo que sugiere que el muerto era a la vez herrero y chamán.

Rituales prehistóricos

A falta de registros escritos, a los arqueólogos les resulta difícil determinar la finalidad y el significado exactos de muchos de los hallazgos de las primeras sociedades humanas. Sin pruebas que demuestren lo contrario, a menudo se supone que ciertos objetos se utilizaron en rituales. Sin embargo, algunos reflejan claramente su papel en las prácticas espirituales tempranas. Además de las creencias en la vida después de la muerte y la veneración de los antepasados, los elementos chamánicos surgieron como un aspecto primitivo de la religión, y en ellos se ve un intento de relacionarse con los espíritus del mundo natural. Se cree que estos objetos, que datan del Neolítico a la Edad del Hierro, cumplían una función chamánica, talismánica o relacionada con los espíritus.

◀ **Esta figura humana** fue descubierta junto a otras ocho en un altar de un círculo de piedras en Xaghra (Malta). Datadas *c.* 3000–2400 a. C., se cree que las figuras pertenecieron a un chamán.

▶ **Esta cabeza de maza** es una pieza de sílex tallado hallada en la tumba de corredor de Knowth (Irlanda) (pp. 14–15), y data de 3300–2800 a. C. Pudo utilizarse en un ritual funerario.

◀ **Esta *dogū*** (figura) femenina data del último periodo Jomon de Japón (1000–300 a. C.). Se han encontrado muchos ejemplares similares con roturas deliberadas, lo que ha llevado a los expertos a sugerir que pudieron ser utilizadas en rituales de curación.

◀ **Esta tapa de urna** de la cultura china de Yangshao (2600–2300 a. C.) representa el rostro de un chamán. Las decoraciones rojas sugieren que los chamanes (p. 17) podrían tatuarse o pintarse el cuerpo con símbolos animales y geométricos.

▲ **Los congs de jade** como este eran objetos rituales en la China neolítica. Este, de 2400 a. C., se encontró en un círculo de congs que rodeaban al difunto en una tumba en Sidun (provincia de Jiangsu).

ESPÍRITUS DEL TIEMPO DE LOS SUEÑOS

creencias de los primeros australianos

▼ El arte del Sueño
Esta obra del artista pintupi Johnny Warangkula Tjupurrula, de 1971, se titula *Old Man's Fighting Dreaming* y muestra a tres figuras de antepasados. El arte del Sueño suele representar espíritus ancestrales y sus historias.

Los sistemas de creencias de los pueblos originarios australianos son muy diversos, y los aborígenes hablan más de 250 lenguas en todo el continente. No obstante, tienen en común el concepto del Tiempo del Sueño. Este término, acuñado por antropólogos europeos, designa un mundo habitado por espíritus de la creación y seres ancestrales, que descendieron a la Tierra para crear su paisaje de ríos, árboles y desiertos, y para dar vida a animales, plantas y seres humanos. Según esta visión del mundo, todas las cosas –paisajes, pueblos y espíritus– están interrelacionadas, y el Tiempo del Sueño permanece siempre presente. El espíritu de una persona existe antes de nacer y renace después de la muerte, y cada persona tiene un espíritu vital, uno de los espíritus del Tiempo del Sueño, como ayuda y guía.

Espíritus *wandjina* y *mimi*

Entre los pueblos ngarinyin, wororra y wunambal de la región occidental de Kimberley, los espíritus del Tiempo del Sueño incluyen a los *wandjina*. Según la leyenda, estos «seres del cielo» descendieron de la Vía Láctea y crearon toda la vida. Se los asocia especialmente con nubes, ríos y otros elementos acuáticos, y producen la lluvia y las «semillas de niños», fuente de la vida humana.

Entre los pueblos de la Tierra de Arnhem (tierra sagrada en el Territorio del Norte de Australia), se dice que los espíritus *mimi* son tímidas criaturas que viven en cuevas y grietas rocosas durante el día. En el Tiempo del Sueño, enseñaron a los humanos técnicas útiles, como la caza, la cocción de carne de canguro, la pesca, el tejido y la interpretación de cantos y danzas ceremoniales. Los *mimi* también crearon arte rupestre, que se convirtió en el principal medio utilizado por los primeros australianos para representar imágenes de los espíritus del Tiempo del Sueño y sus historias. En general, se cree que son benévolos y que solo hacen maldades si se daña a sus mascotas: animales como el equidna, el varano y el walabí de las rocas.

Aviso de peligro

Al igual que el desierto y las regiones tropicales presentan peligros naturales, también albergan seres nada benévolos. En los lagos salados de la región de Pilbara, en el desierto occidental, acechan los legendarios *ngayurnangalku*, seres monstruosos con dientes y uñas afilados que atacan a los martu incautos. Más al norte, los anangu temen a los *mamu*, con sus grandes ojos saltones y colmillos capaces de despedazar a una persona. En el país de los warlpiri se dice que los peludos *pangkarlangu* usan sus garras para matar bebés. Todas estas leyendas sobre espíritus peligrosos están asociadas a las características de paisajes concretos y, por tanto, las historias sirven para recordar a los pueblos aborígenes, y a los niños en particular, que el entorno en el que viven, si no se respeta, puede resultar peligroso.

▲ **Espíritus maestros**
Pintada con ocre sobre corteza por el artista indígena Jimmy Midjawmidjaw, originario de la isla Crocker, al noreste de Darwin, esta obra representa a tres espíritus *mimi*, con el torso enjuto y las extremidades en movimiento.

> «Los que pierden el sueño están perdidos.»
>
> PROVERBIO ABORIGEN AUSTRALIANO

▲ **Espíritus en las cuevas**
Estas antiguas pinturas rupestres aborígenes, halladas en el desierto de Kimberley, representan a *wandjina* con caras blancas, grandes ojos negros y una especie de halo. Los rostros no tienen boca, lo que se dice que les impide producir demasiada lluvia.

LA TIERRA SIN RETORNO

espíritus y demonios mesopotámicos

A lo largo de un periodo de más de 3000 años, desde *c.* 4000 a. C., muchas culturas (entre ellas los sumerios, acadios, babilonios y asirios) habitaron la antigua Mesopotamia, parte del actual Oriente Próximo. Pese a sus diferencias, estas culturas compartían creencias sobre el inframundo y los espíritus que lo habitaban.

Según estas creencias, el espíritu esencial de una persona –llamado *gidim* en sumerio y *etemmu* en acadio– sobrevivía a la muerte y emprendía un peligroso viaje a través de tierras infestadas de demonios hasta las siete puertas del inframundo. Allí, el espíritu era admitido por el guardián Bidu para ser juzgado por los 600 *anunnaki* («los que ven»), antes de que se le asignara un lugar entre los muertos.

◀ **El poder de proteger**
Lamashtu, la más temida de los demonios, era culpable de arruinar las cosechas, contaminar los ríos, provocar abortos y alimentarse de la sangre de los bebés. Amuletos como este, que la representan de pie sobre un burro y amamantando a un chacal y un cerdo salvaje, se creían capaces de atar su poder.

Lugar de oscuridad

Para los antiguos mesopotámicos, el inframundo era un lugar real, un lugar subterráneo de oscuridad y sombras. Tenía una jerarquía definida, y el lugar asignado a los muertos se determinaba no en función de si habían sido virtuosos o malvados, sino según su posición social. La sentencia del difunto, anotada en un libro por Belit-Tseri, el escriba infernal, podía condenar a los *gidim* o *etemmu* a una eternidad de miseria, bebiendo agua estancada y comiendo polvo, o, a los gobernantes muertos como Ur-nammu, rey de Ur, a una de relativa tranquilidad. Se consideraba vital que los muertos recibieran ofrendas de comida y vino. Esta tarea solía llevarla a cabo el hijo mayor del difunto o, en el caso de los gobernantes de ciudades mesopotámicas como Ur o Nippur, los sacerdotes de los templos que habían dotado. Se creía que, sin ofrendas, los muertos morirían de hambre en la otra vida y quedarían reducidos –ya hubieran sido reyes, sacerdotes o mercaderes– a la condición de mendigos.

Sin salida

Presidiendo la hueste de espíritus estaba Ereshkigal, diosa de la muerte. Desde su palacio de Ganzir se aseguraba de que ningún muerto regresara al mundo superior. Por esta razón, su reino se conocía como *erset la tari* («la tierra sin retorno»). Solo un puñado de héroes visitaba el inframundo y regresaba: se decía que en la ciudad de Uruk había una escalera que conducía allí, pero para aventurarse con seguridad en los dominios de Ereshkigal, uno no debía vestir ropas limpias, llevar armas ni hacer ningún tipo de ruido. Incluso Inanna, hermana de Ereshkigal y diosa del amor, que acudió a Ganzir para presenciar el funeral de su cuñado, escapó a duras penas. Según la leyenda, Inanna

◀ **Desnuda e impotente**
También conocida como Ishtar, Inanna, hermana de Ereshkigal (representada en este relieve babilónico de *c.* 1750 a. C.), fue una de las pocas que visitó el inframundo y regresó. En cada puerta tuvo que quitarse una prenda mágica, por lo que entró sin poder.

▲ **Señor del viento**
Representado aquí con cara de perro y alas, Pazuzu traía vientos de hambre y pestilencia. Pero su poder también protegía contra otros demonios, por lo que sus estatuas y amuletos eran comunes.

> «Nadie asciende del inframundo sin marca.»

«EL DESCENSO DE INANNA AL INFRAMUNDO», POEMA SUMERIO (*c.* 1750 A. C.)

▶ **Expulsar a Lamashtu**
Pazuzu, el señor del viento, sostiene esta placa de bronce (934–612 a. C.), que representa un exorcismo. En la segunda fila desde arriba están los siete demonios *galla*, mientras que la tercera muestra al enfermo en la cama mientras los sacerdotes del dios del agua Ea expulsan al demonio. Lamashtu está en la parte inferior, agarrando dos serpientes.

fue despojada de sus poderes mágicos en el inframundo y murió tras sentarse en el trono de su hermana. Fue rescatada por sus sirvientes, pero solo se le permitió abandonar el inframundo para reunirse con los vivos si prometía enviar a otros en su lugar. Estos sustitutos fueron Geshtinanna, diosa de la fertilidad, y Dumuzid, el dios pastor. Se creía que su ausencia del mundo de los vivos, cada uno durante la mitad del año, explicaba la sucesión de las estaciones.

Vecinos demoníacos

Además de albergar a los espíritus de los muertos, la tierra sin retorno era la guarida de seres demoníacos. Los más aterradores eran los *galla*, los mensajeros de Ereshkigal, cuyo deber era arrastrar a las almas de los muertos al inframundo. También estaba Lamashtu, una diosa demoníaca con cabeza de león, dientes de asno y manos manchadas de sangre, de la que se decía que devoraba a mujeres embarazadas, bebés y niños. Pazuzu, el señor con alas de pájaro de los demonios del viento, era a la vez una fuerza destructiva y protectora, ya que tenía el poder de arrasar casas y expulsar a otros demonios.

Protección contra el mal

Aunque los antiguos mesopotámicos en ocasiones achacaban dolencias como los dolores de cabeza o las convulsiones (epilepsia) a la posesión demoníaca, estas afecciones también se consideraban obra de *gidim* o *etemmu* a los que Ereshkigal permitía regresar a sus antiguos hogares en la tierra de los vivos. Venían como fantasmas para reparar algún daño sufrido en vida, o porque sus ritos funerarios habían sido defectuosos o no se habían hecho las ofrendas adecuadas.

Para protegerse de los espíritus y de la influencia malévola de los demonios, los mesopotámicos llevaban amuletos grabados con perros, los cuales se creía que los demonios y los fantasmas temían, o con imágenes de Pazuzu. También utilizaban ungüentos mágicos y nudos especiales que, según se creía, ataban al espíritu que los acechaba y lo dejaban impotente.

Exorcismos

Si los amuletos y otras medidas no conseguían evitar las dolencias causadas por seres malignos, los afectados podían recurrir a un *ašipu*, un exorcista que usaba hechizos, como un conjuro a Gula, diosa de la salud, para expulsar al espíritu maligno. Otra medida más extrema consistía en hacer una imagen del enfermo, rociarla con incienso y darle de comer una torta horneada con cenizas, con la intención simbólica de «resucitar» y curar al paciente. Asimismo, si el *ašipu* conocía la identidad del fantasma, podía hacer una imagen de este espíritu, escribir su nombre en ella, romperle los pies y ponerle un diente de perro en la boca; así, incapaz de vagar o de hablar, el fantasma se vería obligado a regresar a la tierra sin retorno.

▶ **Rumbo al más allá**
Esta tablilla de arcilla babilónica de *c.* 1500 a. C. muestra una figura que conduce a un espíritu atado de vuelta al inframundo. El asiriólogo británico Irving Finkel la considera la primera imagen de un fantasma.

Un texto cuneiforme en el reverso de la tablilla explica cómo enfrentarse a los fantasmas
La joven podría ser la amante del fantasma
El fantasma es una figura masculina con barba

▲ Ataque demoníaco

En esta escena de un manuscrito ilustrado del poema épico persa *Shāhnāmé*, el *daeva* Akvan/Akoman, que puede transformarse en asno salvaje o en viento, intenta matar al héroe dormido Rustam arrojándolo al mar.

DEMONIOS DESTRUCTIVOS

los *daevas* zoroástricos

El zoroastrismo, religión dominante en la antigua Persia (actual Irán) desde mediados del siglo VI a. C. hasta la conquista islámica en el siglo VII d. C., es una de las creencias vivas más antiguas del mundo. Fundada por el profeta Zoroastro (o Zaratustra) entre 1500 y 600 a. C., su cosmovisión dualista ve el universo como el telón de fondo de una lucha cósmica entre Ahura Mazda, fuerza divina de la luz y la verdad, y su contraparte maligna Angra Mainyu, encarnación de la falsedad y el caos. En la actualidad, aún existen pequeñas comunidades zoroástricas, principalmente en Irán e India.

Siervos de la falsedad

Los zoroástricos creen que los *daevas* (o *devas*) son los sirvientes de Angra Mainyu. Su nombre significa «los que brillan» en persa antiguo, y los *Gathas*, las escrituras zoroástricas más antiguas, se refieren a ellos como «deidades que hay que rechazar», posiblemente restos de un panteón persa anterior. De ser entidades ambiguas, evolucionaron en la religión zoroástrica hasta convertirse en demonios que corrompen a los humanos y los tientan a hacer el mal.

Los *daevas* adquirieron nombres y características individuales, como Dehaka, un temible *azi* (dragón o serpiente) de tres cabezas, capaz de tragarse a hombres y caballos enteros. Cada uno está asociado a un pecado o plaga, como Apaosha, el *daeva* de la sequía y la sed, o Bushanta, el *daeva* de la ociosidad. Están gobernados por seis *daevas* principales: Akoman, Andar, Savar, Naikiyas, Taprev y Zairich.

La resurrección de los muertos

Asociados con la muerte, se dice que los *daevas* se agrupan en torno a las *dajmas* o Torres del Silencio, estructuras circulares donde los zoroástricos exponen a sus difuntos para que las aves de rapiña los limpien, pues se cree que los cadáveres son impuros y pueden estar contaminados por demonios. Se cree también que los *daevas* infligen torturas en la *druj-demana* («Casa de las Mentiras»), lugar de condena de los pecadores a la espera del juicio del fin de los tiempos.

Los *daevas* son una fuente constante de tentaciones, y hay que evitar su atención. Descuidos como cortarse las uñas y no enterrarlas pueden atraerlos, al igual que los actos inmorales. Conductas especialmente perversas, como los delitos sexuales o la adoración de demonios, pueden llevar a alguien a convertirse en un *daeva* tras la muerte. Solo los actos virtuosos o la recitación durante las horas de oscuridad del *Vendidad*, un libro de ritos y oraciones, pueden mantenerlos a raya.

▲ Tumba en el cielo
Los *daevas* se reúnen en *dajmas* como esta Torre del Silencio del siglo XVII en Bombay (India). Esta torre sigue siendo utilizada por los parsis, una comunidad descendiente de los antiguos zoroástricos persas.

EN CONTEXTO

Angra Mainyu

También llamado Ahrimán, Angra Mainyu («Pensamiento Maligno») es la contrapartida oscura de Ahura Mazda («Pensamiento Sabio») en la religión zoroástrica. Ambos surgieron al mismo tiempo, y Angra Mainyu intentó destruir todo lo bueno que creó su opuesto. Demonio que cambia de forma y señor de un ejército de *daevas*, susurró el pecado a los oídos de Mashya y Mashyanag, el primer hombre y la primera mujer. Ninguno de los dos espíritus podrá vencer al otro antes del fin de los tiempos, cuando Ahura Mazda triunfará.

Se cree que este dragón alado de bronce (*c.* siglo IV d. C.) representa al espíritu destructor y cambiaformas Angra Mainyu.

RESUCITAR A LOS MUERTOS

nigromancia antigua

La nigromancia o necromancia –invocación de los espíritus de los muertos para pedirles consejo– es un rasgo característico de muchas sociedades antiguas. Pudo tener su origen en las prácticas de los chamanes, que alcanzaban un estado alterado de conciencia para comunicarse con los antepasados en el mundo de los espíritus. Costumbres posteriores, como el enlucido de cráneos para representar el rostro de los muertos (c. 7000 a. C., p. 17), son indicativas del culto a los antepasados y sugieren la creencia de que era posible comunicarse con sus espíritus.

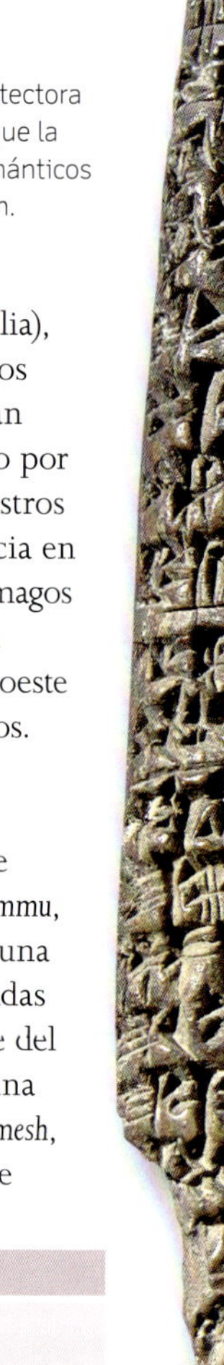

◀ **Protectora de almas**
Este amuleto egipcio representa a Neftis, protectora de los muertos y diosa del luto. Los amuletos que la representan aparecen en varios hechizos nigrománticos en el Papiro mágico demótico de Londres-Leiden.

Adivinos de los muertos

Más adelante aparecen pruebas más claras de rituales de nigromancia para resucitar a los muertos, consultar con ellos y conocer el futuro. La palabra deriva del latín, y esta del griego antiguo νεκρομαντεια –nekrós o νεκρός («cadáver») y manteía o μαντεια («adivinación»)– y los historiadores griegos proporcionan gran parte de la información conocida sobre su prevalencia. Según cuenta Estrabón en su *Geografía* (siglo I d. C.), había adivinos de los muertos en Etruria (Italia), Babilonia y Egipto. Los relatos griegos sugieren que estos nigromantes eran respetados y consultados a menudo por los gobernantes. También hay registros sobre practicantes de la nigromancia en Persia (donde se los conocía como magos o sabios y practicaban la magia del fuego) y entre otros pueblos del suroeste de Asia, como los caldeos y los sabeos.

El mundo de los muertos

Entre los sumerios, los nigromantes se llamaban *manzuzuu* o *shae'etemmu* (de *etemmu*, la palabra para «espíritu»), e incluían una clase de nigromantes femeninas llamadas *mušelitum*. El relato más antiguo procede del poema «Enkidu y el inframundo», una forma temprana de la *Epopeya de Gilgamesh*, escrita hacia 2000 a. C. En él, el héroe

EN CONTEXTO

Los persas de Esquilo

La obra teatral más antigua que se conserva en Occidente presenta la nigromancia. *Los persas* (472 a. C.), del dramaturgo griego Esquilo, relata la derrota de las fuerzas persas de Jerjes en la batalla de Salamina (480 a. C.). En ella, Atossa –la madre de Jerjes, que aún no ha vuelto de la guerra– invoca al fantasma del padre de su hijo, el rey Darío I, ofreciéndole libaciones de miel, leche, vino y flores. Cuando aparece, Atossa cuenta al espectro de Darío la derrota de su hijo y Darío lamenta la locura de Jerjes: al decidir invadir Grecia y construir un puente sobre el Helesponto, Jerjes desafió a los dioses, provocando su propia caída. El fantasma de Darío profetiza una nueva derrota persa en Platea en 479 a. C.

Darío I de Persia fue uno de los más grandes gobernantes de la dinastía aqueménida. En *Los persas*, su fantasma habla con temor reverencial del inframundo.

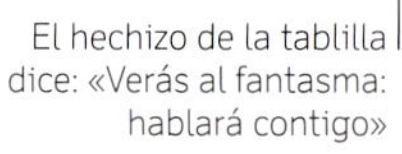

El hechizo de la tablilla dice: «Verás al fantasma: hablará contigo»

◀ **Cómo resucitar a un fantasma**
Esta tablilla cuneiforme babilónica del siglo VII a. C. contiene conjuros sobre cómo resucitar a un fantasma y cómo evitar que cause daño. Describe un ungüento ocular de nigromante a base de grasa de león, intestinos de rana y alas de saltamontes.

Gilgamesh deja caer accidentalmente dos objetos mágicos en el inframundo, y su amigo Enkidu queda atrapado allí al intentar recuperarlos. Gilgamesh apela al dios Enlil para que convoque a Enkidu y este aparece fugazmente, como una ráfaga de viento, para contarle a Gilgamesh la (en gran medida miserable) vida de los muertos. Más tarde, los nigromantes sumerios y babilonios realizarían rituales que incluían la aplicación de ungüentos mágicos para los ojos con el fin de ver a los espíritus y el uso de cráneos para contener a los fantasmas conjurados y permitirles comunicarse.

«¡Que me responda el que está en el cráneo!»

TABLILLA DE NIGROMANCIA ACADIA (I MILENIO A. C.)

Magia práctica

En el antiguo Egipto, los hechizos del Libro de los Muertos para ayudar a las almas en su viaje al más allá se reflejaban en una forma más oscura de magia nigromántica. El Papiro mágico demótico de Londres-Leiden, un texto mágico o grimorio (pp. 156–159) egipcio del siglo III d. C., está repleto de magia práctica, incluidos hechizos para conjurar a un espíritu maldito o matar a un enemigo. También explica cómo invocar a los muertos colocando piedras en un brasero encendido para que entren los espíritus. Las instrucciones incluyen la adición de estiércol de asno para invocar al fantasma de un hombre asesinado. Se debía tener mucho cuidado, ya que los espíritus malignos podían entrar en un cadáver y reanimarlo; y desafiar al dios Osiris, que supervisaba el paso a la tierra de los muertos, normalmente unidireccional, era muy peligroso.

Esta magia egipcia se transmitió a griegos y romanos, y se refleja en antiguos textos judíos (pp. 40–41), que condenan a quienes «consultan una calavera». La Biblia prohíbe repetidamente la nigromancia. Difícil de erradicar, esa práctica de (por entonces) más de 2000 años de antigüedad sobrevivió hasta bien entrada la Edad Media y más allá.

▲ **Guardianes demoníacos**
Seis parejas de coloridos demonios *yaksa* flanquean todas las entradas del templo del Buda de Esmeralda de Bangkok (Tailandia) para ahuyentar a los malos espíritus. Como espíritus demoníacos de la naturaleza, protegen los lugares sagrados, pero también pueden ser malignos, vengativos y asesinos.

LEGIONES DEL INFIERNO

demonios

Los primeros pueblos de los que se tienen registros culpaban a entidades poderosas, como diablos y demonios, de las temibles fuerzas de la naturaleza: tormentas, hambrunas, enfermedades, etc. Con el tiempo, estos demonios adquirieron nombres y características. A menudo tenían un aspecto horrible, o eran en parte humanos y en parte bestias, tal vez por influencia del culto a los espíritus animales.

Entre el bien y el mal

Los demonios no solían considerarse de naturaleza maligna o moralmente corruptos. En Mesopotamia, los *galla* (p. 24) que arrastraban a las almas al inframundo eran aterradores, pero se consideraban parte del orden natural de las cosas y se podían ahuyentar con conjuros o amuletos. De igual modo, en el antiguo Egipto, Ammyt –el demonio femenino que devoraba las almas de los muertos cuyos pecados pesaban más que una pluma– formaba parte del orden cósmico. En la antigua epopeya hindú *Ramayana*, Ravana, rey de los demonios, es la personificación de la fuerza bruta y las pasiones incontroladas. Pero ni él ni sus *ráksasas* (demonios que rondaban los cementerios) eran esencialmente malvados.

Al desarrollarse, las religiones politeístas incluyeron creencias en demonios con atributos tanto buenos como malos. En la antigua Grecia, el Agathos Daimon era literalmente un «espíritu de buena naturaleza», que podía actuar como compañero y garantizar la salud y la buena fortuna. La tradición japonesa

▲ Un catálogo de arquetipos infernales
Esta ilustración del *Diccionario infernal* de Collin de Plancy (1863) representa a un demonio similar a un pájaro. En ediciones previas, el autor había satirizado sobre la creencia en los poderes demoníacos, pero su creciente fe católica lo llevó a creer en su existencia.

incluye una panoplia de demonios, como los *oni*, que acechan en los bosques y se alimentan de la carne de los incautos, o los esqueléticos *gashadokuro*, que aplastan a los humanos hasta la muerte. Aunque hay que evitarlos, con frecuencia tienen impulsos contradictorios y no son del todo repugnantes.

Demonios judeocristianos

En el Tanaj (Biblia hebrea), la palabra para «demonio» aparece varias veces relacionada con la adoración de falsos dioses, descritos como *shedim*. En el cristianismo primitivo, los demonios solían estar relacionados con deidades paganas y con el ocultismo. Pero, con el tiempo, se asociaron con los ángeles caídos que se habían rebelado contra Dios. Liderados por Satanás, los demonios encarnaban el mal y la tentación del pecado.

En 1215, el IV Concilio de Letrán de la Iglesia cristiana dictaminó que los demonios habían sido una vez buenos, pero habían elegido el mal. Esta idea excitó la imaginación medieval, y se idearon elaboradas clasificaciones para dar cuenta de las muchas formas en que se creía que las fuerzas demoníacas se manifestaban en el mundo.

Renacimiento demoníaco

El movimiento romántico de los siglos XVIII y XIX renovó la fascinación por los demonios. Henry Fuseli pintó un íncubo en *La pesadilla* (pp. 218–219), y el interés por el lado oscuro de los poderes invisibles dio lugar a un género de novelas góticas, como *Frankenstein*, de Mary Shelley (pp. 196–197). Esta fascinación continúa hoy, y las novelas románticas paranormales del siglo XXI (pp. 278–279) han devuelto a los demonios la imagen moralmente ambigua, o incluso seductora, que tuvieron en la antigüedad.

> «Todo lo demoníaco está entre la divinidad y lo mortal.»
>
> **PLATÓN**, *BANQUETE* (c. 385 a. C.)

▼ El Gran Duque del Infierno
Esta ilustración del *Rarísimo compendio de todo el arte de la magia*, obra alemana de 1775, sigue la tradición medieval de clasificar a los demonios en jerarquías, y representa a Astaroth, que conforma la trinidad maligna de mayor rango junto a Belcebú y Lucifer.

VIAJES PARA ALMAS ESCINDIDAS

ka, ba y aj

▲ Pesaje del corazón
Esta copia moderna de un papiro representa una escena habitual en el Libro de los Muertos: la crucial ceremonia del pesaje del corazón, que debía ser tan ligero como una pluma para que el *aj* recibiera la vida eterna.

Los egipcios creían en varios tipos diferentes de «alma», que sobrevivían al cuerpo físico y dependían de que se observaran los ritos funerarios adecuados. Tras el entierro, la fuerza vital (una chispa vivificante conocida como *ka*) permanecía en la tumba, separada del cadáver momificado. El *ka* necesitaba del sustento de los vivos, que podía consistir tanto en alimentos como en ofrendas simbólicas, representadas por medio de pinturas en las paredes de la tumba.

El *ba* o «espíritu viajero», representado en las pinturas y esculturas egipcias como un gran pájaro con cabeza humana, era la parte del alma que podía volar entre el mundo de los vivos y el de los muertos. Incluso cuando una persona estaba viva, se creía que el *ba* viajaba durante el sueño.

Volverse inmortal

El *aj* (o «espíritu efectivo») era el aspecto transfigurado del alma, que solo podía alcanzarse plenamente tras un peligroso viaje por el mundo de los muertos, que terminaba con un juicio. Por tanto, el *aj* no estaba presente durante la vida del difunto. El veredicto final sobre la vida del muerto lo decidían los Cuarenta y Dos Jueces junto con Osiris, dios del inframundo, que pesaba el corazón del difunto contra una pluma de avestruz que representaba la Verdad, la Justicia y el Equilibrio. Si el corazón era lo bastante ligero, se concedía al *aj* la vida eterna en un paraíso, el Campo de Juncos.

Invocar fantasmas

Se creía que el *aj* podía volver a la tierra en forma de fantasma para ayudar o hacer daño a los vivos. Se conservan varias cartas antiguas dirigidas al *aj* de un familiar difunto para pedirle ayuda con (o culparlo de) diversos problemas.

Esas cartas solían escribirse en los platos que contenían las ofrendas en las cámaras funerarias, para que el *ka* las leyera cuando acudía en busca de sustento. Muchas contienen peticiones para que el *aj* se aparezca a su autor en sueños. Esta interacción entre vivos y muertos se consideraba un medio para mantener el orden y el equilibrio en la sociedad. Algunos historiadores han comparado los rituales para honrar al *aj* con la veneración católica de los santos.

EN CONTEXTO

Jonsuemheb y el fantasma

Una de las historias de fantasmas más antiguas que se conservan por escrito se halla en unos fragmentos de cerámica (u *ostraka*) del periodo ramésida (1295–1069 a. C.). Cuentan la historia de Jonsuemheb, sumo sacerdote de Amón, que se enfrenta a un espíritu desesperado: el *aj* de Nebusemej, un funcionario del Imperio Medio, cuya gran tumba se ha ido deteriorando a lo largo de los siglos. El fantasma teme que, sin una cámara funeraria que albergue su alma, pronto deje de existir. Jonsuemheb llora por el espíritu, envía sirvientes a hacer ofrendas y se compromete a reconstruir la tumba, lo que permitirá al *ba* de Nebusemej seguir viviendo en el más allá.

Este fragmento de cerámica, datado en 1186–1077 a. C., contiene parte de la historia de Jonsuemheb.

▲ Protección del corazón
En la antigua religión egipcia se creía que el sol moría cada noche y renacía cada mañana en forma de escarabajo. Este amuleto, un escarabeo, colocado junto al corazón (la sede del «alma»), simbolizaba la renovación eterna y garantizaba el paso seguro del espíritu por el más allá.

▼ **Avatares d**
En la religión
deidades com
preservador, e
un renacimien
encarnaciones
(mostrados aq
un pez, un jaba
Rama, Buda y
final, que aún e

▲ **Fantasmas vengativos**
Esta ilustración de Warwick Goble de una edición de 1914 de *Folk-Tales of Bengal*, una recopilación de cuentos tradicionales hecha por Lal Behari Dey, muestra a unos *bhutas* atacando a un brahmán que los ha enfurecido al cortar una rama del árbol que es el centro de sus apariciones.

ESPÍRITUS INQUIETOS

bhutas del sur y el sureste de Asia

Los *bhutas* (o *bhootas*), espíritus de los muertos, son temidos y venerados en amplias zonas del sur y el sureste de Asia. Originalmente, la palabra *bhuta* era un término genérico para designar a un espíritu, pero pasó a identificarse con aquellos que no habían logrado pasar al otro mundo tras la muerte o renacer. Podían permanecer en la tierra por varias razones: malas acciones en vida, falta de ritos funerarios adecuados o algún asunto pendiente, como la necesidad de castigar a su asesino.

Los textos religiosos hindúes contienen historias sobre *bhutas* e instrucciones para tratarlos. Así, el *Sushruta Samhita* trata de la *Bhutavidya*, o ciencia de los *bhutas*, y de cómo curar a las personas poseídas por los fantasmas de esos demonios-antepasados, que no pueden ser exorcizados directamente, sino por medio de un ritual de otro texto, el *Atharvaveda*. Para ello, se averigua qué impide al *preta* (el espíritu incorpóreo que se desprende de un cadáver tras la muerte) seguir adelante y se promete eliminar ese obstáculo. En el teatro de marionetas *wayang* indonesio, que presenta historias extraídas de la cultura hindú, los *bhutas* aparecen como gigantes malvados.

Tentadoras y carnívoros

Hay distintos tipos de *bhuta*. Algunos son los fantasmas de personas que no fueron enterradas con los ritos adecuados o que quedaron sin enterrar. Estos

espíritus inquietos pueden apaciguarse realizando rituales funerarios. Más problemáticos son los *bhutas* de los suicidas, los *bhavanis* (fantasmas de mujeres solteras) y los *churails* (los de mujeres sin hijos), que atraen a los jóvenes hacia su perdición. Pero los *bhutas* más peligrosos son los *brahma rakshasas*: espíritus de miembros de la casta sacerdotal brahmana que han cometido graves fechorías en vida, como aceptar regalos de gente malvada. Con una fuerza sobrenatural, arrojan maldiciones a quienes los enfurecen e incluso consumen carne humana.

Mantener a raya a los *bhutas*

Se cree que los *bhutas* frecuentan lugares remotos o los sitios donde murieron, aunque parece que a los *brahma rakshasas* les gusta el árbol sagrado bodhi. Expertos en engañar a sus presas, estos fantasmas suelen aparecer con forma humana; los relatos populares del sur y el sureste de Asia suelen describir a una figura vestida de blanco, con los pies hacia atrás y, en algunos casos, las palmas de las manos invertidas o sin nariz. También se manifiestan bajo la forma de criaturas feroces como tigres, un vestigio de su posible origen en creencias chamánicas sobre espíritus animales.

▲ **Agitadores**
Este panel tallado del templo Kailasanatha en Kanchi (Tamil Nadu, India), del siglo VIII, muestra una hilera de *bhuta-ganas*, espíritus temibles que habitan en los campos de cremación y actúan como asistentes del dios hindú Shiva.

Una vez identificado un *bhuta*, hay varias formas de tratar con él. Se dice que tumbarse en el suelo los confunde, pues temen tocar la tierra, y no mostrar miedo puede llevarles a buscar otra víctima. El agua, el hierro y la cúrcuma ardiente también se usan para ahuyentarlos. También se pueden detener sus ataques dándoles la bienvenida y celebrándolos, o haciéndoles ofrendas de carne, sangre o leche, en cuyo caso pueden convertirse en espíritus guardianes.

> «[…] los dos espíritus malignos, en forma de fantasmas brahma, con sus cuerpos oprimidos por el hambre y la sed, vagaban por esta tierra.»

HABLA SHIVA, DE LA HISTORIA DE BHĀVASARMAN, *PADMA-PURANA*

EN CONTEXTO

Bhuta Kola

En algunas regiones de la India, como Tulu Nadu, en el suroeste, se celebra un ritual chamánico para invocar a los espíritus guardianes. Al son de una música especial, bailarines y sacerdotes llevan máscaras que representan a *bhutas* como Panjurli, del que se dice que aleja a los jabalíes de las cosechas, o Bobbarya, un espíritu que protege a los pescadores. Además de apaciguar a los *bhutas* dándoles ofrendas y permitiéndoles adoptar una forma física, el ritual Bhuta Kola también contribuye al mantenimiento de la armonía social, ya que los espíritus pueden dictar sentencia en disputas locales difíciles.

Máscara de danzante con la forma de Panjurli, el espíritu del jabalí.

NO INVOCARÁS ESPÍRITUS

condenas del Antiguo Testamento

En el II milenio a. C., los judíos israelitas del suroeste de Asia estaban rodeados de pueblos impregnados de tradiciones mágicas. Cananeos, filisteos e israelitas, todos ellos habitantes de Canaán (actual Levante meridional), celebraban rituales centrados en «pozos de los muertos» (pp. 42–43) en un esfuerzo por resucitar a los difuntos. La fe judía se apartó de estas prácticas paganas. La comunión con los espíritus de los muertos era condenada como un intento de manipular la voluntad de Dios.

▲ **Hechizo protector**
Este cuenco de conjuro arameo de la Antigüedad tardía presenta un conjuro de protección contra el espíritu demoníaco de Lilith, que en la tradición judía se consideraba a veces la primera esposa de Adán.

Más tarde, los cristianos también se adhirieron a la prohibición del Antiguo Testamento de conjurar espíritus. El Deuteronomio incluye el trato con espíritus en su lista de magia prohibida, advirtiendo que «el hechicero, encantador, adivino, mago o quien consulte a los muertos» es «abominable para el Señor».

Despertar a los muertos

La nigromancia, con su invocación de los muertos, desafiaba el orden divino de las cosas, según el cual los difuntos iban al Seol, un lugar de silencio y oscuridad, al cielo o –según la literatura rabínica posterior– a la Gehena (la tierra de los condenados). En la creencia judía, los espíritus de los muertos eran distintos de los espíritus malignos y los demonios. No obstante, muchos judíos creían que Dios había ordenado las moradas finales de los muertos, y convocar a los espíritus de vuelta entre los vivos se consideraba antinatural. El Libro de Job afirma: «Como nube que se desvanece y pasa, así el que desciende al Seol no subirá de allí». Manasés, rey de Israel, es condenado (pero finalmente perdonado por Dios) en el Libro II de las Crónicas porque «se dio a la magia, la adivinación, el ocultismo, se rodeó de nigromantes y encantadores». Solo se aprobaba esa comunicación cuando Dios permitía una visión de los muertos, como hizo con el profeta Ezequiel en el «valle de los huesos secos». De la misma manera, hay muchos ejemplos en el Antiguo Testamento de oniromancia (adivinación a través de los sueños).

Leyes contra la magia

Las penas por nigromancia podían ser severas, como ordena el Levítico: «Todo hombre o mujer que se dedique a la nigromancia o a la adivinación será matado a pedradas». El Sanedrín, el consejo judío, advertía contra quienes ayunaban y luego dormían en cementerios para ser poseídos por los espíritus de los muertos. Así pues, conjurar espíritus estaba prohibido, pero la nigromancia se practicaba claramente en Israel –incluso por reyes y profetas– y seguía siendo una preocupación para los guardianes de las leyes religiosas judías.

▶ **Las fauces del infierno**
En la Edad Media, los cristianos imaginaban la entrada al infierno como las fauces de una bestia feroz. Aquí, un ángel cierra la puerta, impidiendo que los espíritus de los condenados regresen a la tierra.

«No haya en medio de ti [...] quien consulte a los adivinos y a los que invocan a los espíritus, ni quien interrogue a los muertos.»

DEUTERONOMIO 18:10–11

▲ **El valle de los huesos secos**
A petición del mismo Dios, el profeta Ezequiel ordena a los esqueletos de los muertos que se reconstituyan para poder consultarlos.

▲ **Esta pintura de Januarius Zick**, de 1753, retrata a la mujer de Endor como una médium o bruja, con el espíritu de Samuel, cubierto con un manto, detrás de ella.

El pozo de los muertos de Endor

El libro bíblico de Samuel relata cómo Saúl, primer rey de Israel, buscó los servicios de una nigromante en Endor para que resucitara el espíritu del profeta Samuel. Saúl quería saber cómo vencer a los filisteos –un pueblo de las costas meridionales de Canaán que a menudo guerreaba con los israelitas– en la batalla del día siguiente. La mujer que Saúl buscó se describe en el texto hebreo como *eset balat ov*, o «mujer dueña del *ov*», que se refiere a un «pozo de los muertos», un agujero excavado en la tierra como parte de las ceremonias para invocar a los muertos.

Saúl debía de estar desesperado, pues tales rituales, comunes en la cultura cananea preisraelita, estaban entonces estrictamente prohibidos. A regañadientes, la mujer realizó el ritual, y los *elohim*, o espíritus, surgieron de la fosa. Entre los espíritus estaba el profeta Samuel (como «un anciano cubierto con un manto»), que advirtió a Saúl que había perdido la confianza de Dios y que él y sus hijos morirían a manos de los filisteos. Como estaba profetizado, los hijos de Saúl perecieron en la batalla y él prefirió suicidarse antes que ser capturado.

A lo largo de los siglos, esta breve historia ha inspirado muchos debates teológicos. Al principio, estos se centraban en si la aparición era realmente el espíritu de Samuel y por qué se alzaba desde el suelo, que para los cristianos tenía una fuerte asociación con el infierno. Ya en la época de los juicios europeos contra las brujas (pp. 146–149), la atención se centró en la mujer, citada como prueba bíblica de la existencia de brujas. De hecho, en traducciones posteriores de la Biblia se la menciona como la bruja de Endor.

«He visto un espíritu que sube de la tierra.»

1 SAMUEL 28:13

▶ **Más tonto eres tú**
En esta ilustración de la versión de Joel Chandler Harris del cuento popular, de 1892, Hermano Conejo ha engañado a Hermano Oso para que se ate a sí mismo, en una típica inversión de papeles de embaucador.

¿AMIGO O ENEMIGO?

espíritus embaucadores

Casi todas las regiones del mundo tienen sus espíritus embaucadores. Estas figuras tienen un papel ambiguo; son capaces de saltarse las normas, pero su engaño suele proteger al pueblo llano frente a poderes superiores. En los cuentos infantiles, ayudan a enseñar a los jóvenes las normas sociales e, incluso cuando sus trucos fallan y ellos mismos son engañados, su experiencia puede suscitar un sentimiento de solidaridad comunitaria al mostrar que la desgracia es una parte inevitable de la vida.

Un estado intermedio

Muchos embaucadores son seres que viven entre reinos o tienen una doble naturaleza. Loki, el dios nórdico, era hijo de una giganta y, por tanto, solo medio divino; entre sus trucos figuraba haber provocado la muerte del dios Baldur con una flecha hecha de muérdago. Situados «en el medio», los embaucadores suelen asociarse con los umbrales. Por ejemplo, la figura yoruba de África occidental Èsù, que suele presentarse como un *orisha* (espíritu) embaucador, se asocia con símbolos de transición, como encrucijadas, portales, llaves y puertas.

Èsù utiliza la adivinación como medio para responder a preguntas difíciles, del mismo modo que muchos embaucadores utilizan bromas para resolver situaciones en apariencia imposibles. Es el caso de Hermano Conejo en las historias que se contaban entre la población esclavizada del sur de Estados Unidos, que muestran cómo el ingenio y el humor pueden ayudar a superar la adversidad.

Maestros metamorfos

Los embaucadores suelen tener la capacidad de cambiar de forma o son en parte animales. Sun Wukong, el Rey Mono chino, se volvió inmortal borrando su nombre del Libro de la Vida; y, con la típica picardía de embaucador, no duda en acudir borracho a los banquetes de los dioses y robarles la comida.

En los cuentos norteamericanos, los embaucadores pueden adoptar la forma de un pájaro, como Wisakedjak, el espíritu grulla de los algonquinos; o de un animal terrestre, como el Coyote de los pueblos indígenas de las Grandes Llanuras y el suroeste de Estados Unidos. Entre las útiles hazañas de Coyote se incluyen conducir a la gente del inframundo a la tierra y crear el primer caballo, pero siempre con la intención inicial de engañar.

Algunos embaucadores adoptan formas humanas, como el héroe polinesio Maui, venerado por haber sacado las islas hawaianas del fondo del océano con su anzuelo. Sea cual sea su forma, los embaucadores ilustran que el mundo no siempre sigue las reglas y que a veces puede ser necesario romperlas.

▲ **Embaucador cambiante**
Èsù adopta muchas formas, desde la de un anciano hasta la de un niño, y en esta talla de madera de fines del siglo XIX se representa como una mujer. Las hazañas de Èsù ilustran que toda situación tiene dos caras.

EN CONTEXTO

Los *kitsune* japoneses

Los *kitsune* son espíritus zorro japoneses, dotados de habilidades sobrenaturales de embaucador. Son los mensajeros de Inari (la diosa del arroz y del éxito mundano), y sus poderes, así como el número de colas que tienen, aumentan con la edad: se dice que un *kitsune* de nueve colas es casi invencible y capaz de ver y oír todas las cosas del mundo. A menudo, estos espíritus poco fiables crean ilusiones, como una segunda luna para confundir a los viajeros. Se dice que un *kitsune* puede ser controlado apoderándose de la perla mágica en la que esconde su alma.

Las máscaras de *kitsune* suelen llevarse en las fiestas de la cosecha del arroz.

ASUNTOS FAMILIARES

veneración de los antepasados en Asia

La veneración de los antepasados, que se remonta al Neolítico, tiene un papel vital en las creencias religiosas de gran parte de Asia oriental y suroriental. Esta práctica combina un respeto generalizado por los ancianos de la sociedad con la idea de que este debe continuar en el más allá, donde los espíritus ancestrales requieren ofrendas periódicas para sostenerlos y apaciguarlos.

◀ Vaso ritual
Vasos de vino *hu* de bronce como este se colocaban en las tumbas chinas como ofrendas o se utilizaban en ceremonias para honrar a los muertos. Este ejemplar Zhou Occidental, con tapa en forma de pájaro y decoración de cabezas de demonios *taotie* estilizadas, data del siglo VIII a. C.

Adivinación y culto

El respeto a los antepasados aparece bajo diversas formas en las principales tradiciones religiosas de la región, como el taoísmo, el confucianismo, el budismo, el sintoísmo y los sistemas de creencias animistas e indígenas. En China, esta veneración se remonta al menos a 5000 a. C. y a la cultura Yangshao (pp. 14–15) del valle medio del río Amarillo. En la dinastía Shang (c. 1600–1049 a. C.), la adivinación mediante huesos oraculares –conchas de tortuga o huesos de buey que se calentaban para producir grietas que luego se interpretaban– prescribía sacrificios para apaciguar a los espíritus de los antepasados. En la dinastía Zhou (1046–256 a. C.), el culto a los antepasados se había vuelto más elaborado, con templos dedicados a los espíritus de los antiguos emperadores.

Almas escindidas

Además del culto a los antepasados imperiales, los chinos antiguos veneraban a los ancestros de sus propias familias, a los que rendían culto en casa y en rituales en sus tumbas. Creían que una persona tenía dos elementos anímicos: *hun* y *p'o*. La *hun* estaba destinada al más allá; primero era evaluada por el dios de la ciudad y luego juzgada por los diez magistrados del infierno. Si era virtuosa, podía elegir entre cruzar el puente de oro hacia el *nirvana* y la felicidad eterna, o el puente de plata hacia la tierra de los dioses. Se creía que quienes cometían transgresiones en vida, como faltar al respeto a sus padres, debían sufrir un periodo de castigo antes de poder cruzar uno de los puentes. La *p'o* permanecía en el cuerpo físico y precisaba alimentación regular en forma de ofrendas de alimentos y «dinero espiritual». En algunas tradiciones, se decía que un tercer elemento espiritual residía en o cerca de las tablillas de madera ancestrales que eran parte esencial de la veneración de los antepasados.

Fantasmas hambrientos

La realización regular de ofrendas era especialmente importante durante el mes lunar de julio, cuando se creía que los fantasmas regresaban a la tierra de

EN CONTEXTO

Los antepasados en las *Analectas*

Aunque sus enseñanzas introdujeron un nuevo código ético y moral en China, Confucio, filósofo chino del siglo V a. C., no rechazó el culto tradicional a los antepasados. En los escritos recopilados tras su muerte como *Analectas*, detallaba los rituales necesarios para venerar a los antepasados, como el ayuno, el uso de trajes ceremoniales y la ofrenda de alimentos. Confucio consideraba estas prácticas una forma de piedad filial, que continuaba el respeto debido a los mayores en vida después de la muerte.

Las *Analectas* son una colección de máximas atribuidas a Confucio y sus seguidores.

◀ Retrato ancestral
Este retrato chino de principios del siglo XIX muestra a seis generaciones de antepasados, con los más recientes ocupando la primera fila. El altar del fondo contiene ofrendas y una tablilla ancestral.

▲ **Ofrenda**
Esta xilografía japonesa del siglo XIX muestra a hombres vestidos con kimonos tradicionales haciendo ofrendas de comida y flores a los *kami* y a los espíritus de sus antepasados difuntos.

los vivos. En China aún se celebran festivales como el budista Ullambana y el taoísta Zhongyuan (p. 102) para recordar y apaciguar a estos espíritus. Quienes cometían actos malvados, morían violentamente o por suicidio, o cuyas familias no hacían ofrendas podían ser castigadas a convertirse en «fantasmas hambrientos», espíritus inquietos que vagaban por la tierra, vengándose de quienes les habían hecho daño. Solo podían ser aplacados con rituales y sacrificios.

Protección de los espíritus

En Corea, la veneración de los antepasados pudo estar ligada originalmente a dólmenes megalíticos prehistóricos. Se formalizó en torno a la familia imperial durante la dinastía Joseon (1392–1897), cuando se construyeron santuarios para venerar al gobernante ancestral, Jongmyo, y se realizaban sacrificios en elaborados altares como el de Sajikdan, en Seúl. Se creía que el alma de un muerto tenía tres espíritus. El *hon* ascendía al cielo, mientras que el *baek* era enterrado en la tumba. Allí permanecía durante cuatro generaciones antes de ascender al cielo para convertirse en protector espiritual de los descendientes del difunto. El *baek* y un tercer espíritu, que residía en las tablillas ancestrales del altar familiar, debían ser honrados con ofrendas periódicas. A este tercer espíritu se le construía una caja especial para evitar que vagara, y también se le daba dinero espiritual, que podía utilizar en última instancia para pagar el paso por las doce puertas del inframundo. En el caso de los muertos por violencia o accidente, se recurría a los servicios de chamanes para que limpiaran el espíritu de su ira y le permitieran pasar al otro mundo.

«Olvidar a los antepasados es ser un arroyo sin fuente, un árbol sin raíz.»

PROVERBIO CHINO

Espíritus naturales y almas inquietas

En la religión sintoísta japonesa se distingue entre los muertos humanos y los *kami*, espíritus que habitan en elementos naturales como rocas, árboles y arroyos. A los *kami* se los venera principalmente en santuarios, mientras que a los antepasados se los venera en los altares domésticos, en visitas a las tumbas familiares y en festivales como el Bon, en julio y agosto. La gente hace ofrendas de comida, bebida y dinero simbólico para alimentar y apaciguar a los muertos, tanto a los pacíficos, que protegen a los vivos, como a los inquietos (los que tuvieron una vida infeliz o una muerte no natural). Estos espíritus trágicos vagan por el mundo luchando por entrar en la otra vida. Solo la veneración de los vivos puede ayudarles a escapar de este destino. En una versión del sintoísmo, el *sangaku* (culto de la montaña), se cree que los espíritus humanos viven entre los *kami*. Al cabo de trece años, ellos también se convierten en *kami*, lo que difumina aún más la distinción entre ambos.

Muertos durmientes

En el sureste de Asia, las costumbres se centran igualmente en la veneración de los antepasados. En Filipinas se celebraban tradicionalmente fiestas por los antepasados difuntos. Se creía que estos compartían el más allá con espíritus no humanos, por lo que, si se los honraba adecuadamente, podían intervenir e impedir que estos seres dañaran a sus descendientes.

En Tana Toraja, en la isla indonesia de Célebes, la gente ha mantenido durante mucho tiempo una relación íntima con sus ancestros, conservando a sus seres queridos difuntos en su casa durante años antes del funeral. Hasta que son enterrados, se refieren a ellos simplemente como «durmientes». Los funerales son acontecimientos sumamente elaborados, de once días de duración, que terminan con el entierro del cuerpo en una tumba en un acantilado. Incluso entonces, los muertos regresan: cada agosto, en la ceremonia Man'ene, los cadáveres se exhuman y se pasean por su pueblo de origen. Esta práctica es una forma más de honrarlos y de subrayar los vínculos entre los difuntos y los vivos, cuyo deber es venerar a los antepasados y perpetuar la tradición.

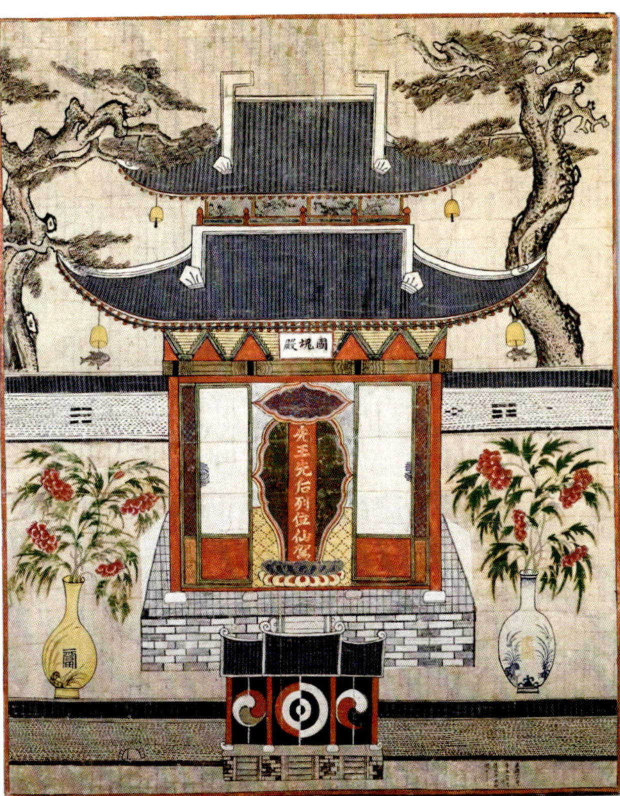

▶ **Santuario pintado**
En la dinastía Joseon tardía de Corea, las pinturas sustituyeron a veces a los santuarios de los antepasados. Este, de 1811, conmemora a un rey y una reina anteriores, y se hallaría en un lugar donde los funcionarios pudieran rendirles homenaje.

▲ **Sepultura doméstica**
Este conjunto de «huesos del abuelo» fue enterrado bajo una casa en Filipinas. En muchas tradiciones filipinas, los cadáveres pueden ser exhumados y enterrados de nuevo varias veces, a menudo para apaciguar o calmar su espíritu.

▶ **Los huesos oraculares chinos** (p. 46) llevaban inscritas preguntas a los antepasados; se calentaban para producir grietas, o «respuestas».

▲ **Este *tavu*** (altar ancestral) procede de las islas Tanimbar de Indonesia. A menudo adornado con reliquias y huesos, el *tavu* es un punto de contacto entre los vivos y los muertos.

▲ **Cráneos de antepasados** como este son conservados y decorados por el pueblo asmat de Papúa Nueva Guinea para canalizar su espíritu hacia su clan.

▲ **Este *amo*** («figura de poste de casa») maorí está datado *c.* 1800. Adornaba una casa de reuniones, donde representaba el espíritu de un antepasado.

Venerar a los muertos

Una de las creencias más antiguas de la historia de la humanidad es que, al morir, los individuos entran en un mundo espiritual, más cerca de los dioses que de los vivos. Por ello se cree que los espíritus de los antepasados pueden ofrecer protección y ayuda a sus descendientes, siempre que se los venere con las debidas ofrendas y oraciones. Muchas culturas han producido objetos fetichistas, a los que se otorga un poder sobrenatural, para reafirmar esta conexión entre vivos y difuntos.

▲ ***Mbulu-ngulu*** («imágenes de los muertos»), como esta del siglo XIX, eran colocadas por los kota de Gabón en relicarios que guardaban huesos de antepasados.

▼ **Urnas funerarias zapotecas** como esta de Monte Albán (México), del siglo VI, eran visitadas por los descendientes, que llevaban ofrendas de incienso, chocolate y sangre.

Estilo naturalista

Las figuras suelen aparecer sentadas

▲ **Esta máscara funeraria** y el collar de jade, del yacimiento maya de Calakmul, datan de 600–900. Máscaras como esta representaban a los muertos y establecían un vínculo con el mundo de los espíritus.

▲ **Los bustos relicarios** medievales contenían cráneos de santos cristianos (este, de santa Balbina); se ponían sobre un altar o cerca de él y se sacaban en procesión los días festivos.

▲ **Las esculturas *aloalo*** señalaban las tumbas de los pueblos antandroy, mahafaly y sakalava de Madagascar. La palabra *alo* significa «intermediario»: entre los vivos y los muertos.

▲ **Esta figura de una casa** procede de la cultura mesoamericana nayarit (300 a. C.–300 d. C.). Colocada en una tumba, representaba la delgada línea divisoria entre los vivos (arriba) y los muertos (abajo).

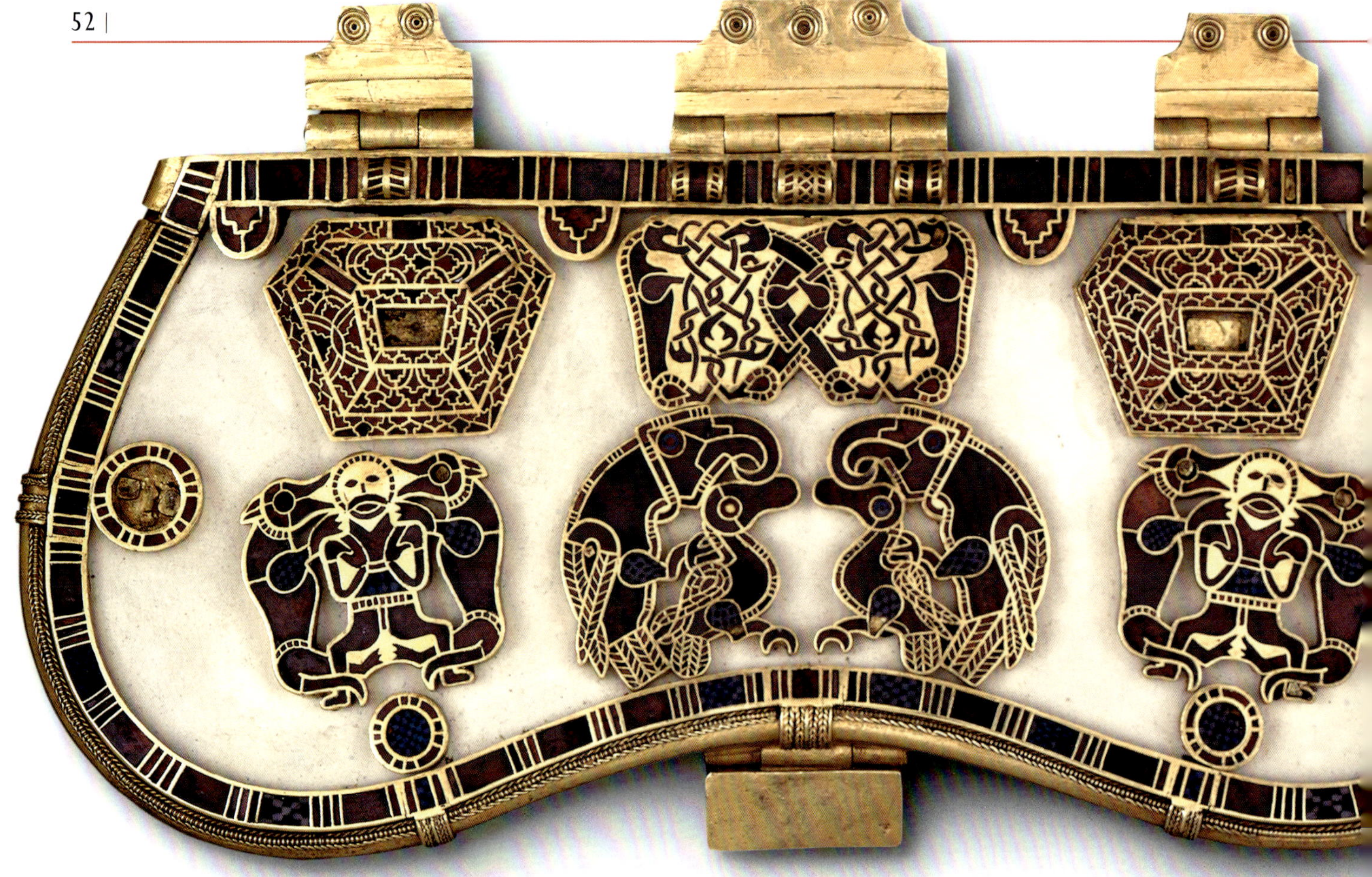

▲ **Obsequios para el más allá**
Esta tapa de cofre con incrustaciones de oro y granates es solo uno de los valiosos objetos enterrados con un varón de alto rango (posiblemente un rey) en un túmulo anglosajón del siglo VII en Sutton Hoo (Suffolk, Inglaterra).

OJOS POR TODAS PARTES

espíritus en el folclore del norte de Europa

Se sabe relativamente poco sobre las antiguas religiones del norte de Europa, ya que los relatos de creencias paganas por parte de escritores cristianos posteriores con frecuencia malinterpretaban o distorsionaban lo que oían. Gran parte de lo que se sabe sobrevivió como costumbres y relatos populares transmitidos oralmente de una generación a otra a través de un vasto territorio que se extendía desde las estepas de Asia hasta el Atlántico. Una de esas historias es «El herrero y el diablo», que adopta una forma muy similar en todo el mundo de habla indoeuropea. Cuenta cómo un herrero hace un trato con el diablo (u otro ser demoníaco) que le permite soldar cualquier material. Cuando el diablo acude a llevarse el alma del hombre una década más tarde, este lo suelda a un árbol, y el diablo se ve obligado a liberar al herrero de su parte del trato.

El culto a los dioses en bosques y claros era un rasgo común de las religiones europeas precristianas, sobre todo en Escandinavia y el norte de Alemania, donde los sajones veneraban el Irminsul. Sus postes sagrados fueron destruidos cuando el soberano franco Carlomagno masacró a los paganos sajones a finales del siglo VIII.

Almas perdidas y perros demoníacos

En Escandinavia y otros lugares del mundo germánico y celta, los muertos eran enterrados en túmulos. A los ricos se los sepultaba con suntuosos ajuares funerarios, pero incluso a los pobres se los enterraba con una o dos vasijas para que les sirvieran en la otra vida. Sin embargo, las creencias sobre el destino de los muertos variaban. Los difuntos nórdicos (pp. 104–107) iban a parar a las distintas estancias de los dioses, algunas de las cuales eran lugares prohibidos; por ejemplo, Náströnd, la orilla de los cadáveres en los dominios de Hel, adonde iban los asesinos. Pero también existía la creencia de que el espíritu del difunto –su *sawul* o alma– permanecía un tiempo cerca del lugar de enterramiento, sobre todo si tenía asuntos pendientes (como reparar un agravio) en la tierra de los vivos.

Los fantasmas y otras apariciones acechaban de muchas formas. En el folclore de Bretaña (Francia), el Iannic-an-ôd («pequeño Juan de la orilla») era el alma perdida de los ahogados en el mar. Nadaba cerca de la orilla, gritando lastimosamente, pero solo atacaba a quienes se dirigían directamente a él. Más aterradora era la Cacería Salvaje (pp. 118–121), que surcaba el cielo nocturno con su jauría de perros demoníacos. Otros sabuesos fantasmales –perros negros, conocidos en Inglaterra como *barghests* o *shugs*– aullaban cerca de las casas donde alguien estaba condenado a morir.

Paisaje viviente

Algunos seres sobrenaturales estaban relacionados con elementos del paisaje. Se creía que los bosques y las colinas eran el dominio de trasgos (pp. 198–199), elfos y duendes, criaturas pequeñas, tímidas y traviesas similares a las hadas (pp. 62–63) que evitaban en gran medida la compañía humana. Se decía que los páramos remotos estaban poblados por trols, descritos como grandes, desgarbados y feos, de piel azul verdosa, vestidos con pieles y armados con garrotes. Aunque se mostraban violentos con los intrusos, los trols eran fáciles de engañar.

▲ Ritual funerario
Los ritos funerarios germánicos tenían por objeto ayudar al alma a abandonar el cuerpo. En esta escena, el difunto ha recibido ofrendas, entre ellas una vasija y una espada –las armas suelen hallarse en tumbas de varones–, para que las utilice en el más allá.

◄ ¿Perro demoníaco?
Esta xilografía de la batalla de Marston Moor (1644), en la guerra civil inglesa, muestra la muerte de Boye, el perro del príncipe Ruperto, del que se decía que tenía poderes mágicos, como cambiar de forma. Boye era en realidad blanco; esta representación se inspira en la tradición folclórica europea de los enormes y demoníacos perros negros, como los *barghests*, asociados con la muerte y los malos augurios.

▲ **Luces del pantano**
El cuadro *Fuego fatuo y serpiente* (1823), del artista alemán Hermann Hendrich, forma parte de su serie de obras centradas en temas de la mitología y el folclore del norte de Europa.

En el folclore germánico, los lugares acuáticos estaban llenos de espíritus. En los pantanos, el fuego fatuo, que aparecía como una cadena de luces danzantes, conducía a los viajeros a las profundidades de las ciénagas, donde se ahogaban y eran devorados. En Escandinavia, el *fossegrim* era una especie de trol acuático cuya habilidad para tocar el violín ocultaba su horrible aspecto. Aunque se lo podía apaciguar con ofrendas de carne –y hasta podía enseñar a humanos a tocar sus instrumentos–, también se decía que sus melodías llevaban a sus víctimas a una perdición acuática.

Selkies, kelpies y *kobold*

En el folclore escocés, los *selkies* (p. 90) eran focas que jugaban en el agua, pero que a veces se despojaban de su piel para adoptar forma humana. Los archienemigos de los *selkies* eran los *finn* de las Orcadas, hechiceros marinos que secuestraban a los humanos para que vivieran con ellos en sus hogares acuáticos. Más peligrosos aún eran los *kelpies*, caballos de agua hechos de espuma que también podían adoptar la forma de hermosas mujeres. Los *kelpies* atraían a los niños para que los cabalgaran, pero no permitían que sus víctimas desmontaran: galopaban agua adentro, ahogando a sus indefensos jinetes.

Ni siquiera el hogar era inmune a los espíritus. Los *nisse* o *tomte*, en Escandinavia, y los *kobold* (p. 198), en Alemania, se consideraban guardianes de la granja o del hogar, y a menudo se los asociaba con su primer habitante. Se suponía que se encargaban de las tareas domésticas, pero si se descuidaban podían gastar bromas al dueño de la casa. Un tipo de *nisse*, el *tomtenisse*, se asocia especialmente con el solsticio de invierno, y hoy en día los escandinavos siguen decorando sus casas con su imagen en Navidad.

El folclore redescubierto

Desde espíritus domésticos hasta perros infernales, trols y bestias aún más feroces como dragones –como Nidhogg, en la mitología nórdica, que roe las raíces del árbol del mundo (p. 104) –, los seres sobrenaturales constituyeron la base de los cuentos populares que autores como los alemanes Jacob y Wilhelm Grimm y el danés Hans Christian Andersen redescubrieron en el siglo XIX. Al registrar versiones de estos cuentos, muchos de ellos de origen antiguo, estos escritores se aseguraron de que los espíritus que habitaban el paisaje de la Europa precristiana siguieran formando parte del patrimonio de la región hoy día.

▶ **Sorprendido por un *kelpie***
Esta ilustración del dibujante londinense Thomas McLean, de 1821, es una representación humorística de un hombre atacado por un *kelpie*, que se ha transformado en un pez monstruoso con cara de león.

◀ **Trol del bosque**
Skovtrold («trol del bosque»), obra de 1899 del artista noruego Theodor Kittlesen, forma parte de una serie de pinturas de trols que expresan la amenaza de estas oscuras criaturas y su íntima conexión con el antiguo paisaje del norte de Europa.

DRUIDAS, DISFRACES Y HOGUERAS DE HUESOS

la fiesta celta de Samhain

Tras la cosecha, cuando el verano daba paso al invierno, los antiguos celtas celebraban el Samhain. Esta fiesta, que duraba tres días y tres noches, señalaba el final de la cosecha y la llegada de los estériles meses de invierno, época en la que la muerte y los muertos podían visitar a los vivos.

Peligro en la oscuridad

El pueblo celta era un conjunto de tribus, surgidas en la Europa de la Edad del Hierro y que compartían una cultura y lenguas similares. Lo que se conoce sobre el Samhain procede de las tradiciones de los celtas de las islas británicas y de la Bretaña.

En Samhain, las comunidades celebraban la cosecha con banquetes en honor de los dioses, cuya bendición se buscaba para asegurar la buena fortuna. Se creía que faltar a la cita atraía maldiciones divinas. Se encendían grandes hogueras con los restos de las cosechas, se hacía matanza de animales y los druidas ofrecían sus huesos como sacrificio a los dioses (de ahí el término original de «hogueras de huesos»).

◀ **Líder espiritual**
Samhain era un acontecimiento religioso dirigido por druidas (como el aquí representado) y se creía que protegía a la comunidad de los peligros espirituales y la llegada del invierno.

Las brasas de estas hogueras se usaban para encender el hogar de cada casa y unir a la comunidad. Las cenizas se esparcían por los campos para bendecir la tierra y la gente se las untaba en la cara para crear un disfraz que la protegiera de los malos espíritus. Se decía que, en esta época del año, escapaban del otro mundo (pp. 58–61) espíritus errantes y criaturas sobrenaturales, como la *púca*, cambiaformas que asolaba los cultivos sin cosechar y secuestraba a los niños, o Lady Gwyn, una mujer sin cabeza con un cerdo negro.

Alimentar a los espíritus

El uso de un disfraz implicaba que la gente solo tenía que revelarse a los espíritus benéficos, que ayudaban a adivinar el futuro. Eran populares los rituales con fuego, como tostar avellanas en el hogar, haciendo preguntas e interpretando su comportamiento para obtener respuestas (las que explotaban no auguraban nada bueno). También se adivinaban emparejamientos pescando manzanas con la boca. Se dejaba comida y bebida fuera de las casas para los espíritus de los antepasados y se les reservaba un lugar en la mesa, lo que se conocía como «cena muda». Se creía que así se apaciguaba a los espíritus y se aseguraba la supervivencia durante el invierno.

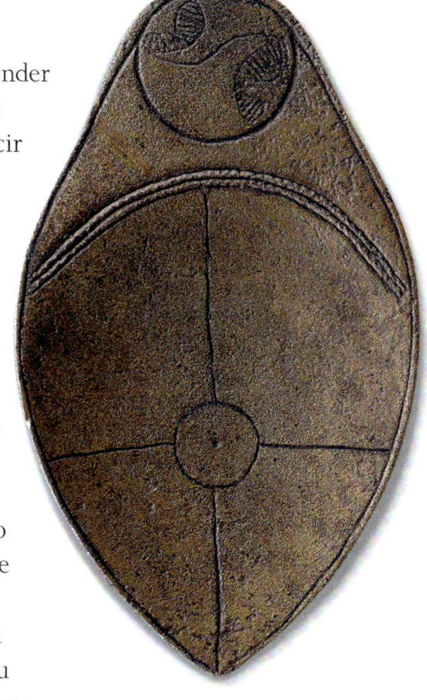

▲ **Cuchara de adivinación**
Decorada con motivos simbólicos, esta cuchara de cobre de la Edad del Hierro, datada *c.* 50 a. C.–100 d. C., fue usada posiblemente por druidas para la adivinación. Se han excavado muchas cucharas similares.

EN CONTEXTO

Samhain moderno

Las islas británicas vieron un renacimiento celta en el siglo XIX, y el renovado interés por la fe druida llevó a algunas personas a abrazar el neopaganismo (pp. 264–265). La idea de que el «velo» entre la vida y la muerte es más delgado en Samhain probablemente se originó en este periodo. Hoy, muchos paganos celebran Samhain con rituales, fiestas y hogueras. Algunas son privadas, pero otras se han convertido en espectáculos públicos, como el festival anual del fuego de Samhuinn en Holyrood Park (Escocia).

Un celebrante vestido de Rey del Invierno porta una espada en llamas en la celebración de Samhain de 2017 en Glastonbury (Inglaterra).

LA GENTE DE LOS MONTÍCULOS

los *aos sí*

▲ Juventud eterna
El Otro Mundo celta se conocía en Irlanda como Tir na nÓg, o Tierra de la Eterna Juventud, representada en esta ilustración del inglés Arthur Rackham de la década de 1920.

Hacia 500 a. C., los pueblos celtas habitaban una franja de tierra en el noroeste de Europa que abarcaba España, Francia, Gran Bretaña e Irlanda. Los celtas trajeron un rico sistema de creencias y divinidades desde su tierra original (posiblemente en Europa central). Aunque estas creencias variaban de una región a otra, los celtas estaban unidos por una profunda reverencia a la tierra. Creían que el paisaje natural estaba impregnado de lo divino y que determinados lugares constituían puertas de acceso a la tierra de los dioses.

El Otro Mundo de los dioses y otros seres sobrenaturales se acercaba más al reino de los mortales en lugares acuáticos, como ríos, lagos y ciénagas, en cuevas y colinas, y en arboledas de árboles sagrados –en especial espinos–, donde los druidas, los sacerdotes celtas, celebraban ceremonias. En Irlanda, el río Shannon debe su nombre a la diosa Sionna; pero para los celtas irlandeses, las puertas de acceso más comunes al Otro Mundo eran los túmulos funerarios y los fuertes de la Edad del Hierro –que los celtas posteriores llamaron «fuertes de hadas»– que salpicaban el país. Los celtas creían que los fuertes de hadas eran el hogar de los *aos sí*, o «gente de los montículos». También llamados *aes sídhe* (y en Escocia *aes sith*), se los consideraba descendientes de los Tuatha Dé Danaan, una antigua raza de seres sobrenaturales que habitaron Irlanda antes de que los milesios (antepasados de los celtas) los obligaran a esconderse. Algunos escritores cristianos creían que los *aos sí* eran ángeles caídos que se habían rebelado contra Dios, mientras que otros creían que eran las almas de humanos muertos sin bautizar.

Tratando con la buena gente

Los escritores posteriores usaron el término genérico «hadas» (*fairies*, pp. 62–63) para referirse a los *aos sí*, pero los celtas irlandeses les dieron diversos nombres, como *na daoine maithe* («buena gente») o *na deone beaga* («gente pequeña»), pensados para halagarlos. Aunque no se los consideraba ni buenos ni malos, si se les provocaba podían castigar a los humanos secando la leche de las vacas, estropeando la mantequilla o provocando enfermedades. Los que veían a estos seres (normalmente invisibles) sin permiso podían incluso quedar ciegos.

Los celtas irlandeses trataban de apaciguar a los *aos sí* dejando regalos y alineando bien las puertas delantera y trasera de las granjas para que la buena gente pudiera caminar sin obstáculos por sus invisibles senderos de hadas. Representados a menudo como seres altos de aspecto humano y orejas puntiagudas, vestidos con colores rojos y verdes, los *aos sí* vivían como los humanos en su mundo paralelo, bebiendo whisky, bailando y criando vacas. Pero tenían algunas peculiaridades, como su odio al hierro, el fuego y la sal –que los celtas utilizaban como amuletos para mantenerlos a raya– y un amor especial por el cuarzo blanco.

◀ *Jinetes de los sidhe*
Este cuadro de John Duncan, de 1911, representa a los *aos sí* de caza. Portan símbolos de su poder, como el Árbol de la Vida y la Piedra de la Quietud, que se creía revelaban el pasado y el futuro.

«La reina se ha ido, y nadie sabe cómo, porque las hadas han lanzado su hechizo, y nadie sabe adónde la han llevado.»

«SIR ORFEO», LAY DE ESTILO BRETÓN
(FINALES SIGLO XIII / PRINCIPIOS SIGLO XIV)

▲ Arte animal
Hallado cerca de Trichtingen (Alemania), este exquisito brazalete de plata del siglo II a.C., decorado en sus extremos con cabezas de toro, es típico de la artesanía celta y de un pueblo que creía que lo divino residía en todo, incluidos animales, plantas, colinas y ríos.

▲ **Intercambio de niños**
Este cuadro de Joseph Bouvier, del siglo XIX, muestra a unos *aos sí* llevándose a un bebé humano tras haber dejado a un *changeling* de aspecto travieso acurrucado entre la vegetación.

En el folclore celta, el trato con los *aos sí* estaba plagado de peligros. Dependiendo de su humor, podían ayudar a recoger la cosecha o arruinarla. Los humanos invitados a entrar en un montículo de hadas podían salir de él y encontrarse con que habían pasado años y sus seres queridos habían muerto. Para otros, como el pastor al que se le pide que se una al equivalente galés de las *aos sí*, las *tylwyth teg* («familia de las hadas»), tras encontrarse con ellas en el bosque, el tiempo no pasa en absoluto: en un momento está en un lujoso palacio; al siguiente, tras beber de una fuente prohibida en el Otro Mundo, se encuentra de nuevo en la ladera con sus ovejas.

Niños cambiados

Otro truco contra el que los celtas creían que debían protegerse era el secuestro de sus hijos. Los *aos sí* cambiaban un bebé humano sano por un hijo suyo enfermo. Aunque este niño de reemplazo, o *changeling*, se alimentaba vorazmente, se desvanecía gradualmente y moría. Entonces, el niño humano secuestrado quedaba atrapado en el Otro Mundo, condenado para siempre a ser un sirviente de las hadas, junto a las comadronas humanas –las únicas que podían asistir en el nacimiento de los bebés *aos sí*– y cualquier otra persona que considerasen útil. Los celtas colocaban tijeras de hierro en sus cunas, con la esperanza de que la aversión de la buena gente hacia ese metal protegiera a sus bebés de la sustitución por los *changelings*.

Seres malévolos

Otros habitantes del Otro Mundo celta eran mucho más peligrosos que los *aos sí*. La Dearg Due era el fantasma de una mujer obligada por su padre a contraer un matrimonio sin amor que acabó en su suicidio. En venganza, su espíritu chupó la sangre de su marido y de su padre, y se cree que su fantasma vampírico acechaba en lugares remotos, alimentándose de la sangre de jóvenes desprevenidos. Solo las rocas amontonadas sobre su tumba conseguían mantenerla en calma durante un año.

La *bean sí*, o *banshee*, era una aparecida con el pelo largo y alborotado que viajaba por el campo en un carro tirado por seis caballos negros. Cualquiera que oyera su grito tres veces estaba condenado a morir poco después. Aunque esta tradición podría ser un eco de las plañideras profesionales, a las que se pagaba por llorar en los funerales, el miedo al grito de las *banshees* aterrorizó a generaciones de celtas. Asimismo, creían que era mejor alejarse de las ciénagas y los páramos remotos y no acercarse demasiado a los túmulos de las hadas. La buena gente podía estar de fiesta allí y ofrecer su hospitalidad a un humano de paso, pero solo los temerarios aceptaban.

EN CONTEXTO

Dardos de hadas y rayos

Los pueblos celtas encontraron artefactos prehistóricos esparcidos por los antiguos montículos en los que creían que vivían los *aos sí*, y llegaron a la conclusión de que debían de tener propiedades mágicas. Por ejemplo, se creía que las puntas de flecha de sílex eran «dardos de hadas» lanzados por los *aos sí*, mientras que las hachas de piedra pulida eran rayos caídos en la tierra. A los dardos de hadas se les atribuían dolencias como la parálisis, la ceguera o las enfermedades del ganado; pero metidos en agua que luego bebía el paciente, dardos y rayos podían utilizarse como cura.

Esta hacha neolítica de piedra pulida, con los lados planos y la hoja afilada, se halló en Pendle, en Lancashire (Reino Unido).

▲ **Portadora de muerte**

En esta ilustración del siglo XIX, la imagen espectral de una *banshee* con el pelo alborotado se cierne sobre un pueblo irlandés, mientras emite el grito que, según se creía, presagiaba la muerte inminente de un aldeano.

▶ **¿Hada o ángel?**
En fuentes persas y en las posteriores islámicas, como esta miniatura del siglo XVI, la *peri* suele representarse como una bella mujer alada, cuya bondad contrasta con los traviesos genios y los malvados demonios.

LA GENTE PEQUEÑA

hadas

En el folclore europeo, un hada es un ser mítico, a menudo pequeño, que suele estar oculto a los humanos a pesar de vivir entre ellos. El término «hada» puede proceder del latín *fata*, que significa «destino». Las representaciones modernas de las hadas se remontan al siglo XIX, pero se habla de estos seres mágicos, en sus múltiples facetas, desde hace mucho más tiempo.

Diferentes pero igualmente peligrosas

Las hadas aparecen en tradiciones de todo el mundo, por lo que sus descripciones varían mucho. A menudo se las asocia con lugares naturales, como ríos, colinas o bosques, pero también pueden estar vinculadas a lugares construidos por el hombre; así, por ejemplo, se creía que las *brownies* inglesas se integraban en los hogares. Algunas hadas se describen como hermosas, como las *peri*, una raza de hadas benévolas del folclore persa –y más tarde islámico–. Otras son grotescas, como la escocesa *fachan*, que tenía una sola pierna, un solo ojo, un brazo que le salía del pecho y un único mechón de pelo en la cabeza. Estos seres podían ser del tamaño de un niño, como los *leprechaun* irlandeses, o minúsculos, como los *azizas* de Dahomey (actual Benín, en África Occidental), tan pequeños que vivían en hormigueros.

Hay muchas más diferencias: algunas hadas son aladas, otras no; algunas viven juntas, otras son criaturas solitarias. Lo único que tienen en común es que, aunque se cree que unas son buenas y otras malas, todas son peligrosas. Esto se debe a que tienen sus propias reglas y, si una persona las infringe, incluso la más amable de las hadas la castigará, tal vez con una maldición (p. 58). La gente desarrolló diferentes formas de protegerse contra esta amenaza. En Gran Bretaña, por ejemplo, se creía que el hierro las repelía, lo que quizá explique por qué se clavaban herraduras en las puertas: así se disuadía a las hadas –y a otros seres sobrenaturales no deseados– de hacer una visita.

▲ Corro de hadas
Esta representación decimonónica de las hadas, obra del sueco Nils Blommer, las muestra bailando a la luz de la luna, uno de sus pasatiempos favoritos. Se decía que era arriesgado para un humano entrar en el corro, cuya evidencia perduraría en un círculo de setas o flores.

Hadas amistosas

Con el paso del tiempo, las historias de hadas las han presentado como criaturas más benévolas. En las versiones de Cenicienta del siglo XVII aparecen hadas bondadosas que hacen regalos. En el cuento de Pinocho (siglo XIX), es un hada de pelo azul la que ayuda a la marioneta. A principios del siglo XX, el autor de *Peter Pan*, J. M. Barrie, creó a Campanilla, representada originalmente en escena como una luz fugaz, mientras que las Hadas de las Flores dibujadas por la ilustradora británica Cicely Mary Barker en la misma época son dulces e infantiles.

EN CONTEXTO

Las hadas de Cottingley

Entre 1917 y 1920, las primas británicas Frances Griffiths y Elsie Wright realizaron cinco fotografías de supuestas hadas. Las niñas, de 9 y 16 años por aquel entonces, afirmaban haber jugado con las hadas en el arroyo situado detrás de la casa de Elsie en Cottingley (Yorkshire). Las fotos fueron consideradas auténticas por algunos espiritistas (pp. 222–225), entre ellos sir Arthur Conan Doyle, pero en la década de 1980, Elsie y Frances admitieron haberlas falsificado.

Elsie Wright recibe una flor de un hada que revolotea a su lado en la cuarta fotografía de Cottingley, tomada por Frances Griffiths en agosto de 1920.

INFRAMUNDOS Y MÁS ALLÁ

DE LA ANTIGÜEDAD A LA EDAD MEDIA

Introducción

En todas las culturas de las que se tiene constancia desde la antigüedad, los humanos han convivido con seres espirituales, a los que suplicaban o de los que se protegían, según fuera necesario. Algunos eran seres celestiales, como los ángeles mensajeros del cristianismo y el islam o los ángeles guardianes del zoroastrismo. Otros vivían bajo tierra, en inframundos como el infierno –hogar del Diablo y de las almas torturadas– o el reino grecorromano del Hades, ocupado por las almas de los muertos y sus amos divinos. Del mismo modo, en la mitología nórdica, Niflheim era un lugar frío y oscuro bajo las raíces del árbol del mundo Yggdrasil. Varias tradiciones religiosas africanas cuentan también con inframundos poblados por espíritus.

En las religiones animistas se cree que todas las cosas naturales están imbuidas de una esencia espiritual que afecta a la forma en que viven los humanos. Mientras que los primeros antropólogos consideraron el animismo la forma más «primitiva» de religión, sus homólogos del siglo XX se centraron en la personificación de los espíritus animistas y sus interacciones orgánicas con los humanos. Por ejemplo, las comunidades ojibwa de Canadá se preocupaban mucho por el «pueblo de las rocas» y el «pueblo de los osos»; del mismo modo, las relaciones con la «gente jaguar» eran y siguen siendo fundamentales en las creencias de algunos pueblos amazónicos.

Además de las ideas de espíritus celestiales y mundos subterráneos y del animismo, estaba muy extendida la idea de que los humanos compartían su vida cotidiana en la tierra con otros seres. El panteón romano incluía a los *lares*, deidades menores que presidían hogares, granjas, caminos y campos, y era práctica común que las casas tuvieran un pequeño santuario doméstico, o *lararium*, para asegurar el bienestar de la familia.

Se creía que otros miembros del mundo espiritual vivían en grupos familiares y comunitarios similares a los humanos. En el mundo árabe preislámico e islámico

Tratando con los muertos *(p. 69)*

***Jinns* trabajadores** *(p. 72)*

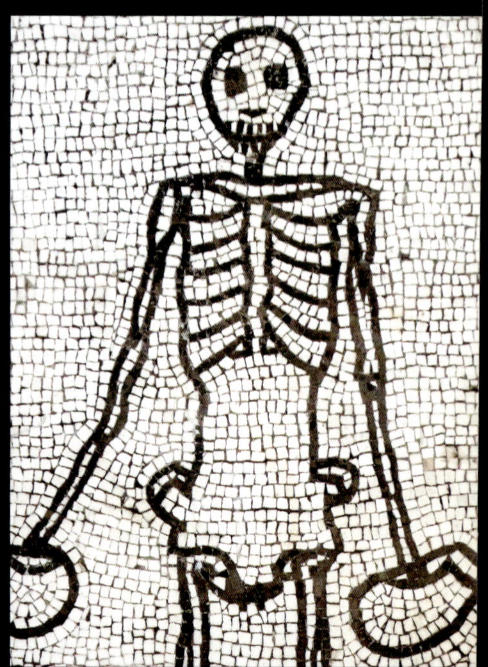

Recordatorio de la antigua Roma *(p. 87)*

existían los *jinns*, seres espirituales que se creía que tenían sus propias tribus. Estos solían ocuparse de sus propios asuntos, pero podían causar enfermedades a quienes los ofendían. Podían tener caracteres buenos y malos, y tenían el poder de adoptar formas animales. Por su parte, los trols de Escandinavia y las hadas de Irlanda vivían vidas terrenas paralelas similares, compartían el paisaje y sus recursos con la gente, y ocasionalmente entraban en conflicto por esos recursos o territorios.

Tanto si los seres espirituales ocupaban otros reinos como si vivían junto a los humanos, era más probable que la comunicación y la interacción con ellos se produjeran en ciertos lugares o en determinadas épocas del año, lo que se conoce como puntos liminales o umbrales. En África y Europa, por ejemplo, cascadas, estanques, cuevas y cimas de montañas –lugares que alcanzaban el cielo o se adentraban en la tierra– eran lugares donde se creía que la frontera entre los mundos humano y espiritual era permeable. En el calendario cristiano, el día de Todos los Santos y el de los Fieles Difuntos estaban dedicados a los muertos, y se decía que los antepasados difuntos podían visitar a los vivos. Y muchas culturas tenían sus magos, chamanes o adivinos, que podían comunicarse con los espíritus.

> «Ningún hombre me precipitará al Hades contra el destino. De su suerte te aseguro que no hay ningún hombre que escape.»
>
> **HOMERO**, *ILÍADA* (SIGLO VIII A. C.)

Salvando almas ***(p. 96)***

Círculo mágico ***(p. 112)***

Protección contra los espíritus ***(p. 122)***

CIUDADES DE MUERTOS

necrópolis antiguas

El enterramiento de los muertos es una práctica muy antigua; según pruebas recientes, podría remontarse a hace al menos 300 000 años, cuando *Homo naledi*, una especie homínida ya extinta, depositó los restos de quince individuos en el interior de la cueva Rising Star, en Sudáfrica. Los lugares de enterramiento, la forma en que se inhumaban los cadáveres y los ajuares funerarios que las culturas primitivas dejaban en las tumbas nos dicen mucho sobre sus creencias respecto al más allá.

Las tierras de los vivos y las de los muertos se consideraban casi siempre reinos que debían mantenerse separados, por lo que las tumbas se situaban fuera del asentamiento, en cementerios o necrópolis («ciudades de los muertos», del griego *nekrós*, «muerto», y *polis*, «ciudad»), más grandes.

En culturas como la cristiana primitiva, en las que se creía que el cadáver resucitaría físicamente en la otra vida, este se enterraba, pero en las que se consideraba impuro o que no servía a ningún fin –como en el hinduismo–, se podía incinerar. En el hipogeo de Hal Saflieni, una necrópolis neolítica

◀ Talismán protector
Esta estatuilla en forma de halcón de Horus, dios egipcio del cielo, representaba la divinidad de los faraones y ofrecía protección. En las tumbas del antiguo Egipto también se colocaban halcones momificados como ofrenda.

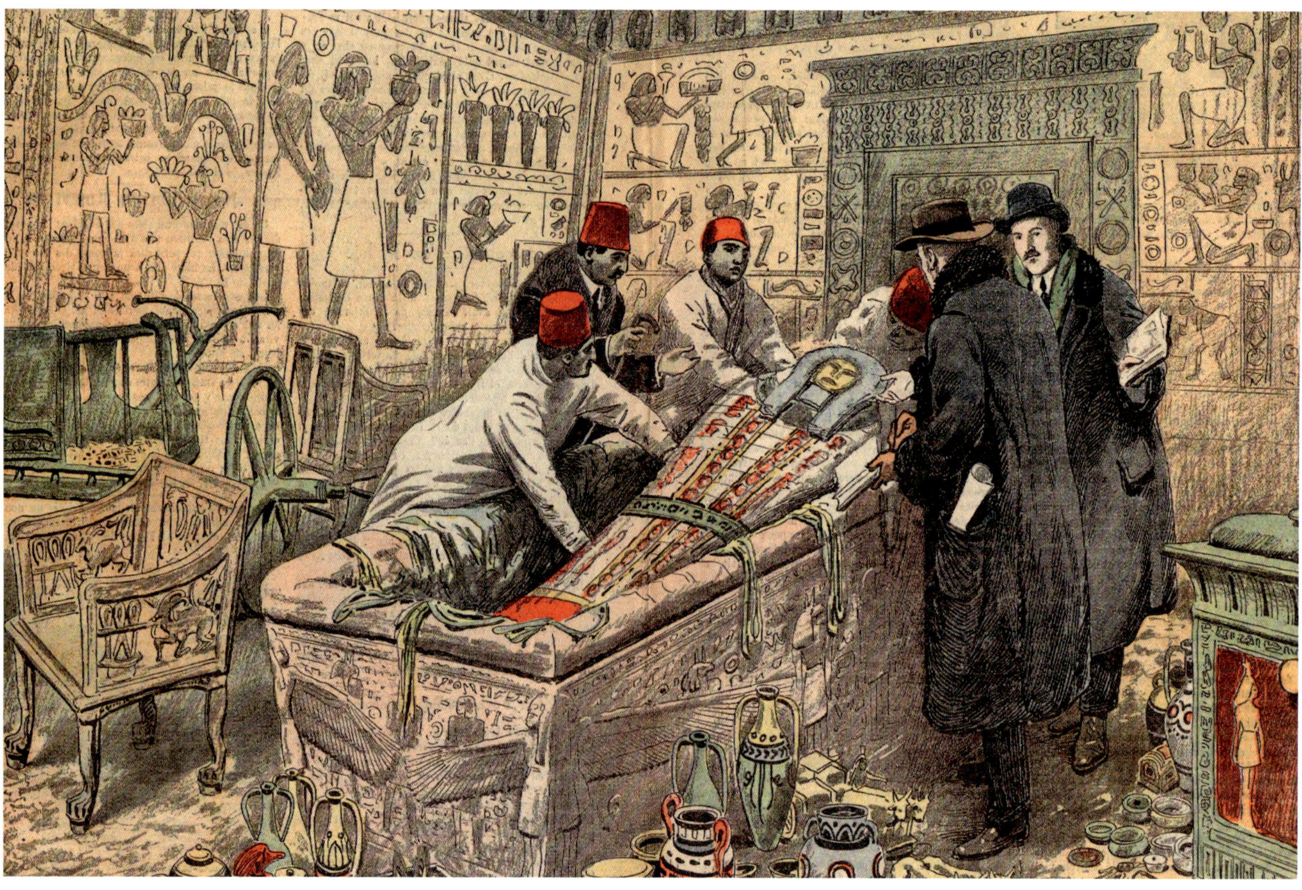

▼ Apertura de la tumba
Este grabado muestra una escena de 1923, cuando el arqueólogo británico Howard Carter, su patrocinador, Lord Carnarvon, y sus ayudantes sacaron el ataúd del faraón Tutankamón de uno de los enormes sarcófagos de piedra, en medio de un precioso ajuar funerario.

▲ Monumento de mármol
Esta estela funeraria romana del siglo IV d. C., procedente de la necrópolis vaticana, combina la imaginería cristiana –los dos peces– con elementos paganos como la invocación a «D. M.» (*dis manibus*, los «espíritus de los muertos»).

en Malta, los enterramientos se realizaban al parecer por etapas. Primero se dejaba descomponer la carne; luego, el esqueleto se llevaba a la cámara funeraria y se cubría de ocre rojo; y, por último, se enterraba en una fosa común. El ocre rojo, un pigmento elaborado a partir de mineral de hierro molido, tenía una importancia simbólica, ya que, asociado al color de la sangre, significaba regeneración.

Muchas culturas creían que los muertos necesitaban un ajuar funerario, es decir, un conjunto de objetos que pudieran usar de algún modo en la otra vida. Estos ajuares podían ser espectaculares, como las piezas de oro halladas en la necrópolis de Varna (Bulgaria), una de las más antiguas de este tipo (*c.* 4300 a. C.). Sus enterramientos, entre ellos los de los jefes que se habían enriquecido con el comercio de sal, incluían muchos objetos de oro (joyas y armas).

Las élites egipcias

Las tumbas del antiguo Egipto proporcionan un testimonio sin parangón de las creencias egipcias sobre la vida después de la muerte. La élite y sobre todo los faraones eran momificados tratando el cuerpo con natrón y envolviéndolo en vendas, ya que se creía que el difunto volvería a necesitar su cuerpo tras la muerte. Las paredes de las tumbas estaban ricamente decoradas con fragmentos del Libro de los Muertos, hechizos para ayudar a las almas a superar las pruebas a las que se enfrentarían tras la muerte (pp. 32–33). Las tumbas –consideradas nuevos palacios para los gobernantes muertos– eran espectaculares, desde la Gran Pirámide de Guiza hasta la necrópolis real del Valle de los Reyes, cerca de Luxor. Esta incluye la cámara funeraria del faraón Tutankamón, que murió *c.* 1323 a. C. Su tumba albergaba elaborados sarcófagos superpuestos y un ajuar que incluía una máscara funeraria de oro. Muchas tumbas de faraones contenían *shabtis*,

▲ Enterramiento antiguo
Esta tumba excavada en la necrópolis de Varna (Bulgaria) contenía el esqueleto de un hombre adinerado, posiblemente un cacique, de unos 40 años, con un rico ajuar funerario que incluía un hacha con mango de oro y brazaletes y collares de oro.

▶ Tejido de ultratumba
Este poncho bordado, datado *c.* 600 a. C., se usó para envolver una momia de la cultura Paracas en Perú. Está decorado con motivos iconográficos que representan diversos seres animales de otro mundo.

estatuas en miniatura que serían los sirvientes del difunto gobernante en el otro mundo.

Ciudades subterráneas

Las tumbas romanas solían estar en las afueras de las ciudades por la prohibición religiosa de enterrar los cadáveres dentro de los límites de la ciudad, pero las vías que conducían a las ciudades estaban bordeadas por tumbas y monumentos inscritos con el nombre, y a menudo la profesión, de los muertos. A partir del siglo I d. C., los romanos construyeron catacumbas o necrópolis subterráneas en las grandes ciudades. Las familias acudían allí para honrar a sus muertos con banquetes en cámaras que tenían asientos de piedra a imitación de los *triclinia* (comedores romanos). Las catacumbas, además de servir como monumentos conmemorativos, adquirieron una finalidad religiosa cuando los primeros cristianos las usaron para enterrar a sus muertos (y ocultarse de la persecución religiosa). La creencia de que la sepultura cerca de una persona santa podía ayudar al difunto a entrar en el cielo llevó a los cristianos a enterrar a sus muertos en tumbas cercanas a las de santos como san Pedro.

◀ Lleno de vida
Este colgante de oro fue excavado en la necrópolis de Crisólakos, cerca de Malia (Creta), establecida por el pueblo minoico *c.* 1800–1700 a. C. En su cultura, las abejas eran un símbolo de fertilidad y renacimiento.

Cámaras pintadas

Las necrópolis etruscas de Cerveteri y Tarquinia, ciudades-estado de esta civilización mediterránea de los siglos IX–I a. C., están formadas por tumbas excavadas en la roca y cubiertas en su interior por exquisitos frescos. Estas pinturas, con escenas de la mitología etrusca, de la vida cotidiana y, a menudo, con representaciones del ocupante, estaban concebidas para el disfrute del difunto en la otra vida.

Yacimientos notables

Las necrópolis aparecen en culturas de todo el mundo. En Sudamérica, la cultura Paracas de Perú envolvía a los muertos en mantos (o «fardos de momia») y los colocaba en tumbas de pozo en el yacimiento de Cerro Colorado. La mayor de las necrópolis, con más de 400 enterramientos, se utilizó durante mil años desde *c.* 800 a. C. En China, en la necrópolis Ordek de Xiahoe (junto al desierto de Taklamakán), de 4000 años de antigüedad, el clima árido preservó los restos de 300 momias enterradas boca abajo. Entre el ajuar funerario se hallaron los restos de queso más antiguos jamás encontrados. En estos dos ejemplos, el ajuar funerario y los esfuerzos realizados para preservar el cadáver sugieren la creencia en una vida después de la muerte en la que se necesitarían tanto el cuerpo como los bienes.

Las necrópolis no desaparecieron tras el colapso de estas antiguas culturas, y se siguen utilizando enterramientos monumentales. La mayor necrópolis de todas, las catacumbas de París, se construyó a finales del siglo XVIII, cuando los cementerios de la ciudad se saturaron. Allí permanecen los huesos de seis o siete millones de personas.

▼ Juego para los muertos
En esta pintura de la necrópolis de Tarquinia (*c.* 530 a. C.), dos luchadores se agarran las manos en los juegos funerarios celebrados en honor del difunto.

CLAVE

1 El legendario rey Dhul-Qarnayn se identifica con personajes como Alejandro Magno y el rey persa Darío II. En el Corán, Alá le ordena construir una muralla para contener a las fuerzas del mal.

2 En las representaciones islámicas, los *jinns* suelen tener cuernos. Casualmente, el nombre Dhul-Qarnayn significa «el de los dos cuernos».

3 La muralla representa la división entre la opresión y la civilización.

4 Hecha con bloques de hierro y recubierta de latón o cobre, se decía que la muralla construida por los *jinns* era tan firme que el enemigo ni siquiera podía hacerle un agujero.

Genios serviciales
En esta miniatura persa del siglo XVI, los *jinns* al servicio de Dhul-Qarnayn construyen una muralla para mantener a las fuerzas del mal, Yājūj y Mājūj (Gog y Magog), alejadas de las tierras del gobernante.

CREADOS DE LLAMA SIN HUMO

genios y demonios árabes

En la Arabia preislámica, la creencia en los *jinns* (seres sobrenaturales invisibles de gran poder) estaba muy extendida, y esta creencia se trasladó a la fe islámica a partir del siglo VII d. C. Su nombre deriva de una palabra árabe que significa «oculto», y presentan paralelismos con las criaturas aladas representadas en los relieves asirios (pp. 22–25) y con los *malaj* (ángeles) de la literatura judía, que actúan como mensajeros entre Dios y los humanos.

Antes de la llegada del islam, era práctica común la veneración de espíritus asociados a determinados lugares o elementos naturales. Se creía que los *jinns* habitaban en lugares desolados y adoptaban formas humanas y animales, como gatos o serpientes. Algunos los consideraban los primeros habitantes del mundo, y ruinas antiguas como las de Mada'in Saleh (en el norte de Arabia Saudí) se consideraban sus hogares originales. A menudo se les atribuían características sobrehumanas, como una gran fuerza o una belleza exquisita, y también se decía que eran hábiles artistas y sanadores, capaces de inspirar a los poetas susurrándoles al oído.

◀ Magia protectora
Este talismán islámico del siglo XIX ofrecía protección contra los *jinns* malignos. Está decorado con la figura de un *jinn* con cuernos sobre una bestia con cabeza de león y cola de serpiente, rodeado de asistentes con pezuñas hendidas.

Una vida en la sombra

A medida que el islam se extendía por el mundo árabe, las creencias sobre los *jinns* cambiaron. Se los consideraba creaciones de Alá, pero a diferencia de los humanos, que según el Corán estaban hechos de arcilla, los *jinns* habían sido creados de llama sin humo. Habitaban en Al-Ghaib, un mundo de sombras, pero vivían como los humanos, en unidades tribales y naciones, unas nómadas y otras sedentarias. Se decía que podían ayudar a los humanos, concederles deseos o incluso casarse con ellos y tener hijos semihumanos. Y, al igual que los humanos, los *jinns* tenían libre albedrío y podían aceptar el islam o, como Iblis (el Diablo y, en algunos relatos, líder de los genios malignos), rechazarlo y atormentar y corromper a la gente. Se creía que los *jinns* malignos causaban enfermedades o incluso poseían a sus víctimas.

Necrófagos y demonios

En el folclore islámico aparecieron otros espíritus, como el cambiaformas *ghul* («necrófago»), que acechaba en los cementerios y devoraba carne humana, y el *ifrit*, un ser demoníaco similar a un *jinn*, pero normalmente considerado malévolo. Las historias de estos seres se popularizaron en colecciones como *Las mil y una noches*, que darían forma a las representaciones modernas de los *jinns* y otros espíritus.

◀ Muerte o gloria
En esta ilustración de un manuscrito del poema épico persa *Shāhnāmé* (977–1010), se representa al héroe Rostam matando a Div-e Sepid (el «demonio blanco»), señor de los *divs* o demonios: uno de sus siete trabajos para liberar a su propio rey.

Expulsar a un *jinn*

La creencia de que seres espirituales invisibles, como los *jinns*, vivían junto a los humanos y podían poseerlos estuvo muy extendida durante los primeros tiempos del islam. La posesión podía ser positiva, como cuando se creía que los espíritus inspiraban a un poeta o músico para crear una obra bella. Sin embargo, la mayoría de las veces se interpretaba como maligna o como consecuencia de que la víctima hubiera ofendido al *jinn* o cometido un acto pecaminoso. Los síntomas de la posesión solían incluir amnesia, convulsiones o habla incoherente, y se creía que impedía a la persona pensar o hablar con libertad.

Para alejar la atención de los *jinns* se usaban talismanes protectores. Si esto fallaba, la familia de la persona afectada recurría a un exorcista. A menudo se trataba de un sufí, practicante de una forma mística del islamismo, que realizaba un ritual para expulsar al espíritu maligno.

En primer lugar, el exorcista recitaba oraciones y versos del Corán. Luego preguntaba al *jinn* por qué había poseído a la víctima e intentaba persuadirlo para que se marchara. Si esto no funcionaba, soplaba en el oído del paciente, maldecía al *jinn* y exigía en nombre de Alá que abandonara el cuerpo del poseído. Los exorcistas también empleaban el poder de la música, como melodías tocadas con el ud (un tipo de laúd), pues se consideraba que ayudaba a anular el control del espíritu sobre su víctima.

> «Hemos creado para la gehena a muchos de los genios.»
>
> CORÁN, SURA AL-A'RAF: 179

Protección espiritual

La creencia de que un objeto material puede estar imbuido de poderes mágicos, capaces de ofrecer protección espiritual a su propietario, es común a casi todas las culturas a lo largo de la historia. Estos talismanes, o amuletos de la suerte, se hacían con materiales muy diversos, como metales y piedras preciosos, y a menudo llevaban inscritos símbolos y textos religiosos. La mayoría se diseñaban para llevarlos cerca del cuerpo, como anillos o colgantes, o para colocarlos en la casa o la tumba. Ya fueran para proteger, curar o atraer la buena suerte, los talismanes se consideraban un medio esencial de supervivencia en un mundo habitado por espíritus tanto malévolos como benévolos.

▲ **El Ojo de Horus** (o *udyat*), un amuleto popular en el antiguo Egipto, representa el ojo restituido del dios Horus y se le atribuye el poder de la regeneración y la salud.

▲ **Los objetos que representan el mal de ojo** protegen contra este, que supuestamente mata o hiere con una mirada. Una luna creciente asegura la ayuda de la diosa romana Diana.

▲ **Una piedra de bruja**, que se lleva al cuello o se cuelga en ventanas o puertas, ahuyenta a las brujas, las pesadillas y las enfermedades. Se decía que mirar a través de su agujero revelaba otros reinos.

▲ **Este traje funerario de jade** perteneció a Dou Wan, una princesa de la dinastía Han Occidental de China (206 a.C.–9 d.C.). Estos trajes servían de armadura inmortal para las élites, preservaban el cuerpo y el alma tras la muerte y protegían contra los malos espíritus.

▶ **Las botellas de bruja** se usaban en la Inglaterra del siglo XVII como remedio contra embrujos. Esta contiene clavos de hierro y un trozo de hoja de hierro, para infligir dolor y acabar con el hechizo.

▲ **Este *ga'u* o caja amuleto tibetano** presenta poderosos símbolos budistas: la geometría de cuadrados y piedras crea un mandala que simboliza el universo en su forma ideal y protege al portador.

▲ **Los *omamori* japoneses** son amuletos que obtienen su poder de bendiciones budistas o sintoístas. Tradicionalmente protegían contra los malos espíritus; hoy se les atribuye buena suerte.

▲ **Esta figura de antílope sentado** procede del antiguo Egipto. El antílope se consideraba una criatura del caos y enemiga de los dioses, pero su representación en amuletos transformaba esta amenaza en un poder protector.

▶ **Los cuencos de encantamiento** del Imperio persa sasánida (400–700) se inscribían con hechizos para proteger de las maldiciones de demonios o humanos e invocar el poder de los espíritus.

▲ **Este *nuchu guna*** procede de Panamá. Tallado con la madera de un árbol sagrado e imbuido de espíritus protectores, ayudaba a curar o repelía el mal.

▲ **Los *lakakare* o amuletos de coco** de Papúa Nueva Guinea, tallados en forma de criatura marina, ahuyentan el mal. La cáscara del coco está rellena de sustancias con propiedades mágicas.

LOS REINOS DEL HADES

los espíritus y el inframundo en la antigua Grecia

Para los antiguos griegos, la muerte la señalaba la exhalación del último aliento, cuando el espíritu, o *psique*, viajaba al inframundo acompañado por el dios mensajero Hermes. Allí era juzgado por Hades, dios de los muertos, junto con los semidioses Minos, Éaco y Radamantis, y asignado a uno de los reinos del Hades: los Campos Elíseos para la élite; las profundidades infernales del Tártaro para los condenados; o los Prados de Asfódelos, donde el espíritu viviría como una «sombra» de su ser anterior, para la mayoría.

◀ Placa funeraria
Esta placa de una tumba del Ática, de *c.* 520–510 a. C., representa los elaborados ritos de la *próthesis* o exposición del muerto.

La tierra de los muertos

Hades tomaba muchas precauciones para evitar que los muertos regresaran al mundo de los vivos. Cinco ríos rodeaban el inframundo, entre ellos el gran río Estigia, que solo se podía cruzar pagando un óbolo (moneda usada en los ritos funerarios para cubrir los ojos de los muertos) al barquero Caronte; y el Leteo, cuyas aguas, si se bebían, hacían olvidar la propia existencia terrenal. La entrada estaba custodiada por el feroz perro de tres cabezas Cerbero, que atacaba salvajemente a cualquiera que intentara pasar. En el Tártaro, los condenados solían ser atados como parte de su castigo; el rey lapita Ixión, por ejemplo, fue atado a una rueda de fuego durante toda la eternidad por haber intentado seducir a Hera, esposa del dios Zeus.

Espíritus inquietos

Los griegos hacían todo lo posible por enterrar correctamente a sus muertos. Temían que, de lo contrario, sus espíritus quedaran atrapados entre la vida y la muerte. Sus elaborados rituales funerarios incluían la *próthesis*, o exposición del cuerpo; la *ekphorá*, procesión hasta el cementerio antes del amanecer; la inhumación del cuerpo en una tumba o túmulo; y el *perideipnon*, o banquete funerario, con libaciones de vino y ofrendas de leche y miel al difunto. Los muertos que no habían recibido una sepultura adecuada se llamaban *ataphoi* («insepultos»). En la *Odisea* de Homero, el héroe está tan desesperado por huir de la isla de la hechicera Circe que retrasa el entierro del cuerpo de Elpenor, su compañero muerto al caer de un tejado. El *ataphos* de Elpenor regresa para amenazar con la ira de los dioses si Odiseo descuida los rituales adecuados.

Entre los muertos inquietos también se hallaban los *biaiothánatoi*, los espíritus de quienes habían sufrido una muerte violenta, como los más de 6000 persas caídos en la batalla de Maratón contra los atenienses y cuyos fantasmas se decía que rondaban el campo de batalla. Los *áoroi* eran los muertos prematuros,

Inscripción acuñada en la lámina de oro

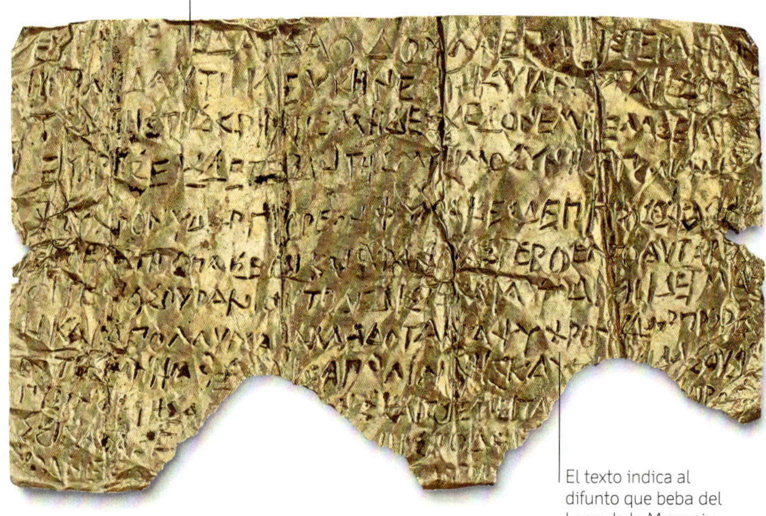

El texto indica al difunto que beba del Lago de la Memoria

◀ Instrucciones para el inframundo
Esta placa funeraria de oro del siglo III o II a. C. fue labrada para un devoto de un culto mistérico órfico. Se creía que Orfeo, héroe mítico griego (pp. 82–83), poseía conocimientos especiales que podían conducir a una vida mejor en el más allá.

El rey de Tirinto, por cuyas órdenes Heracles captura a Cerbero, se esconde de la bestia dentro de una tinaja

Heracles blande un garrote para someter a Cerbero

▲ El sabueso de Hades
Este jarrón de figuras negras, datado *c.* 525 a. C., muestra a Cerbero, la bestia de tres cabezas que custodiaba la entrada al inframundo, al ser capturado por el héroe Heracles. El escritor griego Hesíodo describió a Cerbero como «un terrible perro, despiadado».

▲ **Fantasma vengativo**
En *Las euménides*, la tercera obra de la *Orestíada* de Esquilo, el fantasma de Clitemnestra convoca a las Erinias o Furias –espíritus vengativos del inframundo– para que persigan y castiguen a su hijo Orestes, que la asesinó.

«Despiértalos para mí, a los espíritus, a los muertos; despierta sus almas y sus formas en la boca de mi vasija.»

CONJURO DE LOS PAPIROS MÁGICOS GRIEGOS (SIGLO III D. C.)

como los jóvenes solteros o cualquiera muerto antes de cumplir su *télos* (objetivo vital). Se creía que estos espíritus vagaban por la tierra acechando a los vivos.

Ahuyentar o atraer a los espíritus

A principios de primavera, los atenienses celebraban las Antesterias, un festival del vino que también era la fiesta de los muertos. Se creía que los fantasmas de los difuntos vagaban por la ciudad durante la fiesta, por lo que se cerraban templos y comercios. Los atenienses hacían ofrendas para apaciguar a los espíritus inquietos y protegerse a sí mismos y sus hogares; masticaban hojas de espino y cubrían las puertas con alquitrán para repeler a cualquiera que intentara entrar.

Había ocasiones en las que, en lugar de alejar a los espíritus, los griegos los buscaban. El término *nekya*, que significa «nigromancia» (magia que invoca a los muertos), aparece por primera vez como título del canto XI de la *Odisea*. Odiseo, que anhela volver a casa, necesita desesperadamente consejo, por lo que desciende al Hades e invoca la sombra del profeta Tiresias utilizando hechizos de la hechicera Circe. Tiresias aparece y le dice cómo volver a casa sano y salvo. En una línea similar, el dramaturgo griego Esquilo incluyó una escena de nigromancia en *Las coéforas*, en la que Orestes y su hermana Electra invocan al fantasma de su padre, Agamenón, para pedirle consejo sobre cómo castigar a su asesina (y esposa), Clitemnestra. En ambas obras se describen ritos de nekya: Odiseo vierte ofrendas votivas de leche, miel, cebada y sangre de oveja en un abrevadero, mientras que Electra vierte libaciones sobre la tumba de su padre e invoca a los dioses del inframundo.

▶ Deidad letal
Este fragmento de relieve de mármol muestra a Hécate, diosa asociada especialmente con los fantasmas y la nigromancia. Los atenienses ofrecían un banquete cada luna nueva para apaciguarla a ella y a los espíritus que controlaba.

EN CONTEXTO

Asclepio

Hijo de Zeus y de una mortal, el mítico Asclepio fue instruido en medicina por el centauro Quirón y se convirtió en un gran sanador. Según la leyenda, era tan hábil que tenía el poder de resucitar a los muertos; por ejemplo, utilizó una hierba para resucitar al príncipe cretense Glauco. Zeus consideró que esto atentaba contra el orden natural y, temiendo que los hombres usaran estos medios para suprimir la muerte, mató a Asclepio con un rayo. No obstante, este alcanzó una especie de inmortalidad, pues Zeus lo resucitó como dios de la medicina.

Esta estatua de mármol, de c. 160 d. C., muestra a Asclepio sosteniendo un bastón con una serpiente enroscada, símbolo de sus poderes curativos.

Enlaces con el inframundo

Muchos de los que buscaban hablar con los muertos lo hacían en santuarios oraculares, llamados *necromanteion*. A menudo se trataba de cuevas o desfiladeros que se creía que conectaban con el inframundo. Plutarco, por ejemplo, narra cómo el rey espartano Pausanias viajó al *necromanteion* de Heraclea Póntica, en el mar Negro. Allí invocó al espíritu de Cleonice, a la que había matado accidentalmente y que lo había estado atormentando.

Estas historias demuestran que los griegos no consideraban la nigromancia una forma de magia negra, sino un medio de tratar con los muertos. Tal vez así se podría apaciguar a los fantasmas inquietos o vengativos, permitiéndoles entrar en el inframundo y permanecer allí para siempre. Los muertos podían tener conocimientos valiosos que transmitir, pero era importante que siguieran muertos tras compartirlos.

Orfeo y Eurídice

La heroína griega Eurídice era una joven recién casada con el músico Orfeo cuando murió por la mordedura de una serpiente. Orfeo siguió a Eurídice al inframundo, también llamado Erebo, decidido a traerla de vuelta. El mito de esta malograda pareja ha inspirado numerosas obras literarias y artísticas, muchas de las cuales describen a los fantasmales habitantes del inframundo griego.

Platón escribió sobre la búsqueda de Orfeo en su *Banquete* (siglo IV a. C.), y la historia fue ampliada tres siglos más tarde por los poetas romanos Virgilio y Ovidio. Sus poemas narran cómo, cuando Orfeo tocó su lira para Hades y Perséfone –dios y diosa del inframundo–, los fantasmas del Erebo se vieron atraídos por su canción de amor y pérdida. Virgilio escribió que, «conmovidas por su canto, de las profundas moradas del Erebo acudían las tenues sombras y los espectros de aquellos que carecen de luz».

Conmovido también por el canto de Orfeo, Hades permitió que Orfeo y Eurídice regresaran a la tierra de los vivos, con la condición de que Orfeo no se volviera a mirar a su esposa hasta que llegaran a la superficie. En un descuido, Orfeo se volvió para mirarla antes de haber salido, y Eurídice fue condenada a permanecer en el Erebo.

> «Mientras decía esto y acompasaba los sonidos de las cuerdas con las palabras, lloraban las almas exangües.»
>
> **OVIDIO**, *METAMORFOSIS*, LIBRO X (8 D. C.)

▲ **Este cuadro de Jan Brueghel el Viejo**, de *c.* 1594, muestra a Orfeo en el inframundo entre las almas de los muertos y sus torturadores.

EXISTENCIAS PARALELAS

esferas espirituales africanas

Las religiones tradicionales africanas tienen una larga historia de creencias tanto en los espíritus como en la existencia de una esfera espiritual sagrada. Aunque sus concepciones del universo varían, la mayoría comparten la creencia en la interconexión e interdependencia de todas sus partes. En estas religiones tradicionales, la esfera física –habitada por seres humanos, animales, plantas y otras formas de vida– coexiste con otros mundos y submundos, habitados por seres sobrenaturales, como los espíritus de los no nacidos, las deidades, los espíritus de la naturaleza y los espíritus de los antepasados (pp. 130–131).

▲ **Caparazón protector**
Este amuleto senufo en forma de tortuga se lleva para apaciguar y obtener la protección del espíritu de la tortuga. Los senufo creen que tortugas, serpientes, cocodrilos y camaleones fueron creados antes que los humanos, y representan todas las formas de vida.

Vivir con espíritus

No existen fronteras rígidas entre los mundos, pero se cree que ciertas personas, animales, plantas, lugares, actividades y épocas tienen un acceso más fácil a la esfera espiritual. Para los oku de Camerún, ciertos lugares considerados sagrados –generalmente lagos, montañas y cascadas–, así como las plantas y los animales del campo, están habitados por espíritus llamados *emyin*. A través de los sueños y otros encuentros con estos espíritus, los curanderos y adivinos oku adquieren los conocimientos necesarios para ayudar a sus comunidades. Las danzas rituales (pp. 170–171), especialmente en los funerales, también permiten a los participantes acceder al reino de los espíritus.

Se cree que ciertos mundos e inframundos existen aparte del mundo físico, en lugar de junto a él. Entre ellos hay lugares acogedores como Samanadzie, un reino oscuro y fértil habitado por los espíritus de aquellos a los que Onyankopon, el ser supremo de los akan de Ghana, considera dignos de ser resucitados; y lugares inhóspitos como Magombe, el inframundo de los baganda de Uganda, descrito a veces como frío, fétido y embrujado.

El círculo de la vida

En la cosmovisión tradicional africana, la vida es cíclica. Las personas viven, mueren y renacen, o sus espíritus permanecen en el reino de los espíritus (para bien o para mal) o son retenidos por la comunidad mediante el ingreso en la ancestralidad. La muerte se considera un viaje a la siguiente etapa de la vida. Los requisitos para la ancestralidad (un estatus deseable) suelen cumplirse si el difunto era un anciano querido en vida por su familia. Con el tiempo, los difuntos se integran en la comunidad de los muertos. Los suajili llaman a esta comunidad de almas *mizimu*, y a su dominio, Kuzimu.

EN CONTEXTO

Espíritus gemelos

Para muchos pueblos africanos, el nacimiento de gemelos es un acontecimiento digno de mención. Los senufo de Costa de Marfil, y muchos otros pueblos africanos, creen que los gemelos están vinculados a la esfera espiritual. En algunas sociedades del pasado eran temidos, pero en general son vistos como una muestra de fertilidad, abundancia y favor divino, o como una poderosa encarnación del equilibrio místico necesario para la vida. Como se cree que los gemelos se conocen entre sí a la perfección, los adivinos suelen tratar de establecer relaciones de gemelos con sus clientes para facilitar sus adivinaciones.

Las figuras gemelas *ibeji* yoruba conmemoran a gemelos fallecidos. Los yoruba de Nigeria tienen la mayor tasa de nacimientos gemelares registrada en el mundo.

▲ Calabaza de la creación
«Dos mitades de una calabaza crean un universo»: es el dicho yoruba que ilustra esta calabaza tallada. La mitad superior representa el *isálòrun*, el mundo de los espíritus; la inferior representa las aguas primigenias a partir de las cuales se creó el *ayé*, el mundo físico.

«El mundo es un mercado que visitamos; el otro mundo es nuestro hogar.»

DICHO YORUBA

LAS SOMBRAS INQUIETAS DE ROMA

lares, manes y lémures romanos

Según se creía en la antigua Roma, mientras que los grandes héroes y estadistas iban tras su muerte a los Campos Elíseos (como los antiguos griegos; pp. 78–79), el resto de los difuntos se convertían en *umbrae*: sombras condenadas a la penumbra perpetua. Estos fantasmas insustanciales debían ser apaciguados, por lo que, cada luna nueva, las mujeres adornaban el larario con guirnaldas de romero y ajo y hacían ofrendas de maíz y vino. El larario, el corazón del hogar romano, era un santuario en miniatura que honraba a los espíritus ancestrales de la familia (lares). Los manes eran los espíritus de individuos concretos, a los que se honraba cada febrero en las Parentalia, parte de un festival de nueve días en el que los romanos honraban en privado a sus ancestros difuntos.

◀ Espejo de sombras
Este espejo de obsidiana de la Casa de los Cupidos Dorados de Pompeya reflejaba sombras, dando al que lo miraba una idea de cómo aparecería después de la muerte.

▼ Espíritus familiares
Este fresco de un larario de la Casa de los Vettii de Pompeya muestra a los lares como hombres jóvenes que portan cuernos para beber, a ambos lados del *genius loci*, otro espíritu protector del hogar.

Seres siniestros

El mundo de los espíritus romanos también incluía a lémures y larvas: fantasmas malévolos que acosaban a los vivos. Su fiesta, las Lemuralia o Lemuria (9, 11 y 13 de mayo), marcaba un periodo tan nefasto que incluso se cerraban los templos. Se creía que los espíritus de los muertos vagaban por la tierra, y el cabeza de familia realizaba ritos para ahuyentarlos, como escupir nueve judías negras para que se las tragaran los lémures, golpear objetos de cobre y recitar conjuros.

Apariciones fantasmales

Para evitar que un cadáver se convirtiera en lémur había que ungirlo y enterrarlo adecuadamente. Incluso si solo se encontraba una parte del cuerpo, había que seguir los ritos adecuados, pues de lo contrario un lémur podría rondar el lugar de la muerte. La literatura romana es rica en historias al respecto. Las cartas de Plinio el Joven incluyen el relato de una casa encantada por un espíritu envuelto en cadenas. Plinio cuenta que el filósofo Atenodoro vio la aparición en la casa y la siguió hasta el patio. El fantasma señaló un lugar que, al ser excavado, reveló los restos de un hombre asesinado. Se enterraron los huesos con los ritos adecuados y el acoso cesó. Los fantasmas también tenían necesidades y, para los romanos, reparar el daño que un espíritu había sufrido en vida era tan vital como realizar ofrendas durante las fiestas.

▶ Muerto sonriente
Este mosaico de Pompeya, del siglo III a. C., representa una ominosa larva sonriente que sostiene dos jarras. Pretendía recordar a los comensales la naturaleza efímera de las fortunas terrenales.

> «Será el ceremonial de un rito antiguo, la Lemuria nocturna, la que traerá las ofrendas para los manes silenciosos.»
>
> **OVIDIO**, *FASTOS*, LIBRO V (8 d. C.)

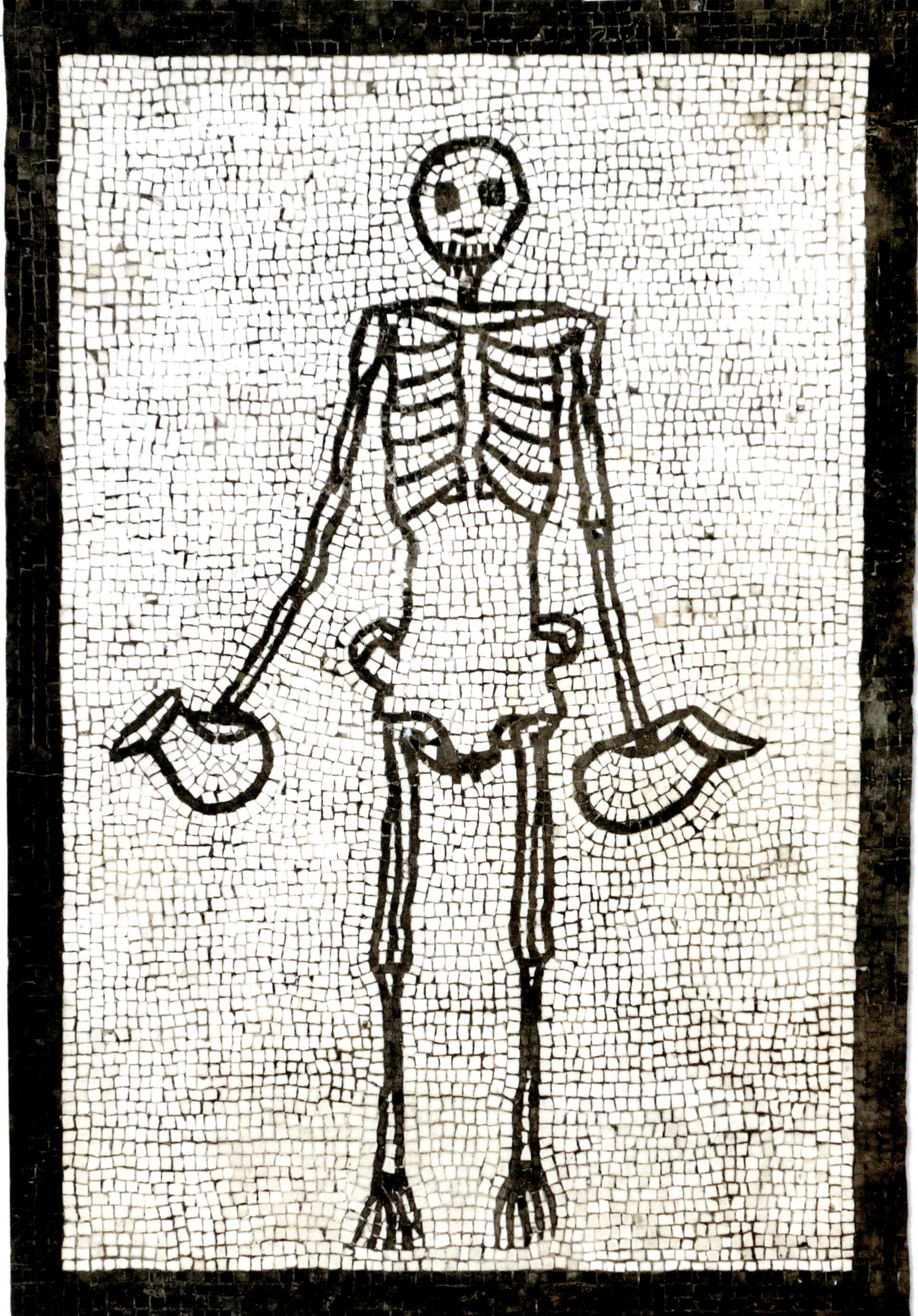

▶ **Espejo del inframundo**
Esta calavera decorada con mosaico representa a Tezcatlipoca, dios mexica cuyo nombre significa «espejo humeante» en náhuatl. Se creía que era el príncipe de Mictlán, y podía adoptar muchas formas, como un fardo de cenizas gimiente o un cadáver amortajado.

DESORDEN CÓSMICO

espíritus mesoamericanos

Fantasmas y espíritus fatales acechaban los paisajes de Mesoamérica. Las diversas culturas de esta región en la época precolombina (antes de 1493) –olmeca, zapoteca, maya, tolteca y mexica (azteca o nahua), entre otras– eran muy distintas, pero sus creencias religiosas e ideas sobre el cosmos estaban estrechamente relacionadas. Estos pueblos trataban la muerte con respeto más que con miedo, y la consideraban un momento regenerativo clave en el proceso cósmico. Creían que los espíritus humanos podían regresar al mundo de los vivos si se daban las condiciones adecuadas.

Cosmología mortal

La muerte ocupaba un lugar central en la idea mesoamericana de la creación. Según el mito nahua de la creación, los dioses tenían que suicidarse para hacer que el sol se moviera, y solo el sacrificio humano lo mantendría en movimiento. En la religión maya, el sol y la luna se formaron a partir de las almas de dos héroes vencidos en un juego de pelota por los señores de Xibalbá («lugar oculto»), el inframundo al que iban las almas tras la muerte.

Según los mexicas, el destino de los espíritus dependía de su forma de morir. Por ejemplo, los que morían por enfermedad o vejez iban a un más allá distinto de los que morían en batalla o al nacer: estos últimos iban directamente al paraíso. Otros debían atravesar nueve niveles y pasar por obstáculos para llegar al lugar de los muertos, el Mictlán. Muchos muertos eran incinerados con un perro o enterrados con la figura de un perro, pues se creía que los canes podían proteger y guiar a los muertos en su difícil viaje al más allá. Los ahogados se enterraban con semillas (a menudo de maíz) en la boca como símbolo de renacimiento.

◀ **Monstruo de la tierra**
El arte olmeca presenta a menudo una figura monstruosa con la boca abierta, como esta estatua de Chalcatzingo, en el centro-sur de México. Se dice que las fauces abiertas representan la entrada al inframundo, que se creía situada dentro de una cueva.

▲ **Madres divinas**
Esta imagen mexica del *Códice Borgia*, del siglo XVI, representa a cihuateteo, fantasmas de mujeres muertas en el parto. Normalmente ayudaban a guiar el movimiento del sol, pero se creía que durante cinco días al año rondaban los cruces de caminos e intentaban robar niños.

Almas perdidas

Una vez que un alma llegaba al más allá, se suponía que nunca regresaría. Las que regresaban como fantasmas representaban un fallo en el orden cósmico y eran presagios de fatalidad. Los mayas utilizaban amuletos y chamanes para devolverlas al descanso. Creían que las almas inquietas podían renacer como plantas, que podían ser medicinales o tóxicas, según la intención del fantasma.

En las culturas precolombinas abundan los ejemplos de fantasmas perversos, muchos de ellos femeninos (pp. 132–133). Uno es Xtabay, del folclore maya yucateco: el fantasma de una mujer despechada que atrae a los hombres al bosque para devorarlos.

ALMAS DE LOS MARES

sirenas benévolas y malignas

▲ **Monstruo marino**
En la tradición japonesa, se decía que encontrar un *ningyo* o «pez humano» –representado aquí por Baien Mōri en su *Libro de los peces* (1835)– era un mal presagio. Sin embargo, también se creía que su carne confería vida eterna y juventud a cualquier humano que la comiera.

La doble naturaleza del mar, como dador de vida y fuerza potencialmente destructiva, ha dado lugar a historias de criaturas acuáticas en parte humanas que rondan sus profundidades y que pueden ayudar a marineros y viajeros o llevarlos a la perdición. A menudo representadas como hermosas mujeres, estas sirenas son un símbolo de los misterios del océano y aparecen en las mitologías de muchas culturas.

La primera mujer-pez

Los primeros monstruos míticos aparecieron en la antigua Mesopotamia (*c.* 4000 a. C.). El *kullulu* («hombre-pez»), del que se decía que era hijo de Tiamat, la diosa del mar primigenia, y que tenía cola de pez y torso humano, formaba a veces pareja con una *kuliltu* («mujer-pez»).

La primera historia de sirenas se remonta a la cultura asiria (*c.* 1000 a. C.), en relatos sobre la diosa Atargatis. Aunque las razones de su transformación varían entre versiones, la mayoría cuentan que Atargatis, desconsolada, se zambulló en un lago y los dioses la convirtieron en sirena para salvarla.

Originalmente, las sirenas de la mitología griega (*seirenes*) eran en parte pájaros y no peces. El nombre *seirén* («la que ata») se refería a su canto seductor, que atraía a los hombres hacia la muerte. En la *Odisea* de Homero (725–675 a. C.), el héroe Odiseo hace que sus hombres lo aten al mástil de su barco y se tapen los oídos con cera para que él no pueda responder al canto mortal de las sirenas ni ellos oírlo. El romano Plinio el Viejo describió muchos avistamientos de sirenas en su *Historia natural* (77 d. C.), afirmando que sus cuerpos estaban cubiertos de escamas.

▶ **Espíritus metamorfos**
Esta escultura de hoja de pandano tejida por Samantha Malkudja representa a una *yawkyawk*, un espíritu ancestral metamorfo de la Tierra de Arnhem (Australia) que habita en estanques y arroyos.

▶ **Poderes musicales**
Esta ilustración de finales del siglo XV, del iluminador francés Robinet Testard, representa a unas sirenas que ayudan al dios Neptuno en un combate contra la diosa Atenea, tocando trompetas e instrumentos de cuerda.

Esposas del mar

En la época medieval, las sirenas solían representarse con cola de pez. En Irlanda, las *merrows* eran hermosas mujeres de pelo largo y verde que podían enamorarse y casarse con hombres; estos escondían el *cohuleen druith* de la *merrow* (el gorro mágico que le permitía vivir bajo el agua) porque ella sentía la tentación de volver al mar. Este motivo se repite en las historias de las *selkies* escocesas: en el agua son focas, pero en tierra mudan de piel para adoptar forma humana y casarse con humanos. De la misma manera, el marido ocultaba la piel de foca de su esposa para evitar que volviera a transformarse. Sin embargo, las sirenas no siempre eran cariñosas. En la leyenda brasileña, Iara («Madre del Agua») es una sirena que encanta a los hombres.

Sirenas modernas

En el siglo XIX, la creencia en las sirenas se había reducido en Europa hasta convertirse en un cuento popular; quizá el más famoso sea *La sirenita*, de Hans Christian Andersen.

Sin embargo, las creencias en deidades similares a sirenas siguen vivas. En el vudú haitiano, Mami Wata (p. 172) es representada a menudo como una sirena. Y los inuit de Canadá y Groenlandia veneran a Sedna, una poderosa diosa mitad humana, mitad pez; si se enfurece, puede provocar tormentas, pero si se la aplaca, puede hacer que los pescadores disfruten de una pesca abundante; también se la conoce como «Madre del Mar».

«No me seduzcas, dulce sirena, con tu canto para ahogarme en el raudal de llanto de tu hermana.»

ANTÍFOLO DE SIRACUSA EN *LA COMEDIA DE LOS ERRORES* DE WILLIAM SHAKESPEARE (1594)

▲ **Los vivos y los muertos**
Esta ilustración de un manuscrito representa el popular cuento moral medieval de los tres vivos y los tres muertos. Durante una partida de caza, tres jóvenes nobles se topan con los cadáveres animados de sus antepasados, que les revelan que sus pecados mortales los han llevado a una eternidad de tormento.

ESPÍRITUS, ALMAS Y EL ESPÍRITU SANTO

el cristianismo y lo sobrenatural

La creencia en la resurrección de las almas era fundamental para el cristianismo primitivo, y la inscripción funeraria más popular de la época –*Vivas*: «Que vivas»– expresaba la esperanza del creyente en que Dios le concediera la vida eterna. Según el Evangelio de Mateo, muchos santos resucitaron en el momento de la muerte de Jesús (Mateo 27: 52–53), y la Biblia también dejaba abierta la posibilidad de un retorno de los muertos antes de la resurrección final.

La nigromancia –la idea de que el cuerpo de una persona podía ser reanimado por arte de magia o su alma traída de vuelta para ser consultada con fines adivinatorios– se consideraba una forma de brujería y estaba expresamente prohibida. Sin embargo, la Biblia incluye la historia de una mujer que al parecer resucita el espíritu de Samuel a petición del rey Saúl (pp. 42–43); esto sugiere que la nigromancia podría funcionar, aunque estuviera proscrita.

EN CONTEXTO

Fasching

En todo el mundo cristiano se pueden hallar costumbres destinadas a «ahuyentar» a los malos espíritus. En el calendario litúrgico, el precedente de los 40 días de la Cuaresma son los 40 días que pasó Jesucristo en el desierto siendo tentado por el Diablo. *Fasching*, el nombre alemán de las festividades previas a la Cuaresma, está relacionado con *Fastenschrank*: la última bebida alcohólica antes de Cuaresma. En diferentes partes de Alemania, *Fasching* se llama *Karneval* y los participantes suelen llevar máscaras, originalmente pensadas para confundir y repeler a los malos espíritus.

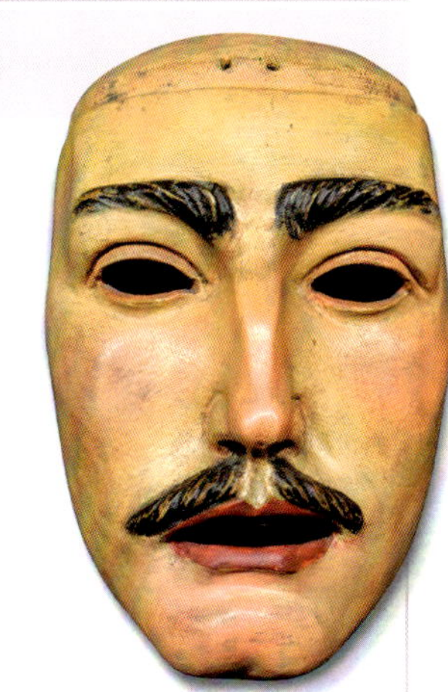

Máscara de *Fasching* o *Karneval* exquisitamente tallada en madera; muchas máscaras de este tipo han pasado de generación en generación.

Los debates teológicos sobre el retorno de los muertos han ocupado un lugar destacado en la historia del cristianismo. La Iglesia se refiere a la relación entre los vivos y los muertos (excluidos los condenados) como «comunión de los santos», pero católicos y protestantes tienen creencias diferentes sobre la cercanía de esta relación.

El mundo espiritual

En la fe cristiana, la tercera persona de la Santísima Trinidad, junto con el Padre y el Hijo, es el Espíritu Santo, que representa entre otras cosas la presencia espiritual de Dios en el mundo. El cristianismo tomó del judaísmo la idea de los ángeles (espíritus incorpóreos al servicio de Dios) y de los antiguos griegos la de los *daimones* (seres intermediarios), a los que reimaginó como demonios: ángeles caídos al servicio de Satanás. Los santos cristianos (reconocidos tras su muerte por su santidad en vida) constituían otro nivel en la jerarquía espiritual, con poder para intervenir en el mundo en nombre de quienes solicitaban su ayuda.

Almas fugitivas

La doctrina católica del purgatorio, definida en el II Concilio de Lyon (1274), afirma que las almas de los cristianos que mueren con pecados veniales sufren una purificación en el más allá antes de su admisión en el cielo. Así, durante un periodo indefinido se hallan entre el cielo y el infierno. Se cree que los vivos pueden ofrecer rituales –misas, oraciones– para acortar su permanencia en el purgatorio. Además, la idea de que las almas pudieran regresar del purgatorio para reparar los errores cometidos en vida estaba muy extendida en el cristianismo popular, así como el temor a los siniestros aparecidos (muertos reanimados que regresan).

La creencia en el purgatorio apuntalaba la creencia en los fantasmas y, por eso, cuando la Reforma protestante de 1517 abolió la primera –el protestantismo afirma que los muertos van directos al cielo o al infierno–, los reformadores esperaban eliminar también las creencias y prácticas en torno a los segundos. Según Lutero, «solo la fe» podía salvar al alma de la condenación eterna, y esto significaba el fin de los rituales que se realizaban por los muertos. Las peticiones de oración se borraron incluso de las tumbas, y los fantasmas pasaron a considerarse demonios disfrazados, o engaños de los sacerdotes para embaucar

▶ **Fantasma en el cristal**
Este fragmento de una vidriera de la catedral de Chester (Reino Unido) representa a un retornado esquelético, aún con sudario. El miedo a los cadáveres reanimados no era raro en la Inglaterra medieval.

«Su fantasma no descansaba, y entraba en las casas en forma de toro, y bramaba hasta que [...] las tejas salían volando del edificio.»

EDWIN SIDNEY HARTLAND, *THE ROARING BULL OF BAGBURY* (1890)

al pueblo. Sin embargo, sin purgatorio, los vivos se veían privados de una relación estrecha con los difuntos, y la consideración de los fantasmas de los seres queridos difuntos como demonios no ofrecía mucho consuelo. En el siglo XVI, como era de esperar, aumentaron los informes acerca de fantasmas. La creencia popular estaba más extendida que el dogma eclesiástico, y en las naciones protestantes, solían ser un mosaico de ideas católicas, reformistas y viejas supersticiones folclóricas.

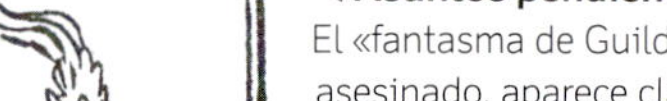

◀ **Asuntos pendientes**
El «fantasma de Guildford», un hombre asesinado, aparece clamando venganza en esta imagen de un panfleto inglés de 1709. Los primeros fantasmas modernos aparecían a menudo por motivos judiciales, como vengar un crimen o exigir una confesión.

Antisaduceísmo

El destino de los muertos se volvió a cuestionar en Inglaterra en la década de 1650, cuando el país se convirtió en república y la libertad religiosa prevaleció brevemente. Algunas sectas («mortalistas») afirmaban que el alma era mortal y expiraba con la muerte. Tras la restauración de la monarquía, muchos teólogos se preocuparon por la difusión de tales ideas, acusando a los mortalistas de seguir a los saduceos del Nuevo Testamento, que negaban la resurrección de Cristo y la existencia de espíritus.

«Antisaduceístas» como Joseph Glanvill decían que los fantasmas constituían pruebas de la realidad del mundo espiritual y, por tanto, de la existencia de Dios. En su obra *Saducismus triumphatus* («El saduceísmo derrocado», 1681), Glanvill recogió informes de fantasmas, como el del «tamborilero de Tedworth», una manifestación similar a un *poltergeist* en Wiltshire.

▼ **A medida**
Esta caricatura satírica de Richard Newton, de 1792, muestra a un miembro del clero intentando «reducir» a un fantasma, pero el rito aquí parece haber tenido el efecto contrario.

En el siglo XVIII, los metodistas, liderados por John Wesley, también adoptaron la noción de los fantasmas como prueba de una realidad espiritual y justificación de la creencia religiosa. Este llegó a relatar la historia del «viejo Jeffrey», el fantasma de un pariente fallecido que se creía que rondaba la rectoría en la que él creció. Estos informes fueron rebatidos por pensadores racionalistas y escépticos, que, aun después de la Ilustración, eran una minoría.

Conjurando fantasmas

En la Inglaterra de los siglos XVIII y XIX abundaban las historias de clérigos «conjuradores de fantasmas», que se atribuían el poder de desterrar espíritus molestos. Los relatos describen a clérigos que celebraban ceremonias de exorcismo en latín y «reducían» a un espíritu lo suficiente como para atraparlo en un pequeño recipiente, como una botella o una caja, que luego podía arrojarse a un lago o al mar. En *English Fairy and Other Folk Tales* (1890), Edwin Sidney Hartland cuenta la historia del espíritu de un malvado terrateniente que rondaba su pueblo en forma de toro monstruoso. Después de muchos rezos, el espíritu fue encogido dentro de una bota y enterrado bajo el umbral de la iglesia local.

A menudo, los espíritus eran desterrados a un lugar extraño, transformados en un animal u objeto inanimado, o maldecidos para trabajar en una tarea eterna. Algunos fantasmas no podían ser desterrados, y regresaban a su lugar de acecho durante un breve periodo de tiempo cada año.

CLAVE

1 Un predicador aterroriza a su congregación con dos marionetas que representan a una bruja y al Diablo. En el papel que tiene a su lado se lee: «Hablo como un tonto».

2 Un fiel introduce una imagen religiosa en el escote de una joven; así Hogarth compara el fervor religioso con la excitación sexual.

3 Un termómetro muestra los distintos estadios de locura provocados por la religión, que surgen de un cerebro enfermo, en la parte inferior.

4 Este texto hace referencia a George Whitefield, fundador del movimiento metodista satirizado por Hogarth.

◄ ***Credulidad, superstición y fanatismo***
Este grabado satírico del artista inglés William Hogarth, de 1762, se burlaba de la gente que creía en un *poltergeist* conocido como el «fantasma de Cock Lane» (p. 282).

LA NOCHE DE LOS MUERTOS

la víspera de Todos los Santos y Halloween

La fiesta moderna de Halloween, con sus disfraces y farolillos de calabaza (y sus gastos: más de 9000 millones de dólares anuales en Estados Unidos), se remonta a la tradición cristiana medieval. Según algunos, fue un intento de apropiarse de antiguas tradiciones paganas, aunque esto es discutible. Muchas prácticas paganas siguen presentes en las celebraciones actuales de Halloween.

De lo viejo a lo nuevo

Los romanos celebraban en mayo las Lemuralia, en las que exorcizaban a los espíritus del hogar (pp. 86–87), y las Feralia, en las que dejaban ofrendas en las tumbas de los difuntos. En 609, el papa Bonifacio IV restableció el 13 de mayo (Lemuralia) como la festividad cristiana de Todos los Santos, dedicada a los santos sin fecha de celebración. En el siglo VIII, el papa Gregorio III la trasladó al 1 de noviembre, y en el siglo XI, san Odilón de Cluny, monje benedictino, estableció el 2 de noviembre como día de los Fieles Difuntos, un momento en el que las familias podían rezar por la liberación de las almas de sus seres queridos del purgatorio, donde eran purificados para poder entrar en el cielo.

Otro nombre en inglés para All Saints (Todos los Santos) era All Hallows, y el periodo comprendido entre el 31 de octubre y el 2 de noviembre vino a llamarse Allhallowtide, un tiempo dedicado a rezar por las almas de los difuntos. La víspera de Todos los Santos se llamaba All Hallows' Eve, o Halloween.

Se ha sugerido que, en tierras celtas, la absorción de prácticas paganas en las fiestas eclesiásticas supuso que Halloween estuviera muy influida por Samhain (pp. 56–57), la antigua fiesta de los muertos, en la que se encendían hogueras para ahuyentar a los espíritus malévolos y se reservaba una parte del banquete para los muertos que regresaban.

Rezar por las almas

Relatos del siglo XVI detallan la práctica del *souling*, en que grupos de personas iban de puerta en puerta pidiendo *soul-cakes*: panes o pasteles redondos. Se creía que, por cada uno que comieran (junto con una oración rezada por los difuntos), un alma sería liberada del purgatorio. Los jóvenes participaban disfrazados (*guising*), cantando o contando chistes. Con el tiempo, esta tradición se hizo más elaborada, con grupos itinerantes disfrazados que ofrecían espectáculos (*mumming*) a cambio de comida, vino

▶ **Días sagrados**
Este icono griego del siglo XVII muestra a Cristo rodeado de santos anónimos, conmemorados en el día de Todos los Santos, al que sigue el día de los Fieles Difuntos, dedicado a los muertos.

▼ **Mascarada medieval**
Este manuscrito del siglo XIV de *Li romans d'Alixandre* («El romance de Alejandro») representa a actores aficionados, o «mummers», cuyas grotescas máscaras de animales forman parte del entretenimiento.

▶ La superstición de Halloween
Esta tarjeta de felicitación ilustra la moda del siglo XIX de los juegos de adivinación en Halloween: una mujer con una vela se mira en un espejo, que parece mostrar la cara del hombre con el que está destinada a casarse.

«El pequeño Jack se sentó en su puerta llorando por mantequilla para untar su pastel.»

VERSOS DE UNA CANCIÓN TRADICIONAL BRITÁNICA DE *SOULING*

o dinero. Pronto, sin embargo, estas prácticas se vieron amenazadas; la Reforma, iniciada por Martín Lutero en 1517, condujo al establecimiento de la Iglesia protestante, que no aprobaba la doctrina del purgatorio. Ya no se creía que fuera necesario rezar por el tránsito de los muertos, y el calendario protestante no reconocía la festividad de Todos los Santos. No obstante, el término secular «Halloween» apareció por primera vez en Escocia en 1556, y en la obra de Shakespeare *Los dos caballeros de Verona* (1598), un personaje acusa a su amo de «lloriquear como un mendigo en Hallowmas».

◀ **Nabo fantasma**
Este molde de escayola de Donegal (Irlanda), sacado de un nabo tallado a semejanza de un fantasma, recuerda la leyenda de Jack el del Farol, origen de los faroles de Halloween.

Resurgimiento de Halloween

Aunque Halloween había perdido su importancia en la fe protestante, el renacimiento en el siglo XVIII del interés por las tradiciones populares contribuyó a resucitarlo en el imaginario popular. El poema de Robert Burns «Halloween» (1785) está lleno de referencias a travesuras y hadas, elementos básicos de las celebraciones de Halloween posteriores. Mediado el siglo XIX, la fiesta se celebraba en Gran Bretaña ampliamente, y en Irlanda se hacían procesiones de Samhain iluminadas con antorchas. Incluso la reina Victoria contribuyó a popularizar Halloween, celebrándolo con pompa en el castillo de Balmoral en 1876, donde encabezó una procesión de trabajadores de la finca que terminó con el lanzamiento de la efigie de una bruja a una hoguera.

Muchas tradiciones de Halloween llegaron a América con los emigrantes irlandeses que huían de la hambruna de la patata de 1845–1852. Estas se fusionaron con fiestas de la cosecha más tranquilas para dar lugar a tumultuosas celebraciones que incluían juegos de adivinación, como el de las manzanas, y travesuras en general que una revista femenina en 1872 calificó de «vandalismo». Las fiestas de Halloween empezaron a formalizarse para evitar que los niños causaran demasiados estragos.

Halloween moderno

Hoy, muchas tradiciones de Halloween conservan ecos del pasado. Los dulces han sustituido a los *soul-cakes* y las calabazas talladas aluden a la leyenda de Jack el del Farol (en inglés, Jack-o'-Lantern), que engañó al diablo para que le prohibiera la entrada al infierno y fue condenado a vagar eternamente en la oscuridad con solo una linterna para guiar su camino. La práctica de dejar comida para apaciguar a los espíritus errantes tiene su eco en el «truco o trato», surgido con los *guisers* medievales, que cantaban o contaban chistes a cambio de *soul-cakes*. Las máscaras utilizadas para ocultar la identidad a los fantasmas vengativos se han convertido hoy en día en meras caricaturas de vampiros y demonios.

◀ **Disfraces**
Esta fotografía de *c.* 1898 muestra la longeva popularidad de las máscaras de Halloween, en origen pensadas para ocultar la identidad de las personas a los espíritus malignos merodeadores.

ESPÍRITUS SALVAJES Y ERRANTES

mitología eslava primitiva

Las creencias de los pueblos eslavos precristianos de Europa del Este estaban íntimamente ligadas al paisaje. Se creía que bosques, pantanos, lagos y ríos estaban habitados por multitud de espíritus, muchos de ellos muy peligrosos para quienes los enfurecían. Gran parte de las creencias tradicionales se perdieron con la conversión al cristianismo de los gobernantes eslavos, que culminó con el bautismo de Vladímir el Grande de Kiev en el año 988. Los templos paganos de grandes dioses como Perún, dios del rayo, fueron desmantelados pese a la feroz resistencia de los *volkhv*, los sacerdotes paganos.

◀ Tentadora acuática
Esta ilustración para el poema *Ruslán y Liudmila* (1820), del autor ruso Aleksandr Pushkin, muestra a una *rusalka* que Ruslán encuentra en su búsqueda de Liudmila, secuestrada por monstruos en su banquete de bodas.

▼ Cuidadora de gallinas
No todas las *kikimori* eran malignas. Algunas formas más benignas, como esta *kikimora* con rasgos de gallina, podían casarse con el *domovik* de una casa y realizar tareas domésticas útiles, como cuidar de las gallinas.

Aguas y bosques

Aunque sus gobernantes abrazaron el cristianismo, la mayoría de los eslavos seguían venerando a sus dioses locales, entre ellos las *rozhanitsi*, deidades que decidían el destino de los niños, y espíritus menores de la naturaleza, como las ninfas acuáticas *rusalka* o *mavka*, los fantasmas de las niñas ahogadas en lagos o ríos. Con sus cabellos verdes y sedosos y sus túnicas de plata reluciente, las *rusalki* seducían a los hombres para que bailaran con ellas hasta que morían de agotamiento o ahogados en el hogar acuático de las ninfas.

El agua no era el único peligro; también era arriesgado aventurarse en los bosques. La gente temía a Baba Yagá, una bruja deforme que vivía en una choza construida sobre grandes patas de gallina. En algunos relatos, se comía a los niños que se adentraban en el bosque. Otros espíritus de la naturaleza, como el *polievik*, o espíritu del campo, y el *leshi*, el guardián del bosque, toleraban hasta cierto punto la caza o la recolección en sus dominios. A menudo se culpaba a estos espíritus de desviar del camino a personas que no volvían a verse nunca más.

Espíritus del hogar

El hogar no era un refugio seguro contra los espíritus molestos. Se creía que cada edificio tenía su propio guardián o guardianes, como el *domovik*, un espíritu masculino que protegía la casa principal, o el *gumenik*, que cuidaba el almacén; pero había que tener cuidado de no molestar a estos espíritus serviciales.

Si una cerradura quedaba descubierta, una *kikimora* podía colarse por ella y entrar en la casa. Se decía que las *kikimori*, espíritus femeninos deformes con partes de animales como hocicos de perro, acechaban en lugares oscuros como los desvanes y podían aplastar a la gente hasta matarla mientras dormía. También podían secuestrar a un niño y dejar en su lugar a otra criatura, que se convertiría en *kikimora*. Según el folclore eslavo, la única forma de librar a un hogar de este espíritu tramposo era mantener la casa tan limpia que la *kikimora*, amante del caos y el desorden, se aburriera y se marchara.

Visitantes imprevisibles

En determinadas épocas del año, como Velja Noc (Nochevieja), se creía que los espíritus de los muertos vagaban por el exterior, llamando a las puertas de sus parientes vivos. A inicios del verano, los espíritus también se volvían peligrosos: las *rusalki* podían salir de las aguas y trepar a los abedules, y descender por la noche para atraer a los hombres a bailar con ellas hasta la muerte. En esos momentos, lo mejor era mantenerse cerca de casa o consultar a brujas y chamanes, que podían ofrecer amuletos y consejos para ahuyentar a los espíritus errantes.

CLAVE

1 Hay muchas variaciones de la historia del pájaro de fuego, pero este pájaro resplandeciente es siempre un premio tan valioso como problemático.

2 Las manzanas de oro proceden de un árbol mágico del jardín del rey, y se dice que aportan fuerza y juventud a quien las come.

3 Mientras el pájaro alza el vuelo, el príncipe solo logra atrapar una pluma de la cola, que emite un resplandor ardiente.

4 El príncipe Iván es el hijo menor del rey. Tras ver al pájaro de fuego ladrón, emprende una peligrosa búsqueda para traerlo a casa.

◀ **Plumaje ardiente**
Un famoso cuento popular eslavo narra el hallazgo por el príncipe Iván del pájaro de fuego, un espíritu mítico con plumas mágicas siempre brillantes, que roba manzanas del árbol de su padre.

RELATOS DE LO INESPERADO

fantasmas en la literatura china

▲ **Bestia guardiana**
Los *ming chi*, objetos espirituales, eran parte del culto a los antepasados Tang y proporcionaban a los muertos todo lo que pudieran necesitar en la otra vida. Este feroz ejemplar es un guardián de tumba, que protegía al antepasado.

El legado sobrenatural de la literatura china se remonta a la antigüedad, con relatos sobre fantasmas y espíritus ancestrales, transmitidos oralmente antes de la llegada de la escritura durante la dinastía Shang (1600–1046 a.C.). Aunque los registros anteriores son escasos, los archivos de la dinastía Tang (618–907) sugieren que estas colecciones de cuentos eran un elemento común de la tradición literaria china.

Orígenes religiosos

Antes de la era Tang, las historias chinas de fantasmas eran raras y a menudo ignoradas, pero algunos ejemplos tempranos se reunieron en las colecciones *Sou shen ji* («Cuentos extraordinarios») de Gan Bao, y *Shi shuo xin yu* («Nueva colección de dichos mundanos») de Liu Yiqing, ambas del periodo de las Seis Dinastías (220–589). En China, la creencia en lo sobrenatural tiene su origen en dos de sus principales prácticas religiosas: la veneración de los antepasados (pp. 46–49) –originada en la religión animista y en el taoísmo– y la reverencia filial, que procede del confucianismo. La idea de que la observancia o el descuido de estas prácticas puede conllevar una recompensa o un castigo está relacionada con el concepto budista del *karma*.

Recopilaciones de cuentos

Dioses, fantasmas y demonios cobraron importancia en la literatura en el periodo Tang, cuando aumentó la popularidad de los relatos sobrenaturales conocidos como *zhiguai xiaoshuo* («registros de anomalías»). En *Miscelánea de Youyang*, una recopilación de anécdotas del poeta Duan Chengshi, aparecían fantasmas, así como en las historias de la época Tang recopiladas como *Registros del reinado Taiping* en la dinastía Song (960–1279). El gran tamaño de este volumen, que incluía obras como la *Colección de lo numinoso y lo extraño* de Zhang Jian y la *Colección de relatos extraños* de Chen Han, refleja la abundancia de relatos espectrales que se (re) produjeron en la época Tang. Es notable la exclusión de los relatos de *Registro de sucesos extraños* de Li Fuyan, debida al parecer a criterios políticos. También la historia de Zhong Kui –exterminador de espíritus malignos y demonios, y él mismo un fantasma– data al parecer del periodo Tang. Aunque las colecciones de cuentos de fantasmas ganaron relevancia en este periodo, el ejemplo más emblemático no se publicó hasta 1740. Con 491 cuentos macabros, *Historias extrañas del estudio del erudito* de Pu Songling usaba a los fantasmas como entretenimiento y como medio de crítica política y social, disfrazada de alegoría.

EN CONTEXTO

Festival del Fantasma Hambriento

El festival del Fantasma Hambriento, conocido en el taoísmo como Zhongyuan y como Yulanpen en el budismo, es una tradición anual observada en toda la diáspora china. Empieza la decimoquinta noche del séptimo mes chino, cuando se permite a los fantasmas y espíritus de los muertos regresar al mundo de los vivos durante un mes para visitar a familiares y amigos. El término «fantasma hambriento» alude a la reducción de la persona a unos apetitos animales tras la muerte.

Los fantasmas hambrientos deben ser tratados con respeto y apaciguados con ofrendas, como muestra este abanico de seda del siglo XIII pintado por Li Song.

◀ **Exterminador de demonios**
Zhong Kui aparece con sus ayudantes demoníacos en este pergamino de la dinastía Ming (1368–1644). Zhong Kui tenía el poder de dominar a los demonios, y se le llamaba Cazador de Demonios o Rey de los Fantasmas.

VIDENTES, ESPÍRITUS Y LOS NUEVE REINOS

vidas después de la muerte en la mitología nórdica

La cosmología del mundo nórdico antiguo, que se extendía desde su patria escandinava hasta Groenlandia por el oeste y hasta Nóvgorod (Rusia) y Kiev (Ucrania) por el este, era compleja. Los dioses, como Odín, su esposa Frigg, Thor y Freya, vivían en palacios en Asgard, el más alto de los nueve reinos que componían el universo nórdico. Midgard, la tierra de los mortales, estaba en el centro, y los sombríos salones de Hel, la diosa de la muerte, en el fondo. Todos estaban unidos por Yggdrasil, el vasto árbol mundo.

◀ Árbol mundo
Midgard, el mundo de los humanos, es el centro de esta representación de Yggdrasil del siglo XIX. El árbol mundo unía los nueve reinos nórdicos, hogar de elfos, enanos, gigantes, dioses y muertos, además de los humanos vivos.

▼ Útiles de vidente
Hallado en lo que se cree la tumba de una *völva* en Fyrkat (Dinamarca), este pastillero de oro contenía albayalde (carbonato de plomo), que pudo utilizarse como pintura facial para rituales de adivinación. Otros objetos inusuales de la tumba eran una varita de metal y semillas venenosas de beleño.

Destino y muerte

A qué reino iba una persona tras la muerte dependía de las nornas, tres figuras místicas femeninas que, sentadas en la base de Yggdrasil, tejían los hilos del destino de cada individuo y los cortaban cuando moría. Solo una *völva*, o vidente, tenía el poder de ver el destino de una persona, usando *seidr*, magia espiritual cuyo empleo era muy peligroso. Gran parte de lo que se sabe de la idea nórdica de la vida después de la muerte procede del «Völuspá» («Profecía de la vidente») –un poema islandés del siglo XI en el que el mismo Odín acude a una *völva* en busca de conocimiento del futuro– y de las sagas, una gran colección de relatos épicos puestos por escrito *c.* 1200.

Viajes al más allá

La mayor ambición de un vikingo era morir en combate y ser llevado por las valquirias, espíritus guerreros femeninos que servían a Odín, para festejar eternamente en uno de los hogares de los dioses en Asgard. Sin embargo, algunos iban al inframundo de Helheim, que, según la *Edda prosaica*, estaba bajo Niflheim, un mundo de tinieblas; otras fuentes hablan del dragón Nídhogg que chupa la sangre de los muertos en Náströnd, la «playa de los cadáveres».

Los túmulos funerarios eran portales al más allá. Algunos túmulos de élite contenían barcos repletos de tesoros, como el barco enterrado en Oseberg (Noruega) *c.* 820, que contenía los restos de dos mujeres, una de ellas posiblemente una reina, junto con tallas, tejidos y joyas. Se creía que los muertos viajaban al otro mundo en estos barcos.

No todos lograban entrar en otro mundo. Se decía que algunos muertos (los *draugar*) quedaban atados

al mundo mortal porque estaban malditos o tenían un temperamento demasiado maligno para entrar en el más allá, o simplemente porque deseaban permanecer cerca de quienes conocieron en vida, o para custodiar los tesoros enterrados en sus túmulos.

Atrapados entre el mundo de los vivos y el de los muertos, estos cadáveres reanimados, generalmente de hombres, poseían una fuerza sobrehumana. Un tipo particular, el *haugbui*, no solía ser peligroso a menos que intrusos irrumpieran en su lugar de enterramiento, como hizo Grettir, el héroe de la *Saga de Grettir*, al investigar un fuego sobrenatural que ardía alrededor de un túmulo. Dentro, se encontró a Karr el Viejo, antiguo señor del lugar,

▲ **Cruzando al otro lado**
Esta pintura alemana del siglo XIX representa a los dioses nórdicos utilizando el Bifröst, el puente de arcoíris, para entrar por primera vez en su nuevo hogar, el Valhalla. En el centro, Odín con su lanza.

Hermód til Heliar reyd: Hana þan á
Nastrondu, hvórgi slybur hesti á Isbeyd
hleipti ad Vytiz Kiaptinum.
Þo Helia þarfa hefdi þan, hulin svǫr
tum daudanz mock, Hermód ey hræda
van, Hälþ blaalita þenan Skrock.
Les XLIII. Eddu, dæmisögu
Balldur hin Bödi
Hün gur dißr
Sulltur Knyfur

> «[...] difícil como había sido de tratar durante su vida, [Hrapp] era mucho peor después de muerto, pues su cadáver no descansaba en su tumba [...]»
>
> *SAGA DE LAXDŒLA*

sentado en una silla. Tras una lucha feroz, el héroe decapitó al *haugbui*.

Los muertos vivientes

Los *draugar* eran aún más peligrosos, pues podían deambular fuera de sus túmulos. Eran seres hinchados y malolientes, de piel verde, azul o *nár-fölr* («pálida como un cadáver»), y vengativos. En la *Saga de Grettir*, un *draugr* aplasta hasta la muerte a un pastor antes de que Grettir lo decapite a él. En una muestra de la magia que se creía que ejercían los fantasmas más poderosos, el *draugr* moribundo maldice a Grettir a vivir por siempre como un proscrito.

Los *draugar* podían transformarse en focas, gatos o lobos y crear nubes sobrenaturales o zonas de oscuridad para ocultar sus movimientos. Se decía que añoraban su vida anterior y a menudo regresaban a su antiguo hogar en busca de la vida que habían perdido, como la tripulación del barco de Thorodd en la *Saga de Eyrbryggja*, que vuelve al salón de su señor chorreando algas y agua salada. Si se les negaba la entrada, los *draugar* asaltaban la casa subiéndose al tejado y entrando a través de las vigas.

Otros espíritus

Algunos espíritus eran menos feroces que los *draugar*. Entre ellos estaban los *fyribudar*, que no tenían forma física pero aparecían en sueños o visiones; y los *mylingar*, los fantasmas de los niños asesinados por sus padres, que ocasionalmente se manifestaban como *nattramnar*, fantasmas con forma de cuervo. Sin embargo, era necesario protegerse de ellos, sobre todo en Yuletide (fiestas del solsticio de invierno) o cuando el tiempo era inusualmente malo. En esas épocas, los fantasmas solían escaparse de sus tumbas.

◀ Instrucciones para un muerto
Encontrada en la isla danesa de Fyn, esta piedra rúnica vikinga del siglo IX le dice a Thormundr, el ocupante de la tumba, que «disfrute del monumento», es decir, que no se aleje de él como un fantasma.

◀ Irrumpiendo en Helheim
En este dibujo islandés del siglo XVIII, Hermód, mensajero de los dioses nórdicos, intenta cruzar la puerta de Helheim a lomos de Sleipnir, el caballo de ocho patas de Odín. Pretende rescatar a su hermano Bálder, muerto a causa de un truco del dios Loki.

Detener a los fantasmas

Los espíritus indeseados podían disuadirse con medidas sencillas, como abrir la puerta solo a quien llamara tres veces (se creía que los fantasmas anunciaban su presencia golpeando una sola vez) o dejar unas tijeras de hierro abiertas sobre un cadáver, costumbre que se decía que lo inmovilizaba. Otras medidas más drásticas incluían inscribir runas en el interior de la cámara funeraria para atrapar al cadáver en su interior, vendar la cabeza del muerto para que el espíritu no pudiera ver o coserle los dedos de los pies para que no pudiera caminar. Algunas familias hacían «puertas para cadáveres», abriendo un agujero en la pared de la casa y pasando el cuerpo del difunto a través de él. El agujero se sellaba después, ya que los vikingos creían que un fantasma solo podía entrar en su antigua morada por la abertura por la que había salido su cuerpo. Decapitar el cadáver, como en la historia de Grettir, era una forma segura de impedir que vagara, y más aún la incineración, que privaba al espíritu de un cuerpo físico con el que volver a causar estragos.

▼ Tesoro enterrado
La ornamentada popa del barco funerario de Oseberg (siglo IX), tallada con intrincados patrones entrelazados de animales míticos, es típica de las riquezas enterradas en los túmulos de los miembros de la élite de la sociedad nórdica.

▲ **Gróa se alza del inframundo** envuelta en su mortaja en esta xilografía de W. G. Collingwood (1854–1932).

Invocando a la vidente

El antiguo poema en nórdico *Grógaldr* («El hechizo de Gróa») es conocido por ser uno de los pocos poemas que hacen referencia a la nigromancia. El héroe del poema, Svipdagr, es maldecido por su madrastra: debe emprender una peligrosa búsqueda y «viajar a donde no se puede» para hallar a la diosa sanadora Menglod, con la que está destinado a casarse. Ante esta tarea casi imposible, Svipdagr visita el túmulo funerario de su difunta madre, la völva (vidente) Gróa, y quema parte de su cabello en un hechizo de *valgaldr* («magia de los caídos», o nigromancia). Desafía la ira de Hel, diosa del inframundo Helheim, resucitando el espíritu de Gróa para pedirle consejo. Antes de morir, Gróa había aconsejado a su hijo que hiciera esto cuando la necesitara, ya que su espíritu conservaría sus poderes proféticos incluso en la muerte.

Hel rompe su regla de que nadie abandone Helheim y concede al espíritu de Gróa nueve días de libertad, durante los cuales la vidente enseña a Svipdagr nueve hechizos, entre ellos, hechizos para protegerse del frío, cruzar ríos, proteger su barco en el mar, evitar que lo aten y permitirle derrotar a sus enemigos. Armado con los hechizos de Gróa, Svipdagr viaja al castillo de Menglod, donde descubre que la diosa lleva 20 años esperándole. Gróa se aparece a su hijo por última vez en su noche de bodas, y después su espectro desaparece para siempre, de vuelta a Helheim.

«¡Despierta, oh Gróa! ¡Despierta, madre buena! Al umbral de los muertos te llamo [...]»

GRÓGALDR (c. SIGLO XII)

CLAVE

1 El padre Jean Tinel era el párroco de Cideville en 1849, cuando se produjo el suceso.

2 Las tenazas del hogar «se entregaron a danzas salvajes».

3 Tinel informó de que las sillas y las mesas zapateaban, giraban y se movían como si jugaran al escondite.

4 Los cuchillos, «lanzados por una fuerza oculta e irresistible», se clavaron en las paredes.

5 Los cristales de las ventanas se rompieron por el impacto de cortaplumas y tinteros volantes.

▶ ***Poltergeist* en la casa parroquial**
En esta ilustración de 1850, un *poltergeist* invade la casa parroquial de Cideville, en Francia. El sacerdote culpó a un pastor local de los disturbios, lo que llevó al pastor a demandarle por difamación y a que el caso quedara registrado.

FANTASMAS RUIDOSOS

poltergeists

Fenómenos extraños, como ruidos inexplicables y objetos que levitan y vuelan, se atribuyen a menudo a espíritus conocidos como *poltergeists* (en alemán, «fantasma ruidoso»). Muchos relatos a lo largo de la historia informan de la actividad de este tipo de fantasmas, que parecen tener intenciones malévolas.

Turbulencias fantasmales

En 94 d. C., el historiador romano Flavio Josefo describió en su relato de un exorcismo el primer ataque *poltergeist* del que se tiene constancia: el espíritu, una vez exorcizado, volcó al parecer un cuenco de agua situado en el otro extremo de la habitación. En 856, un *poltergeist* rondaba supuestamente una granja alemana, haciendo ruidos, arrojando piedras y provocando incendios. En el siglo XII, Giraldus Cambrensis describió una casa encantada donde el espíritu arrojaba puñados de tierra a la gente y rasgaba sus ropas. Estos relatos crearon el modelo estándar para las apariciones de *poltergeist*: un espíritu ligado a un lugar parece dirigirse a quienes entran en su espacio, manifestándose sobre todo a través de perturbaciones físicas.

En el siglo XVIII, el metodista John Wesley registró una persistente actividad *poltergeist* en la antigua rectoría de Epworth (Inglaterra), donde vivía de niño. El espíritu, conocido como «Old Jeffrey», parece que llegó a ser visto casi con cariño, pero en general los *poltergeists* no se consideraban benignos. En el siglo XIX, la familia Bell de Tennessee (EE. UU.) afirmó haber sido acosada durante años por un espíritu que clavaba alfileres a sus hijos dormidos; y, en la década de 1850, el capitán del HMS *Asp* afirmó haber perdido a miembros de su tripulación debido a un *poltergeist* que aterrorizaba a los marineros.

▲ ***Poltergeists* en el cine**
La película *Expediente Warren: El caso Enfield* (2016) se basa en los informes del acoso *poltergeist* sobre dos niñas de Enfield (Reino Unido) en 1977. Los *poltergeists* han demostrado ser fenómenos populares en el cine de terror.

Teorías sobre los *poltergeists*

Entre los que creen en ella, hay varias explicaciones de la actividad *poltergeist*. Algunos sostienen que son espíritus de difuntos que se hacen notar, mientras que otros creen en una energía perversa ligada a un lugar específico o, a veces, a una persona concreta. También se ha sugerido que quienes viven en un edificio que se cree embrujado pueden proyectar fenómenos psíquicos inconscientes.

Los escépticos señalan lo fácil que es fingir las perturbaciones *poltergeist*; y muchos casos, como las famosas apariciones de Enfield en la década de 1970, implican a niños y adolescentes de los que se sospecha que han creado las pruebas. Además, las evidencias físicas pueden malinterpretarse: en un museo de Mánchester (Reino Unido) se vio una estatuilla egipcia girar dentro de una vitrina sellada: se descubrió que, lejos de ser atormentada por un fantasma desmandado, giraba debido a las sutiles pero fuertes vibraciones producidas por el tráfico de una carretera cercana muy transitada.

◀ **Fenómenos paranormales**
Esta ilustración de una revista de 1958 representa la escena descrita por una joven viuda de Milán, que afirmaba oír ruidos por la noche y ver objetos levitando, fenómenos característicos de los *poltergeists*.

INVOCANDO ESPÍRITUS

grimorios medievales

▲ **Hechizo en acción**
En esta representación del siglo XIV del uso de un grimorio, un círculo mágico protege al mago del demonio que invoca, mientras que el sol y la luna recuerdan la importancia de la astrología para una magia eficaz.

Un grimorio es un libro de instrucciones para hacer magia, como invocar espíritus y comunicarse con ellos, dibujar símbolos mágicos y fabricar amuletos. La palabra «grimorio» deriva del francés *grimoire*, alteración del término *grammaire* («gramática»), que designaba cualquier libro escrito en latín. Los orígenes de esta forma primitiva de libro de hechizos se remontan al mundo árabe, y las traducciones al latín llegaron más tarde a las regiones cristianas. Los grimorios se atribuían a veces a personajes bíblicos con supuestas habilidades mágicas, como Moisés o Salomón.

Libros de maravillas

En el siglo X, algunos intelectuales musulmanes empezaron a especular con la posibilidad de que la magia influyera en el cosmos, citando los supuestos logros del profeta Salomón –que dominaba a *jinns* (pp. 72–73) y ángeles– como fundamento de su legitimidad dentro del islam. Muchos eruditos musulmanes condenaron la magia, pero obras como *Shams al-Ma'arif* («Gran sol del conocimiento») y *Kitāb al-Bulhān* («Libro de las maravillas») sedujeron a los lectores con la posibilidad de controlar fuerzas sobrenaturales o influir en la actividad planetaria. El *Ghāyat al-Hakīm* («Objetivo del sabio»), del siglo XI, que incorporaba ideas de fuentes helenísticas, ofrecía a los magos el poder de apelar a las estrellas. La Reconquista de la España musulmana por los reyes cristianos estimuló el interés por el saber islámico, incluida la magia. El *Ghāyat al-Hakīm* se tradujo con el título de *Picatrix* y pronto se difundió por toda la Europa cristiana.

Fusión de tradiciones

En la Europa del siglo XI, muchos judíos vivían bajo dominio árabe, lo que propició un estrecho contacto entre ambas culturas. Los judíos tomaron prestadas prácticas islámicas como la invocación de espíritus y la fabricación de talismanes astrológicos. Las tradiciones mágicas islámicas influyeron en la tradición mística judía de la Cábala, que, basándose en las cualidades ocultas del alfabeto hebreo, aspiraba a utilizar «nombres de poder» para obligar a los espíritus a obedecer (pp. 122–123). Esta combinación de magia judía e islámica se recoge en el *Séfer Raziel HaMalaj* («Libro del arcángel Raziel»), del siglo XIII. Otros textos pretendían ser de origen judío, como la *Clavicula Salomonis* («Llave de Salomón»), que se atribuía al mismo Salomón. En el mundo cristiano, los magos (a menudo clérigos) fusionaron la magia islámica con los rituales eclesiásticos en textos como el *Manual de Múnich*, modificando los ritos de exorcismo para invocar y expulsar demonios.

Los grimorios invocaban a diversos espíritus, desde dioses planetarios grecorromanos hasta seres comunes en las tradiciones musulmana, judía y cristiana (procedentes del Corán y la Biblia), como ángeles, arcángeles, demonios, genios e incluso el mismísimo Diablo, Lucifer.

◀ **Símbolo poderoso**
Los grimorios incluían a menudo sigilos: signos o diagramas mágicos supuestamente imbuidos del poder de invocar la influencia de planetas, estrellas o espíritus. Este ejemplo procede de un manuscrito inglés del siglo XV.

▲ **Astrología árabe**
Este detalle del *Kitāb al-Bulhān* («Libro de las maravillas»), del siglo XIV, representa el signo zodiacal *al-Mīzan* (Libra). La tradición de los grimorios árabes continuó mucho después de haber inspirado las versiones judías y cristianas de los libros de magia, retratando un mundo lleno de milagros.

«A través [del espejo] reunirás a hombres, vientos, espíritus, demonios, vivos y muertos.»

PICATRIX, TRADUCCIÓN DEL SIGLO XIII DEL *GHĀYAT AL-HAKĪM*

▲ Esperando una visita
En esta xilografía, titulada *Dando la bienvenida a la buena suerte*, las mujeres de una familia preparan el hogar en previsión de una visita de Zigu. Los rituales populares de adivinación pretendían pedir ayuda y consejo a la diosa.

PEDIR AYUDA

escritura con plancheta

China tiene una larga historia de comunicación con los espíritus. Precursora de la escritura automática francesa y del tablero ouija (pp. 236–237), la escritura de planchetas o de espíritus, conocida como fuji, se popularizó durante la dinastía Song (960–1279) como forma de adivinación popular china. Transcribir los mensajes recibidos de los espíritus carecía de importancia en un principio, pero la práctica evolucionó hasta incluir su escritura, además de perfeccionar un ritual previo desarrollado durante la dinastía Tang (618–907). Los médiums espirituales Tang invitaban a la deidad Zigu («Señora de la

Letrina») a comunicarse, usando un dispositivo en forma de V llamado ji para escribir mensajes en arena o cenizas de incienso. Hecho de madera de sauce o melocotonero (para repeler el mal), el ji debía estar formado por la parte del árbol expuesta a la luz del sol, que representa la sabiduría divina, y pintado de rojo. La práctica requería un médium que sostenía el ji –o, más tarde, la plancheta (un plato o bandeja con una pluma como una de sus patas)–, un lector que dictaba lo que estaba escrito en la arena o las cenizas y un escriba que trasladaba el mensaje al papel.

Respuestas para todo

En el siglo x, la escritura con plancheta pasó de ser una tradición popular a ser un fenómeno literario. Con el tiempo, la práctica se amplió para incluir la invocación de figuras folclóricas y deidades distintas de Zigu. En la dinastía Ming (1368–1644) se había convertido ya en un elemento del taoísmo, y los aspirantes a funcionarios del gobierno usaban el fuji para predecir las preguntas y los resultados de los exámenes civiles. El emperador Ming Jiajing erigió incluso un altar dedicado a este ritual en la Ciudad Prohibida, y surgieron clubes de moda donde los hombres cultos podían comunicarse con los espíritus.

Las mujeres también empezaron a interesarse por la escritura de espíritus, aunque en el periodo Ming-Qing (hasta c. 1912) continuó siendo una actividad mayoritariamente masculina. Un pequeño pero creciente grupo de escritoras usaba el fuji en reuniones poéticas. De ellas, quizá la más conocida sea Qian Xi, que escribió más de 300 «poemas de espíritus».

A pesar de su prohibición por parte de la administración Qing, la escritura con plancheta siguió floreciendo, alentada por el auge del espiritualismo en Europa y EE. UU. entre los siglos XIX y XX (pp. 222–225). Los espiritualistas intentaron dotar al ritual de una base científica. Del mismo modo, la escritura automática se convirtió en una herramienta del psicoanálisis freudiano para explorar el inconsciente.

Globalización

Cuando en la década de 1890 salió a la venta el primer tablero ouija, la escritura con plancheta se convirtió en un verdadero fenómeno global. En vez del ji y la bandeja de arena del fuji, estos «tableros parlantes» tenían un cristal que se movía por el tablero señalando letras del alfabeto y números arábigos para deletrear mensajes supuestamente recibidos del mundo de los espíritus.

Hoy, la escritura con plancheta se ha abandonado en gran medida en China, salvo en los santuarios populares. Sin embargo, la práctica persiste en los templos taoístas de Taiwán, Hong Kong, Malasia y Singapur, donde se utiliza en rituales para producir escrituras espirituales y conversar con los inmortales.

▲ Popularidad
Publicada en la revista de la dinastía Qing *Dian shi zhai huabao* («Revista Ilustrada de Dian Shi Zhai»), esta litografía muestra la práctica del *fuji* en un altar de escritura de espíritus.

EN CONTEXTO

Lüzu quanshu

Lüzu quanshu («Libros completos de Lü zu»), supuestamente escrito por el espíritu de Lü zu, uno de los ocho inmortales del taoísmo, forma parte del canon taoísta. Fue publicado por primera vez en 1744 en 32 pergaminos por la sociedad de altares de escritura espiritual Hansanggong de Wuchang (China); constituye la base de las prácticas devocionales y rituales taoístas, y es también una fuente indispensable para el estudio de las comunidades taoístas Qing. Se recopilaron ediciones posteriores; por ejemplo, *Lüzu quanshu zhengzong*, publicado en 16 pergaminos por la comunidad de escritura de espíritus Jueyuan tan de Pekín entre 1803 y 1805.

武林王履階敬刻
呂祖全書
錢塘邵志琳增輯
板貯西湖瑪瑙講寺南房

El ***Lüzu quanshu*** contiene las enseñanzas de Lü Dongbin (Lü zu), y es una de las muchas obras taoístas creadas con escritura de plancheta.

INQUIETOS Y SIN NOMBRE

fantasmas del pueblo gitano

▲ **Hablando con los muertos**
En esta xilografía del siglo XIX, una gitana invoca a los espíritus de los muertos para que precisen el destino del marido de una mujer, que es soldado. Históricamente, se ha considerado que los gitanos tienen poderes mágicos, como la capacidad para comunicarse con los muertos.

Los gitanos (o romaníes) son un pueblo tradicionalmente nómada, originario del norte de India. Las distintas ramas gitanas suelen creer en fuerzas sobrenaturales. Honran y temen a los espíritus de los muertos, los *mulós*, creencia que puede ser una de sus tradiciones más antiguas, pues se halla en casi todos los subgrupos.

Los gitanos creen que los vivos están rodeados de poderes malignos, pero ciertos rituales pueden ayudar a mantener a raya a esas fuerzas dañinas. A menudo se pide a un ministro, como un sacerdote cristiano, que bautice a los recién nacidos para protegerlos del mal; las cintas rojas atadas a las muñecas de los bebés también otorgan protección. También recurren al clero para los ritos funerarios, pues creen que las almas de los muertos pueden inquietarse y no pasarán al otro mundo si no se observan los ritos adecuados.

Espíritus que regresan

La mayoría de los gitanos siguen unos rituales de duelo establecidos, que incluyen un velatorio de tres días al que asisten la familia y su comunidad. Muchas familias dejan ofrendas de comida y alcohol en las tumbas y las cuidan con visitas periódicas.

Se cree que el *muló*, el fantasma del difunto, puede volver a acechar a los vivos. Cuando alguien fallece, sus pertenencias se destruyen, a menudo quemándolas. Así se borran los lazos materiales con el difunto, para que no quede nada que lo atraiga de vuelta al mundo de los vivos. El espíritu de un muerto puede regresar por muchas razones. Por ejemplo, si no se devuelve un objeto que él prestó en vida, el *muló* puede causar problemas hasta que se devuelva a sus descendientes. Mencionar el nombre del fallecido o acercarse demasiado a su tumba también podría molestarlo y provocar el regreso de su espíritu. Aunque una familia evitará mencionar el nombre de sus propios difuntos, se pueden invocar maldiciones utilizando los nombres de muertos de otras familias.

Los *mulós* aparecen principalmente por la noche, ya sea en forma humana o transformados en animales como perros o pájaros. Se supone que su aparición va acompañada de ladridos de perros o de otros animales que se alteran. Cuando el *muló* es visto, camina de lado para no mostrar la cara.

Muertos vivientes

Algunos espíritus pueden ser violentos, y la palabra *muló* también hace referencia a los «muertos vivientes». Algunos gitanos creen que quien sufre una muerte prematura debido a influencias «malignas» –por ejemplo, muertos por asesinato o suicidio– puede convertirse no en fantasma, sino en vampiro (pp. 216–217). Estas criaturas buscarán a quienes les hayan hecho daño para vengarse.

▶ **Vibrante *berdó***
Tradicionalmente, los gitanos vivían y se desplazaban en *berdós*, carromatos tirados por caballos, elaboradamente decorados con símbolos de la suerte y la riqueza. Este *berdó* inglés de estilo Reading, de *c.* 1870, presenta tres cabezas de león talladas y doradas.

«Se sabe que [el *muló*] se aparece como un animal, como un ser humano o, en ocasiones, como una cabeza, una mano, un brazo o incluso un dedo.»

ELWOOD B. TRIGG, *GIPSY DEMONS AND DIVINITIES* (1973)

▲ **Pira funeraria**
En el siglo XIX se quemaban el *bardó* y las pertenencias de un difunto; no se podía vender nada por miedo a ofender al espíritu del muerto. Hoy es más común quemar algunas pertenencias en un gesto simbólico alusivo a la tradición.

▲ **Persecución mortal**
Esta obra del noruego Peter Nicolai Arbo, titulada *Åsgårdsreien* (1872), representa la Cacería Salvaje de Odín. Los dioses nórdicos y las valquirias cabalgan por el cielo como feroces cazadores.

CORRE POR TU VIDA

la Cacería Salvaje

La Cacería Salvaje es una procesión nocturna de seres sobrenaturales disfrazados de cazadores en busca de presas. Esta siniestra procesión surca el cielo, recorre caminos aislados o cruza bosques y campos, normalmente en las frías noches de invierno. Conducida por un líder mitológico o legendario, la tropa sobrenatural puede ir acompañada de ruidos violentos y animales amenazadores, como sabuesos o pájaros. Su presencia es aterradora y peligrosa.

Jinetes demoníacos

El nombre de «Cacería Salvaje» procede del folclorista alemán Jacob Grimm, que trató sobre la *Wilde Jagd* en su obra *Deutsche Mythologie* («Mitología alemana»), de 1835. Pero las historias de cabalgatas fantasmales son mucho más antiguas. Una de las primeras referencias literarias procede, entre otros testigos, de monjes ingleses: al parecer, en 1127, en la abadía de Peterborough, se avistaron entre 20 y 30 cazadores demoníacos, acompañados de perros

EN CONTEXTO

Jan Tregeagle

En algunas versiones de la Caza Salvaje, la presa es una persona con nombre propio. Puede tratarse de una figura histórica o legendaria, como el rey Arturo de Bretaña, o de un personaje local, alguien que tuvo una vida pecaminosa. Jan Tregeagle es el ejemplo de Cornualles. Se dice que este magistrado inglés del siglo XVII, conocido por su crueldad, se fue al infierno tras su muerte. Pero después de que su fantasma fuera llamado a declarar ante un tribunal, se negó a volver con el Diablo. Como penitencia, se le impusieron unas tareas imposibles con una tropa de demonios dispuesta a perseguirle si las abandonaba.

Si Tregeagle intenta escapar de sus tareas, los perros demoníacos lo persiguen.

negros y el sonido de cuernos de caza, cabalgando oscuras monturas por el cielo nocturno. Según la *Crónica de Peterborough*, «los cazadores eran negros, grandes y horribles, y sus sabuesos todos negros y de ojos enormes y horribles, y cabalgaban sobre caballos negros y sobre ciervos negros».

Las jaurías y sus líderes

Las historias de cacerías nocturnas espectrales son un fenómeno extendido en el folclore. Diversas versiones del motivo aparecen en todo el mundo, desde huestes de guerreros muertos en Japón hasta el relato iroqués de los hermanos que aún cazan a la Osa Mayor en el cielo. En Europa hay muchas variantes, y los espectros que desfilan van desde hadas hasta las almas torturadas de los muertos.

En el folclore británico, la procesión puede ser una jauría de perros sobrenaturales, que aúllan ruidosamente mientras cruzan el cielo, presagio de desgracias para cualquiera que los vea. También puede tratarse de un desfile de muertos que pecaron en vida, condenados a vagar por la tierra sufriendo tormentos hasta expiar sus pecados. En Irlanda se habla de las Slua Sidhe, una cabalgata de hadas que surca el cielo nocturno causando estragos a los humanos con los que se encuentran. En Escandinavia, la *Oskoreia* («cabalgata aterradora») se refiere a los cazadores o guerreros heroicos del dios Odín, entre ellos las temibles valquirias, que cruzan el cielo a toda velocidad en busca de presas. Los cazadores sobrenaturales suelen estar liderados por una sola figura, que cambia de nombre y naturaleza según la época y el lugar. En Galicia (España), la Santa Compaña va encabezada por un vivo condenado a vagar noche tras noche hasta morir. En las versiones escandinavas y germánicas, el líder suele ser el dios Odín. Estrechamente asociado con el invierno y el Yuletide (el festival germánico cuyas tradiciones se incorporaron a la Navidad), y a menudo representado como una figura barbuda que cabalga por el cielo nocturno en su caballo de ocho patas Sleipnir, Odín ha sido interpretado como el precursor de Papá Noel.

▼ Presa humana
Herne el Cazador, un fantasma con astas que se decía rondaba el bosque de Windsor, fue creado o apropiado por William Shakespeare. Este grabado representa una escena de la novela *El castillo de Windsor* (1842), de William Harrison Ainsworth, en la que Herne captura a Mabel.

◀ Doncella guerrera
En la mitología nórdica, las valquirias guían a los héroes muertos al Valhalla y cabalgan con la Cacería Salvaje de Odín. Esta estatua de bronce del noruego Stephan Sinding, de 1908, representa a una valquiria montada que se lanza feroz a la batalla.

En el folclore galés, la Cacería Salvaje está dirigida por Gwyn ap Nudd, el cazador-guerrero soberano de Annwn, el Otro Mundo, acompañado por los Cŵn Annwn, los sabuesos espectrales de orejas rojas del Otro Mundo galés, cuyo coto de caza incluye la montaña de Cadair Idris en Gwynedd. Del mismo modo, en el folclore irlandés, las Slua Sidhe pueden estar dirigidas por su rey del Otro Mundo, Manannán mac Lir.

Muchas variantes tienen a mujeres mitológicas como líderes de la cacería, además de su papel como guardianas de las bestias. Entre ellas se encuentran Diana (diosa romana), Percht (de la mitología alpina) y la reina bruja Herodías, considerada en la Europa medieval la líder de un desfile nocturno de brujas.

El Diablo y condenados

La Cacería Salvaje también podía estar dirigida por el Diablo, que persigue a las almas o a los pecadores. En cambio, podía estar dirigida por un humano, condenado por Satán o maldecido por un demonio a una eternidad de procesión nocturna. Esto a menudo se consideraba un castigo por cazar en domingo y violar el descanso cristiano. Uno de esos pecadores, en Cornualles (Inglaterra), fue el clérigo Dando. En algunas versiones de su historia, un misterioso jinete se lo lleva al infierno, y son sus perros los condenados a una eternidad de persecución inútil. Otros relatos populares británicos hablan del rey Herla y su tropa, malditos tras un viaje al Más Allá; en Westfalia (Alemania) se dice que el cazador semihistórico Hans von Hackelnberg se negó a ir al cielo tras morir en una cacería en el siglo XVI, por lo que fue condenado a seguir cazando para siempre.

Visión ominosa

Quienes se topen con la Cacería Salvaje pueden ser raptados por los cazadores, llevados a kilómetros de sus hogares y abandonados. O peor aún, pueden ser llevados al reino de los muertos. En algunos relatos germánicos, los cazadores entran en las casas, roban comida y bebida y causan estragos a su paso. Quien tiene la mala suerte de encontrarse con la tropa de hadas irlandesas puede ser arrastrado y arrojado desde una gran altura. En el norte de Inglaterra, oír los aullidos de los Sabuesos de Gabriel (llamados así por un hombre tan amante de la caza que fue enterrado con sus perros, o por el ángel Gabriel que persigue las almas de los condenados) significa que la desgracia y la muerte llegarán con seguridad; el aullido de los perros puede incluso presagiar catástrofes, hambre y peste.

▶ Bestias extrañas
Este grabado de la Cacería Salvaje, obra del artista renacentista italiano Agostino de' Musi (siglo XVI), representa a las oscuras criaturas que acompañaban a los míticos cazadores, como cabras y caballos espectrales o esqueléticos.

◀ **A la carga**
Este cuadro del alemán Hermann Hendrich, titulado *La cabalgata de las valquirias* (1913), representa una escena de la ópera de Richard Wagner *La valquiria*, que se estrenó en Múnich en 1870.

DIBBUKS, IBBURS Y GÓLEMS

posesión espiritual cabalística

Originada en España y el sur de Francia en el siglo XII, la Cábala surgió a partir de formas anteriores de misticismo judío, con nuevas visiones de la vida tras la muerte y del alma. Los cabalistas intentaban comprender la relación entre los reinos divino y mortal. Los atributos de Dios se representan en diagramas del Árbol de la Vida de las Diez Sefirot (formas de energía o «emanaciones»). Según los cabalistas, la alteración de esta energía produce fuerzas malignas y benignas, en forma de *dibbuks*, *ibburs* y gólems.

Tanto el Talmud (el antiguo conjunto de leyes judías) como el texto fundacional cabalístico del siglo XII, el *Zohar* («Libro del esplendor»), describen cómo las almas de las personas malvadas se convierten en *mazzikin* (espíritus malignos) tras la muerte. Como se cree que los espíritus de los muertos no tienen forma física, deben poseer a los vivos.

◄ Protección de madre e hijo
Copiados del manual cabalístico *Sefer Raziel HaMalach*, los símbolos de este amuleto representan a los ángeles Sanoi, Sansanoi y Samangalaf, invocados contra el demonio Lilith durante el parto.

▼ El poder de las palabras
Este manuscrito contiene un diagrama de la tradición mística del *Sefer Yetzirah*, que explica cómo Dios creó el universo combinando las letras del alefato hebreo. Los cabalistas crean también gólems usando los poderes mágicos del lenguaje.

Posesión y animación

La tradición de los *dibbuks* se desarrolló en el siglo XVI en Safed (en el actual Israel), donde los alumnos del rabino Isaac Luria difundían manuales para exorcizarlos. Estos fantasmas incorpóreos eran personas muertas que habían cometido actos tan malos que sus almas no podían entrar ni en la Gehenna (lugar de purificación en el más allá judío), lo cual los sacaba del ciclo del *gilgul* (reencarnación).

El primer caso de *dibbuk* fue el de una joven poseída por el alma de un malhechor. El *dibbuk* hablaba a través de ella en su lengua materna y no reconocía el yidis de su anfitriona. Ella relató detalles de la vida del hombre que no podía haber conocido.

Otro espíritu posesor (aunque benigno) era el *ibbur*, del que se decía que ayudaba a los humanos, por ejemplo, a un «alma incompleta» que no había cumplido las 613 *mitzvot* (preceptos de la Torá). Algunos que aspiraban a la posesión dormían sobre la tumba de un hombre santo o justo, un *tzadik*, con la esperanza de que su alma se adhiriera a su espíritu.

La mística judía también dio origen al gólem: un cuerpo sin alma (como una figura de arcilla) que cobraba vida gracias al poder de un ritual cabalístico. Los comentarios medievales al *Sefer Yetzirah* («Libro de la formación»), texto que expone los secretos lingüísticos de la creación, contienen las primeras instrucciones para crear un gólem. En ellos se advierte de las graves consecuencias de cometer pequeños errores en la escritura mágica.

▲ Espíritu torturado
Condenado a vagar, el *dibbuk* (ilustrado aquí por Ephraim Moses Lilien) era a menudo el alma de un pecador varón que poseía el cuerpo de una mujer. El cabalista Moisés Cordovero (1522–1570) se refirió al *dibbuk* como un «embarazo maligno».

«¡Maligno, habla y di quién eres con palabras claras!»

DE UN EXORCISMO DE *DIBBUK* (MEDIADOS DEL SIGLO XVI)

La Parca

La peste negra azotó Europa en el siglo XIV y, en tan solo cinco o seis años, acabó con al menos un tercio de la población. Para la mentalidad medieval, esta plaga inexplicable parecía un castigo divino, y en este contexto surgió la Parca, la figura que personifica la muerte.

El arte de la época representó a la muerte de muchas formas. En la popular *Danza macabra*, figuras esqueléticas conducían a la gente, jóvenes y viejos, ricos y pobres, a sus tumbas y mostraban que la muerte era indiscriminada y no atendía al estatus social. También proliferaron las imágenes de esqueletos portando armas, como flechas y espadas, que enfatizaban la amenaza y la violencia de la muerte súbita.

La Parca suele representarse como un esqueleto vestido de negro y portando una guadaña. La mitología griega inspiró esta imagen: Cronos, el dios del tiempo devorador de niños, era representado como un anciano con una hoz; y Tánatos, dios de la muerte, portaba una guadaña. Esta herramienta resultaba elocuente en la sociedad agraria de la Edad Media, simbolizando cómo, con cada golpe, la Parca podía segar multitud de vidas. Con frecuencia iba acompañada por cuervos o cornejas; en la mitología, estas aves carroñeras representaban también un presagio de muerte.

«La misma muerte soy yo, que con mi guadaña corto como el heno todo lo que vive sobre la tierra.»

MARCELO PALINGENIO, *ZODIACUS VITAE* («ZODIACO DE LA VIDA», 1565)

▲ ***La Muerte y el avaro*** (c. 1490), de El Bosco, muestra a la Muerte que viene a por el alma de un avaro, al que se le ofrece oro o la salvación.

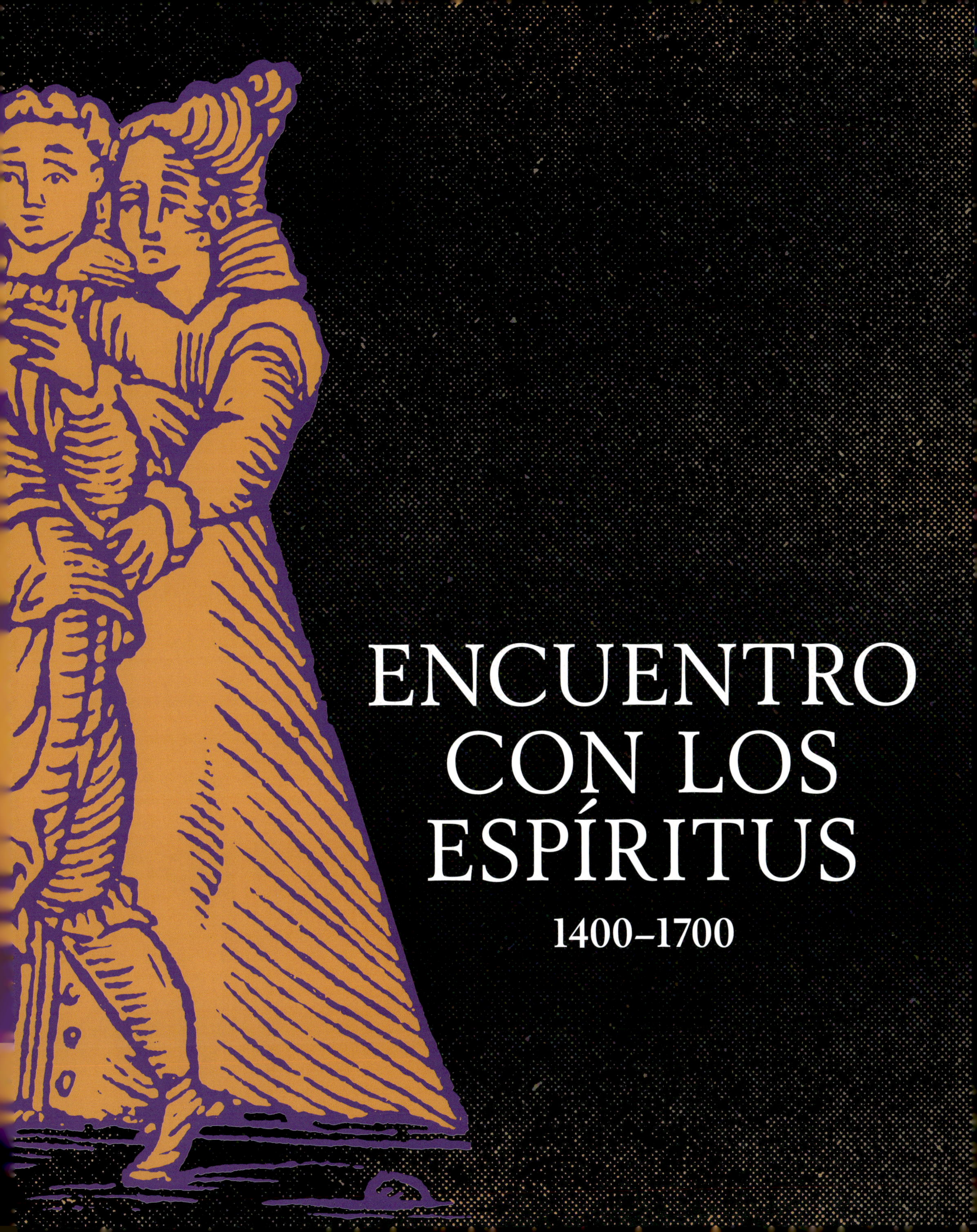
ENCUENTRO
CON LOS
ESPÍRITUS
1400–1700

Introducción

A medida que más gente buscaba comunicarse con los espíritus, las autoridades empezaron a tomar medidas enérgicas contra la brujería y los textos ilícitos. En el siglo XV, Europa asistió al auge de los juicios de brujas, que a lo largo de tres siglos condenaron a muerte a entre 40 000 y 60 000 personas, en su mayoría mujeres. Las leyes instauradas en los distintos países europeos no se referían solo a las supuestas brujas, sino también a los curanderos, cuya magia «buena» se consideraba igualmente diabólica, ya que incitaba a confiar en la magia y no en Dios.

Desde finales del siglo XIV, el número creciente de textos demonológicos suscitó entre la élite el temor de una grave conspiración satánica contra la cristiandad. La sensación de caos y amenaza se agravó con la llegada de la Reforma en el siglo XVI, por no hablar de la simultánea revolución de la imprenta, que contribuyó a extender el temor a los aquelarres orgiásticos, las mortíferas brujas y las posesiones espirituales masivas.

La supresión de la magia y del contacto con espíritus en todas sus formas no fue una preocupación solo europea. Las Inquisiciones española y portuguesa crearon tribunales en sus colonias americanas, donde miles de indígenas, emigrantes y africanos esclavizados fueron juzgados por sus prácticas mágicas y religiosas. Al principio, Portugal dominó el comercio trasatlántico de esclavos, y sus archivos de la Inquisición contienen algunos de los primeros informes detallados de las nuevas tradiciones religiosas sincréticas que surgieron a lo largo de la costa atlántica de las Américas. Excavaciones arqueológicas en el mercado de esclavos de Río de Janeiro (Brasil) han revelado numerosos amuletos arrebatados a los esclavos recién llegados.

Gracias a la imprenta, los conocimientos antes secretos contenidos en los grimorios manuscritos, propiedad del clero medieval, pudieron difundirse más ampliamente. El Vaticano publicó su *Índice de libros prohibidos* y, en los países protestantes, se prohibió la

Celebración de los muertos ***(p. 141)***

Aquelarre orgiástico ***(p. 146)***

Brujería diabólica ***(p. 157)***

impresión de libros de magia. No obstante, existía un mercado rentable para los libros de ocultismo. Entre los primeros y más influyentes de estos se hallaban los *Tres libros de la filosofía oculta* de Enrique Cornelio Agripa. Impresos por primera vez en Alemania en la década de 1530, ofrecían una visión erudita de los intereses mágicos del Renacimiento, como la cábala judía, la geomancia, la astrología y la alquimia. Agripa no era partidario de invocar lo sobrenatural; sin embargo, tras su muerte, se publicó bajo su nombre el *Cuarto libro de la filosofía oculta*, que contenía una serie de rituales para conjurar espíritus.

En Asia, China tuvo sus propios temores respecto a la brujería. Destaca una investigación instigada por el emperador Qianlong en 1768 sobre el delito de *jiaohun*, o robo de almas. Se creía que un grupo de conjurados y sus maestros hechiceros cortaban las coletas a los hombres para robarles el alma y aumentar sus propios poderes espirituales. No hubo juicios ni ejecuciones, pero sí algunos asesinatos por parte de turbas. En China surgió también la moda artística de representar procesiones demoníacas. La tradición se extendió a Japón, donde las enciclopedias de demonios o *yōkai* florecieron como forma artística en los siglos XVII y XVIII.

> «Muchos de nosotros, cuando tenemos problemas o perdemos algo, corremos en busca de brujas o hechiceros.»
>
> **HUGH LATIMER**, OBISPO INGLÉS, EN UN SERMÓN LAMENTANDO EL RECURSO A CURANDEROS (1552)

Venerando a las almas santas *(p. 164)*

Ritual de posesión espiritual *(p. 174)*

Espectro invocado *(pp. 182–183)*

▶ **Cráneo con cuentas** Los bamileke de Camerún exhuman y conservan de forma cuidadosa los cráneos de sus antepasados. Estos preciosos objetos se guardan en una sala especial, y son apaciguados y cuidados con regularidad por un guardián. Este, del siglo XIX, está decorado con cuentas de vidrio y conchas de cauri.

ESPÍRITUS POR TODAS PARTES

espíritus y fantasmas africanos

Aunque las religiones tradicionales africanas suelen venerar a un ser supremo remoto, también acogen espíritus menores y más cercanos. Estas entidades –espíritus de la naturaleza, antepasados y otros seres sobrenaturales– están más implicados en la vida de la gente que el ser supremo, mediando entre los humanos y lo divino.

◀ **Tótem de pájaro**
Las singulares aves talladas en esteatita halladas en las ruinas de la ciudad medieval de Gran Zimbabue representan al *chapungu* (águila volatinera) o al *hungwe* (águila pescadora), ambas importantes aves totémicas para los shona de Zimbabue.

Naturaleza animada

Para los creyentes, el paisaje africano está animado por los espíritus de la naturaleza que lo habitan. En la cima del monte Tubqal (Marruecos) habita Sidi Chamharouch, rey de los genios. Lejos de las montañas del Atlas, se debe tener cuidado cerca del agua, donde acecha la seductora y malvada *jinni* Aisha Kandisha, cuya larga cabellera y bello rostro distraen de sus patas de cabra.

Los tótems animales identifican y vinculan a clanes e individuos entre sí y con las características deseables de distintos animales. Se cree que los *tingoi* de los mende de Sierra Leona y espíritus acuáticos similares de otros sistemas de creencias, protectores pero caprichosos, pueblan ríos, lagos, pantanos y mares. Los espíritus de los árboles vigilan las entradas de las aldeas, mientras que los espíritus de los arbustos, a los que se atribuye la enseñanza de los secretos de la civilización, deben ser tratados con cuidado por miedo a la abducción. La gente recurre a espíritus del cielo vinculados al sol, las estrellas y el viento para todo, del calendario agrícola a la arquitectura. La relación respetuosa con estos espíritus es vital para que las comunidades sean pacíficas y productivas, y muchos rituales y prohibiciones ayudan a coexistir con la naturaleza y sus seres sobrenaturales.

Contentar a los antepasados

La veneración de los antepasados es un rasgo clave de las cosmovisiones africanas. Los antepasados –espíritus de parientes y miembros del clan o la comunidad difuntos– viven en la esfera ancestral (pp. 84–85) y usan su poder para influir en los vivos e interceder ante el ser supremo y otros espíritus de forma beneficiosa o perjudicial. Se dice que cultivar una buena relación con los antepasados conduce a la felicidad, mientras que ofenderlos por negligencia o infracción de los códigos éticos puede ser fatal. La veneración de los antepasados incluye sacrificios, ofrendas de comida y libaciones, consultas a través de médiums y el respeto de las normas que establecen para una vida ética. Solo quienes siguen estas pautas podrán convertirse en antepasados.

Almas inquietas

Los fantasmas de aquellos que tuvieron una «mala» muerte (por asesinato, por ejemplo) o no fueron enterradas correctamente constituyen otro grupo de espíritus africanos. Entre ellos están los *akalogoli* de los igbo de Nigeria y los *jochiende* de los luo de Kenia. Como no pueden pasar al mundo de los espíritus, permanecen como fantasmas que causan estragos y provocan enfermedades o desgracias para llamar la atención y poder ser enterrados adecuadamente.

▼ **Bandeja de adivinación**
Los yoruba de Nigeria practican la adivinación Ifá. Los adivinos, llamados *babalawos* (hombres) o *iyalawos* (mujeres), utilizan bandejas decoradas como esta para comunicarse con los antepasados y otros espíritus.

MUJERES QUE LLORAN

fantasmas femeninos en América Central y del Sur

Los pueblos que habitaban Mesoamérica antes de la colonización europea tenían creencias muy arraigadas y elaboradas sobre la naturaleza de la vida y la muerte (pp. 88–89). Por lo general, no había retorno de la muerte, por lo que los fantasmas se consideraban una señal de que algo iba terriblemente mal. Muchos fantasmas del folclore precolonial mesoamericano adoptan la forma de una mujer en busca de venganza.

◀ **Espíritu llorón**
Se decía que la diosa mexica de la fertilidad Cihuacóatl rondaba los cruces de caminos y lloraba por el hijo al que supuestamente había abandonado. Su historia puede haber influido en relatos similares de fantasmas femeninos que lloran a sus hijos.

Lágrimas y miedos

El fantasma más famoso de América Latina es la Llorona. Los relatos varían, pero se la suele representar como una mujer gimiente vestida de blanco, con el vestido mojado. Según la versión más extendida, se trata de una mujer que ahogó a sus propios hijos tras ser abandonada por su amante. Hoy se dice que aparece como presagio de catástrofes y para atacar a niños.

El primer registro de la Llorona data de mediados del siglo XVI (tras la invasión española), y muchos relatos dicen que el trágico fantasma era una mujer indígena abandonada por su marido español. Pero existen vínculos con relatos anteriores. Una leyenda mexica cuenta que, una década antes de la llegada del conquistador español Hernán Cortés y sus tropas, apareció un espectro que gritaba que sus hijos pronto se verían obligados a huir. Otras fuentes sugieren que esta advertencia procedía de Cihuacóatl, deidad femenina mexica asociada con el parto y los niños.

Demonios vengativos

Muchas historias de fantasmas mesoamericanas comparten características similares. Se dice que el fantasma venezolano conocido como la Sayona se

◀ **Figura controvertida**
Una indígena conocida como la Malinche fue consorte y traductora de Hernán Cortés. Madre de su primer hijo, pudo inspirar relatos de lloronas.

> «Oyeron voces en el aire, como de una mujer que andaba llorando, y decía de esta manera: "¡Oh, hijos míos! Ya estamos a punto de perdernos".»

RELATO NÁHUATL DE UN MAL PRESAGIO OCURRIDO EN TENOCHTITLÁN (ACTUAL CIUDAD DE MÉXICO) EN 1509, RECOGIDO EN EL *CÓDICE FLORENTINO*, LIBRO XII

aparece a las víctimas como una hermosa mujer vestida de blanco. Se dice que en vida asesinó a su marido y a su madre al descubrir que mantenían una relación amorosa; en la muerte, atrae a los hombres a la selva para cobrarse su venganza. Otro fantasma femenino que busca vengarse de los adúlteros es la mexicana Matlazihua, cuyo nombre procede del náhuatl y significa «la mujer que atrapa».

Guardianes de la montaña

Si un hombre se encuentra en los Andes y oye un grito horrible, debería pensárselo dos veces antes de correr a ayudar. Según la leyenda colombiana, así es como la Patasola atrae a sus víctimas; se manifiesta como una mujer con una sola pierna, pero, cuando un hombre se acerca, se transforma en serpiente y lo devora. Hoy, algunos la consideran un espíritu protector de las montañas, que ataca a los que vienen a asolar la tierra. Del mismo modo, la Madremonte es un espíritu protector de la tierra que aparece como una mujer de ojos brillantes, cubierta de tierra y plantas que a menudo ocultan su rostro. Quienes se adentran en su territorio salvaje pueden contraer enfermedades o perderse.

▲ La Llorona
Las representaciones de este espíritu lúgubre varían enormemente, pero –como en *La Llorona con niño, fantasmas y diablos* (1988–1992) de Alejandro Colunga– a menudo aparece como una madre abrazando a un niño, o como una figura fantasmal vestida de blanco.

▶ **Bestia hambrienta**
Un wendigo es un monstruo esquelético que ansía la carne humana. Las historias de wendigos advierten de las consecuencias para aquellos que abandonan sus obligaciones familiares. Más recientemente, estas historias se han convertido en poderosas metáforas indígenas para exponer los efectos malignos del colonialismo.

CAMBIAFORMAS Y CAMBIAPIELES

fantasmas y monstruos indígenas norteamericanos

En el siglo XXI, fantasmas y monstruos siguen ocupando un lugar central en las culturas indígenas de Norteamérica. A través de sólidas tradiciones orales, historias de fantasmas y leyendas establecen las fronteras entre la vida y la muerte, la naturaleza y la cultura, los humanos y los no humanos. Para algunos, la presencia de estos seres sobrenaturales es inquietante; para otros, proporciona un poder espiritual que puede usarse para ayudar o perjudicar.

La cuestión de lo que ocurre tras la muerte es una preocupación antiquísima. Al enterrar a sus muertos, las familias hacen ofrendas rituales de ropa, comida y agua, cosas que sus seres queridos necesitarán en su viaje a la tierra de los muertos. El objetivo es dejar ir con compasión y gestionar con seguridad la frontera entre la vida y la muerte. Las historias de fantasmas de los indígenas norteamericanos reflejan este deseo de lidiar con lo desconocido. En muchos relatos, los fantasmas aparecen cuando alguien viola tabúes, como vestir la ropa de un difunto o perturbar su lugar de enterramiento, pues los restos humanos y las tumbas son peligrosos y pueden contaminar el espíritu de los vivos. Las transgresiones pueden provocar la «enfermedad fantasma», que incluye pesadillas recurrentes, miedos, pérdida de peso y debilidad general.

Cambio de forma

La capacidad de cambiar de una forma humana a una animal hace que los cambiaformas sean especialmente inquietantes. Los navajos del suroeste de Estados Unidos creen que las brujas usan restos humanos para transformarse en cambiapieles, un cambiaformas especialmente siniestro. En su forma animal, atacan e incluso matan a sus víctimas. Los lakotas de las Grandes Llanuras y las Colinas Negras cuentan historias de quienes se detienen a socorrer a una joven sola en la carretera, para descubrir que no es una persona corriente. Quien se topa con esta «mujer ciervo» la describe como humana, pero con ancas de ciervo y pezuñas hendidas. A los que respetan a mujeres y niños les da fertilidad y bienestar; a los que no, los castiga con la muerte.

Hombres salvajes y wendigos

En los relatos indígenas, monstruos como el wendigo de corazón helado y el «hombre salvaje» acechan en los márgenes de la vida humana, donde naturaleza y cultura se encuentran. En las creencias del pueblo kwakwaka'wakw de la Columbia Británica, los hombres salvajes son figuras fantasmales aullantes y malolientes que se asoman a las ventanas, roban comida y a veces secuestran a gente, sobre todo mujeres y niños. Tientan a los humanos a comer «comida fantasma» (conchas de berberecho vacías) para que se conviertan también en espíritus. Descritos como bípedos gigantes con una gran boca y cubiertos de pelo oscuro y enmarañado, son tímidos pero peligrosos. Si son tratados con respeto, pueden otorgar poderes espirituales.

A diferencia de los hombres salvajes, los wendigos una vez fueron humanos. Se convirtieron en monstruos por sus actos de egoísmo y codicia, sobre todo hacia sus parientes. Aparecen en las creencias de los pueblos algonquinos y se asocian con el invierno y las épocas de hambruna. Según las leyendas, quien practicaba el canibalismo podía transformarse en wendigo, condenado a alimentarse de humanos pero sin sentirse nunca saciado.

◀ Amuleto de caza
Los alutiiq de Alaska ataban amuletos de marfil de nutria marina como este en el interior de sus kayaks cuando cazaban. Según su creencia, la nutria marina fue una vez humana. Los cazadores devuelven respetuosamente al mar los huesos de las nutrias muertas para que puedan renacer.

▲ Hombre salvaje de los bosques
Bukwus, un hombre salvaje, es un poderoso ser sobrenatural que habita en los bosques. Se lo reconoce por su pelo largo y enmarañado, su rostro humanoide y su boca ancha. Los kwakwaka'wakw llevaban una máscara como esta, que representa a Bukwus, durante las ceremonias de invierno.

▲ **Este cuadro de estambre** de la década de 1970 representa a chamanes huicholes enviando «flechas de oración» para comunicarse con los espíritus

Visiones chamánicas

Los chamanes (pp. 14–17) tienden puentes entre el mundo físico y el espiritual para comunicarse con los espíritus durante estados alterados de conciencia. Sus poderes incluyen la capacidad de curar a enfermos y recuperar a espíritus errantes.

Entre los huicholes (o wixárikas) del norte de México, las figuras chamánicas, llamadas *mara'akate* o «cantadores», son fundamentales en la vida religiosa. Cantan antiguos mitos huicholes e invocan a deidades que representan a animales, lugares, planetas y fenómenos naturales. Elegidos por la deidad Urukáme para recibir el poder chamánico, los *mara'akate* poseen unos conocimientos especializados y duramente adquiridos que utilizan en beneficio de la comunidad. Cuando un *mara'akame* (forma singular de *mara'akate*) es elegido por primera vez, se pone enfermo, lo cual se cree que es la reacción del cuerpo al recibir el poder espiritual de Urukáme. Para curar la enfermedad y completar el proceso de convertirse en *mara'akame*, el individuo debe viajar al mundo de los espíritus.

En el centro de las creencias huicholas está el *hikuri*, o peyote, una cactácea consumida ceremonialmente por sus propiedades alucinógenas. Los *mara'akate* dirigen ceremonias de curación en las que guían a los individuos a través de las visiones que reciben en ese estado alterado. Los artistas huicholes crean coloridas pinturas de estambre basadas en estas experiencias como ofrendas visuales y plegarias a sus deidades, y también como arte comercial que venden a coleccionistas.

«[…] los dioses te explicarán cosas en tu sueño.»

RAFAEL PISANO, MARA'AKAME HUICHOL, SOBRE EL PROCESO DE CONVERTIRSE EN CHAMÁN (2023)

▲ **Danza del lobo**
En las ceremonias de invierno, la gente se reúne para bailar, cantar y festejar, e invita a los espíritus de los animales a unirse a ellos. Este cuadro del alemán Wilhelm Kuhnert representa una ceremonia de los kwakwaka'wakw en Tsaxis (Canadá), en 1894.

GUARDIANES Y GUÍAS

espíritus animales y tótems indígenas

Entre los pueblos indígenas de Norteamérica existe una conciencia común del misterio y el poder de plantas y animales. Aparecen en las comidas, como espíritus guardianes en sueños y visiones, y en cuentos, canciones y danzas. La relación entre humanos y no humanos es de respeto mutuo y reciprocidad. Los cazadores, por ejemplo, pueden ofrecer oraciones y agua al espíritu del animal que han matado para agradecerle su sacrificio. Animales y plantas son apreciados por su capacidad para proporcionar sustento, calor, medicinas, ropa y transporte a los humanos. A su vez, estos los honran con rituales de «primeros alimentos» como la ceremonia del Maíz Verde de las tribus de los Bosques Orientales, celebrada cuando madura el primer maíz, o la del Primer Salmón que celebran los pueblos Salish de la Costa a principios de primavera.

Al compartir la historia de su vida, el anciano santón lakota Alce Negro dijo: «Es la historia de toda la vida que vale la pena contar, y de nosotros los de dos patas que la compartimos con los de cuatro patas y las alas del aire y todas las cosas verdes, porque estos son hijos de una sola madre y su padre es un solo Espíritu». En otras palabras, plantas y animales son algo más que comida: son familia. Las relaciones están arraigadas en antiguas creencias sobre el espíritu animador que se encuentra en todos los seres vivos.

Gente animal

Desde tiempos inmemoriales, los pueblos indígenas se han reunido para compartir comida, canciones, danzas e historias. La gente animal, los curiosos y graciosos seres espirituales creados antes que los humanos, suelen ocupar un lugar central. Los humanos les deben agradecimiento, porque ellos prepararon el mundo para sus hermanos menores de «dos patas». En las historias compartidas por los pueblos del Oeste intermontano (la región entre las Montañas Rocosas y Sierra Nevada), el embaucador Coyote (pp. 44–45), creador y destructor a la vez, creó lugares de pesca y domó el viento del norte. También engañó a otros para quitarles la comida, y se dice que es la razón principal por la que los humanos no pueden vivir eternamente.

Al igual que los humanos, Coyote y los demás animales son una mezcla de cualidades luminosas y oscuras. Son egoístas, envidiosos y destructivos, pero también altruistas, sabios y creativos. Estas historias entretienen pero también instruyen a los humanos, que son imperfectos, sobre cómo comportarse y cómo no comportarse.

En tanto que «hijos del mismo Espíritu», se entiende que los humanos y los no humanos son más parecidos que diferentes. Los animales son capaces de transformarse de su identidad animal a la humana; en la región del Noroeste del Pacífico, cuando Cuervo se quita su capa de plumas, se está transformando en su personaje humano. Del mismo modo, en el contexto de las ceremonias religiosas, los indígenas pueden transformarse invitando a sus espíritus animales guardianes a unirse a ellos.

▶ **Máscara de transformación**
Esta máscara kwakwaka'wakw de pájaro del trueno, del siglo XIX, se abre para revelar la transformación del ave en humano.

Visión cíclica del mundo

Una característica común de los sistemas de creencias indígenas es que las fronteras entre espíritus y humanos, humanos y animales, vivos y muertos, son permeables. Los seres sobrenaturales no tienen su propio mundo: existen en el mundo real. Los que tienen su origen en el pasado también habitan en el presente y aún poseen un poder excepcional para otorgar dones a los humanos que los buscan.

EN CONTEXTO

Tótems

El término «tótem» designa símbolos que representan una unidad social, como una familia extensa o un clan. Proviene del ojibwa *doodem*, que se refiere al parentesco hermano-hermana. Los clanes reivindican relaciones especiales con ciertos animales. Algunos ven a sus ancestros como descendientes de parejas de humano y animal. Los animales también simbolizan rasgos deseados. Los del clan ojibwa del Oso, por ejemplo, son protectores tradicionales. Los símbolos clánicos regulan el matrimonio clarificando el parentesco.

Esta petición de derechos sobre la tierra, presentada en 1849 por los líderes ojibwa, representa símbolos clánicos.

OFRENDAS EN EL ALTAR

el Día de Muertos

El Día de Muertos es una fiesta mexicana que honra a los seres queridos fallecidos y da la bienvenida a los espíritus de los muertos al mundo de los vivos. Su simbolismo y rituales, de una riqueza única, revelan las profundas raíces de la identidad mexicana moderna, que mantiene una conexión con el pasado mediante esta celebración de los espíritus cada mes de noviembre.

A través de las civilizaciones de la Mesoamérica precolombina –olmeca, tolteca, maya y mexica–, una idea que se mantuvo constante fue la creencia en el papel regenerativo de la muerte en los procesos cíclicos del universo (pp. 88–89). La muerte debía aceptarse sin miedo, y no se lloraba a los muertos, pues su esencia permanecía entre los vivos. Los mayas creían que las almas de los muertos vivían en las montañas; los mexicas creían que las almas podían resucitar como colibríes o mariposas, y dedicaban un mes entero de su calendario anual a festividades en honor de la diosa del inframundo, Mictecacíhuatl, vinculada tanto a la muerte como a la resurrección.

Almas indígenas y cristianas

Tras la conquista española de México en 1521, los colonizadores intentaron suprimir las religiones y tradiciones indígenas. En respuesta, los nativos mezclaron muchas de sus costumbres con las impuestas por los españoles, a fin de que sus tradiciones sobrevivieran. Muchos estudiosos ven el Día de Muertos como una continuación de las celebraciones mesoamericanas, sincretizadas con las prácticas cristianas europeas.

◄ **Señora de los Muertos**
La diosa Mictecacíhuatl, en esta figura con cara de calavera sonriente, era crucial en las celebraciones mexicas de la muerte como dadora de vida, y se asemeja mucho a las imágenes utilizadas en el moderno Día de Muertos.

Los mexicas celebraban su fiesta de los muertos en agosto, pero el Día de Muertos poscolombino tiene lugar los días 1 y 2 de noviembre, coincidiendo con las fiestas cristianas de Todos los Santos y de los Fieles Difuntos (pp. 96–99). En esta última se honraba a los muertos con banquetes y vigilias junto a las tumbas, un eco de anteriores fiestas paganas (pp. 56–57) en las cuales se aplacaba a los espíritus inquietos con ofrendas. Estas tradiciones influyeron en la fiesta mexicana actual.

Acoger a los muertos

El Día de Muertos no celebra solo el recuerdo de los seres queridos perdidos, sino también el reencuentro con ellos. La primera noche es para los «angelitos», los espíritus de los niños fallecidos. En la segunda noche llegan los espíritus de los adultos difuntos, que, acogidos en los hogares como huéspedes de honor, se unen a los vivos en la celebración. Para animar a los espíritus a regresar se colocan altares con imágenes de los difuntos y ofrendas de sus

▼ **El viaje de los muertos**
Este plato pintado por Fidel Ávalos Espinosa muestra unas figuras esqueléticas (calacas) que emprenden el largo y arduo viaje desde la tierra de los muertos para reunirse con los vivos el Día de Muertos.

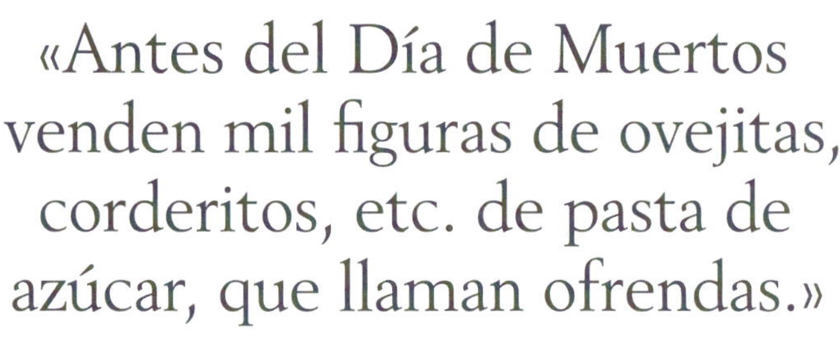

«Antes del Día de Muertos venden mil figuras de ovejitas, corderitos, etc. de pasta de azúcar, que llaman ofrendas.»

FRANCISCO DE AJOFRÍN, FRAILE CAPUCHINO (DÉCADA DE 1740)

◀ **Calavera pintada**
Las calaveras decoradas, como este ejemplar pintado, están muy presentes en las celebraciones del Día de Muertos. El símbolo de la calavera aparece en el arte indígena, representando la muerte y el renacimiento, y también en la iconografía cristiana, como *memento mori*.

▲ **Espíritus bienvenidos**
Este decorado altar en el centro histórico de la ciudad de Oaxaca (México) invita a los espíritus de los muertos proporcionándoles la comida y la bebida que disfrutaban en vida.

«El mexicano […] la frecuenta [a la muerte], la burla, la acaricia, duerme con ella, la festeja, es uno de sus juguetes favoritos y su amor más permanente.»

OCTAVIO PAZ, *EL LABERINTO DE LA SOLEDAD* (1950)

alimentos favoritos, como calaveras de azúcar decoradas con colores. Los vivos pueden comerlos, pero se cree que no les servirán de alimento, ya que los espíritus consumen el alma de la comida.

Durante el día, las tumbas de los difuntos se limpian, reparan y decoran, especialmente con caléndulas: llamadas también flores de los muertos, se cree que su color anaranjado y su aroma ayudan a guiar a los espíritus de vuelta a sus tumbas. A veces se celebra una vigilia nocturna junto a la tumba de un ser querido, con velas encendidas para atraer a los espíritus. Mariachis y trovadores recorren las calles cantando la canción más popular del Día de Muertos: «La Llorona» (pp. 132–133), sobre el fantasma vengativo. La gente también desfila por las ciudades vestida de esqueleto, una práctica que podría ser un eco de los mexicas, que representaban a sus dioses como esqueletos, o de la *Danza macabra* de la iconografía europea de la Baja Edad Media, que representaba a la gente bailando con los muertos.

Reunión de enamorados

Cada ciudad tiene sus propias tradiciones e historias relacionadas con el Día de Muertos. En la ciudad de Pátzcuaro se dice que ese día se alzan los fantasmas de dos amantes muertos. Según las leyendas de los purépechas (pueblo indígena del estado mexicano de Michoacán), el príncipe Itzihuapa fue asesinado por fantasmas que custodiaban un tesoro en el fondo de un lago. Su desconsolada amante, la princesa Mintzita, murió de pena mientras esperaba su regreso en la orilla. La pareja solo puede reunirse una vez al año, la noche de la fiesta.

Celebraciones modernas

El Día de Muertos siguió celebrándose después de que México se independizara de España en 1821, sobre todo en las zonas rurales, donde la creencia en lo sobrenatural era más fuerte. La fiesta ganó popularidad en las ciudades en el siglo XX, celebrada como algo único de la nación y esencial de la identidad mexicana. Durante la Revolución mexicana de 1910–1917, la imagen de José Guadalupe Posada de un esqueleto con un gran sombrero europeo, la Calavera Catrina, criticaba a los mexicanos que se comportaban en exceso como europeos. La imagen se convirtió en sinónimo del Día de Muertos, y muchos de los que se visten de esqueletos ese día representan a la Catrina.

Desde la década de 1970, el Día de Muertos también se ha convertido en parte importante de la identidad chicana mexicano-estadounidense. En México y otros lugares, el atractivo de un ritual que reconoce la mortalidad humana y permite la interacción entre vivos y muertos parece aumentar cada año.

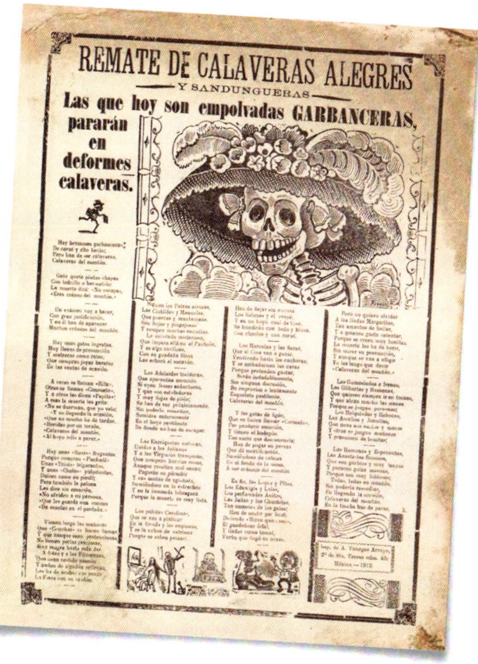

REMATE DE CALAVERAS ALEGRES

Y SANDUNGUERAS

Las que hoy son empolvadas GARBANCERAS, pararán en deformes calaveras.

▲ Orgullo nacional La Catrina de José Guadalupe Posada representa una calavera vestida a la europea: una burla de los mexicanos de la alta sociedad que ocultaban sus raíces indígenas, a los que se llamaba catrines. Su figura suele reproducirse en trajes de desfile y figurillas como la Señora de los Muertos.

EN CONTEXTO

Mariposas monarca

Cada otoño, millones de mariposas monarca migran de Estados Unidos a México, y su llegada coincide con el Día de Muertos. Antes de que se descubriera su ruta migratoria, su repentina aparición parecía milagrosa y simbólica, y se creía que eran las almas resucitadas de los muertos que regresaban a la tierra. La imagen de la mariposa es, por tanto, un símbolo cultural importante en México, y especialmente significativo en la iconografía del Día de Muertos.

Mujeres vestidas de mariposa monarca participan en un desfile del Día de Muertos en Ciudad de México.

RONDANDO LAS TABLAS

fantasmas en el teatro moderno

El redescubrimiento de obras clásicas en el siglo XVI inspiró enormemente a los dramaturgos de la época, devolviendo a los muertos al escenario. Los fantasmas aparecían en tragedias y comedias de la antigua Grecia, donde ofrecían consejos y hacían advertencias proféticas a los vivos, y también en las tragedias romanas de Séneca, incitando, por ejemplo, a la venganza. Los dramas de principios de la Edad Moderna se desarrollaron a partir de estos modelos antiguos.

Muy influido por Séneca, el primer fantasma que apareció en la escena isabelina fue el de *La tragedia española* de Thomas Kyd (estrenada en 1592). En esta obra, el fantasma de don Andrea, muerto en batalla recientemente, es acompañado por el espíritu de la Venganza, que también constituye el tema de la obra. El drama de Kyd contribuyó a crear el género de la tragedia de venganza, en el que abundan los fantasmas que intentan vengar sus agravios, a menudo con gran derramamiento de sangre.

▼ Espíritus longevos
Los fantasmas de Shakespeare se afianzaron en la cultura popular. En esta litografía irlandesa de 1889, el fantasma de un hombre asesinado se aparece a C. S. Parnell, líder de un grupo político vinculado al crimen. Parnell aparece retratado como Macbeth.

De las obras inglesas conservadas de entre 1582 y 1642, 59 están protagonizadas por espectros. Los dramas de los franceses Molière, Racine y De la Taille también están plagados de fantasmas.

Espectros shakespearianos

Los fantasmas aparecen 51 veces en las obras de Shakespeare y tienen un papel importante. *Ricardo III* (*c.* 1593) es la primera de sus obras en la que aparecen fantasmas: en el clímax de la obra, el rey es perseguido en sueños por las víctimas de su traición. Le ordenan «desesperar y morir» y, finalmente, le hacen reflexionar y juzgar su propia maldad. En *Macbeth*, el rey es perseguido por aquellos a los que ha asesinado, si bien resulta incierto si los espíritus son reales o son producto de la imaginación culpable. El fantasma de Banquo, por ejemplo, es visible para Macbeth, pero no para los demás reunidos en el banquete. En *Hamlet*, el fantasma revela detalles del asesinato del viejo rey y, aunque esto pone en marcha el complot de venganza, Hamlet no está seguro de si el fantasma es real o no.

Los intelectuales contemporáneos estaban divididos sobre la realidad de los fantasmas. *De spectris, lemuribus et magnis atque insolitis fragoribus* (1569) fue muy leído en la época. Escrito por el teólogo reformado suizo Ludwig Lavater, explicaba cómo la negación protestante del purgatorio implicaba que los fantasmas no podían ser visitas de almas inquietas, sino más bien demonios enviados desde el infierno. En *Hamlet*, Shakespeare expresa exactamente estos temores, y muchos otros dramaturgos aprovecharon esta ambigüedad para lograr un efecto dramático.

◀ **Presencia fantasmal**
Esta ilustración de 1890 representa el momento al principio de *Hamlet* en que aparece por primera vez el «Espectro», que parece ser el fantasma del rey muerto, el padre de Hamlet. En el estreno de la obra, el papel fue interpretado por el propio Shakespeare.

Una entrada dramática

Los actores que hacían de fantasmas se empolvaban la cara con tiza y a menudo hacían su entrada desde debajo del escenario, lo que el público asociaba con el infierno y provocaba un miedo instantáneo. *A warning for fair women* (1599) se burlaba de los fantasmas más teatrales por sus voces agudas y aparecer entre destellos de luz y humo de pólvora. Pero los fantasmas de Shakespeare asustaban con el mismo aspecto que tenían en vida, sin necesidad de grandes efectos escénicos.

The iust reward of Rebels,
OR
The Life and Death of *Iack Straw*, and *Wat Tyler*, who for their Rebellion and disobedience to their King and Country, were suddenly slaine, and all their tumultuous Rout overcome and put to flight.
Whereunto is added the Ghost of *Iack Straw*, as he lately appeared to the Rebells in Ireland, wishing them to forbeare and repent of their Divellish and inhumane Actions against their lawfull King and Country.
Printed at *London* for *F. Couls*, *I. Wright*, *T. Banks* and *T. Bates*. 1642.

▶ **Historias reales de fantasmas**
La fascinación del público por los fantasmas coincidió con la difusión de la creencia en los espíritus. Algunos panfletos de un penique publicados en el siglo XVII relataban encuentros personales con fantasmas.

> «¿Qué significa esto? ¿Que tú, cadáver muerto, […] vuelvas a visitar de este modo el reflejo de la luna?»

HORACIO EN *HAMLET* DE WILLIAM SHAKESPEARE (1603–1623)

AGENTES DE SATÁN

brujería y espíritus familiares

La caza de brujas de principios de la Edad Moderna se vio favorecida por la creencia en Satanás y los espíritus. En el siglo XV, muchos teólogos creían que las llamadas brujas podían pactar con Satanás para obtener el poder de dañar a sus enemigos. Algunos creían que Satán entregaba un «diablillo» o espíritu familiar, a menudo en forma de animal, para ayudar a la bruja a dañar a las personas, al ganado y las cosechas. En el siglo XVII, la idea de que la brujería implicaba un pacto con Satanás estaba extendida en gran parte de Europa. No obstante, la versión del Diablo que confraternizaba con las brujas era diferente del Diablo de la teología, ya que adoptaba una forma física e incluso se creía que mantenía relaciones sexuales con sus seguidores.

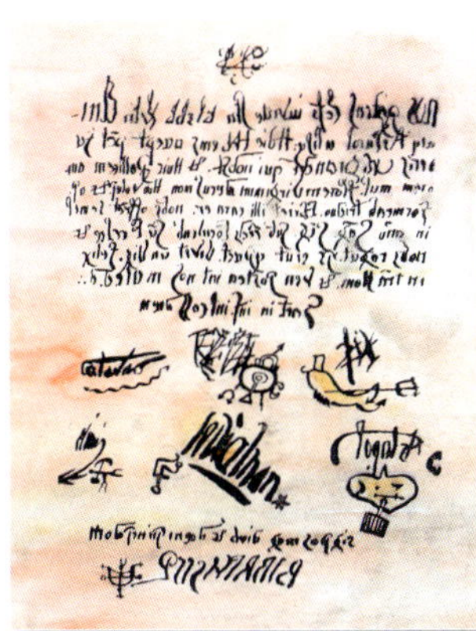

◀ Tratos diabólicos
El sacerdote francés Urbain Grandier fue acusado de seducir a las monjas de Loudun y provocar su posesión demoníaca. Presentado en el juicio de Grandier en 1634, el pacto contiene supuestamente las firmas no solo de Grandier, sino también de Satán, Leviatán, Astaroth y otros demonios.

Juicios de brujas

Entre 1450 y 1700, miles de personas, en su mayoría mujeres, fueron juzgadas por brujería en Europa y Norteamérica. Las creencias sobre la brujería variaban de una región a otra, por lo que resultaba difícil definir qué se suponía que era una bruja. En unos lugares se decía que las brujas se reunían en aquelarres (o *sabbats*) para adorar a Satanás; en Inglaterra, solían ser solitarias servidoras del mal.

Las investigaciones eclesiásticas sobre herejías de los siglos XIV y XV dieron lugar al concepto de brujas diabólicas, pero fue el surgimiento de las leyes seculares contra la brujería en el siglo XVI lo que condujo a la generalización de los juicios por brujería. A veces se juzgaba a los acusados en masa, como hizo el «General Cazador de Brujas» inglés Matthew Hopkins en la década de 1640. Uno de los mayores juicios tuvo lugar en Bamberg (hoy en Alemania) en 1626–1632, donde se ejecutó a mil personas. En España y Portugal, la Inquisición investigó a los acusados de brujería, pero el número de ejecuciones fue escaso. Con el referente europeo, los juicios de brujas no tardaron en extenderse a Norteamérica, donde cabe destacar los juicios de Salem (Massachusetts) de 1692–1693.

Espíritus familiares

El diablillo o espíritu familiar era clave en las acusaciones de brujería inglesas. Algunos cazadores de brujas creían que cuando Satanás hacía un pacto

◀ Alrededor del caldero
Basada en un grabado del alemán Hans Baldung Grien de 1510, esta ilustración representa a unas mujeres desnudas en un aquelarre. Estas reuniones nocturnas se imaginaban como una inversión de todo lo que se consideraba moralmente aceptable.

▼ Bailando con demonios
Esta xilografía inglesa de *The History of Witches and Wizards* (1720) representa a cuatro brujas bailando con demonios en un *sabbat*.

▲ **Familiar felino**
El panfleto inglés sobre brujería *A Rehearsall both Straung and True...* (1579) contenía varias imágenes de las mujeres acusadas y sus familiares animales. Más que cualquier otro animal, el gato era identificado como familiar potencial, quizás porque era una mascota popular.

con una aspirante a bruja, enviaba a un demonio con forma de animal para que mamara de una «teta» especial de su cuerpo. Esta criatura se convertía así en el familiar de la bruja, y podía ser enviada a realizar maldades como vaciar la leche de las vacas o montar caballos por la noche hasta dejarlos exhaustos. Durante la Revolución inglesa (1642–1651), un panfleto parlamentario afirmaba que las brujas del ejército del príncipe Ruperto enviaban a sus familiares a dañar a sus enemigos. En Anglia Oriental, Matthew Hopkins identificaba a las brujas buscando en su cuerpo tetillas (aparentemente marcas, verrugas o colgajos de piel). Hopkins y compañía también creían que, si se ataba a una bruja durante la noche, el familiar aparecería para mamar de ella. Se suponía que estos familiares podían compartirse entre brujas: relatos de los juicios hablan de mujeres prestando o legando diablillos a parientes, amigos y vecinos.

Las personas que tenían mascotas corrían un riesgo especial de ser condenadas, pues ese vínculo podía interpretarse como el de una bruja con su familiar. Sin embargo, había escépticos: en 1632, el médico personal del rey Carlos I, William Harvey, abrió públicamente un sapo del que se decía que era el familiar de una bruja para demostrar que era un anfibio normal y corriente.

¿Fantasmas o hadas?

La mayoría de los diablillos de los relatos ingleses sobre brujería tenían forma de animales. Pero algunos podían adoptar formas más terroríficas, como el gato Gyles, del que se decía que servía a una bruja llamada Doll Barthram. Al parecer, Gyles podía transformarse en «una espesa sustancia oscura» que invadía el cuerpo de las víctimas de la bruja. Otros tenían forma humanoide. Mary Clowe, juzgada en 1645, fue acusada de recibir un familiar en forma de «niño pequeño», mientras que a Elizabeth Hubbard, al parecer, se le entregaron tres niños. Otra supuesta bruja, Ellen Driver, confesó tener dos *changelings*

EN CONTEXTO

El *Malleus Maleficarum*

El más notorio de los manuales de caza de brujas, *Malleus Maleficarum* («Martillo de brujas»), fue obra del fraile dominico Heinrich Kramer. Publicado en Estrasburgo en 1487, sostenía que las mujeres eran más propensas a la brujería que los hombres, y explicaba cómo los demonios llamados íncubos mantenían relaciones sexuales con ellas. A este manual se le atribuyen muchos de los estereotipos misóginos que impulsaron la posterior caza de brujas; sostenía que la única forma de erradicar la práctica de la brujería era la ejecución de las brujas.

Malleus maleficarum malefi
cas et earum heresim vt
phramea potentissi
ma coterens.

Según el *Malleus Maleficarum*, las brujas colaboraban con el Diablo para cometer crímenes contra los buenos cristianos.

> «[...] la que ella llamaba Hoult vendría primero, y luego la que ella llamaba Jarmara, que apareció en la semejanza de un gran perro blanco con manchas rojas [...]»

EDWARD PARSLEY EN SU TESTIMONIO CONTRA LA ACUSADA DE BRUJERÍA ELIZABETH CLARKE DE MANNINGTREE (INGLATERRA) (25 DE MARZO DE 1645)

engendrados por el diablo. Algunas mujeres acusadas de brujería imaginarían que los espíritus de los hijos perdidos volvían a ellas como familiares; algunos registros de juicios hablan de familiares que llevaban el nombre de hijos fallecidos.

Los relatos de los juicios por brujería a veces identificaban a los familiares como hadas. En su juicio de 1566, James Walsh, de Dorset (Inglaterra), habló de hadas blancas, verdes y negras, asociando a las negras con los diablillos de la brujería. El folclore inglés está repleto de historias de hadas que se transforman en animales, por lo que tal vez los acusados de brujería recurrieran a ellas durante las torturas y los interrogatorios. En otros lugares de Europa se asociaba a las brujas con íncubos o súcubos más que con diablillos: estos demonios fecundaban a las mujeres con *changelings* y robaban el semen de los hombres para utilizarlo en hechizos.

▲ Montando escobas
En esta representación del siglo XVII de unas brujas volando hacia un aquelarre aparece un caldero, escobas y felinos familiares. Las xilografías producidas en serie contribuyeron a reforzar los estereotipos sobre las brujas.

CLAVE

1 Este círculo de invocación es usado por un practicante de magia para invocar a un demonio con el fin de hallar un tesoro. El círculo lo protege de sufrir daños.

2 El demonio tiene rasgos típicos: cuernos, pelo y pezuñas hendidas. Se creía que los demonios –y otros espíritus malignos– custodiaban los tesoros enterrados.

3 Un hombre desnudo cava en busca del tesoro. La desnudez solía formar parte de estos rituales.

4 Otro hombre corta el pelo de un cadáver que cuelga de la horca como parte de este ritual nigromántico.

▶ **Ritual de invocación**
Las demonologías que representaban el aspecto grotesco de los demonios eran populares entre algunos coleccionistas de libros del siglo XVIII. El ritual representado aquí procede del *Compendio de demonología y magia* (1775).

CLASIFICAR EL MAL

textos demonológicos

La demonología es el estudio de los demonios. Surgió como una rama de la teología que intentaba dar sentido a la doctrina cristiana de los ángeles caídos: la idea de que Satán se rebeló contra Dios y que los ángeles que lo apoyaron cayeron del cielo y se convirtieron en demonios. Los magos también estaban interesados en comprender la naturaleza y la actividad de los demonios, y la demonología se convirtió asimismo en una rama de la magia que especulaba sobre sus poderes y jerarquía. La demonología fue fundamental en los juicios de brujas de los siglos XV a XVII (pp. 146–149), pues las ideas sobre demonios y familiares sustentaban tanto el pacto de la bruja con el Diablo como la forma en que esta dañaba supuestamente a la gente mediante sus familiares.

Demonología práctica

Mientras que algunos teólogos se interesaban solo por la teoría de los demonios, muchos demonólogos buscaban aplicaciones prácticas para sus ideas. Algunos, como el fraile italiano Girolamo Menghi, eran también exorcistas, y creían que comprender a los demonios les ayudaría a expulsarlos de los poseídos. Otros, como el erudito jesuita Martín del Río, estaban interesados en ayudar a la Inquisición española a perseguir a magos y brujas. Algunos demonólogos eran cazadores de brujas y pretendían justificar su profesión demostrando que estas cooperaban realmente con los demonios.

Descripción de los demonios

En el siglo XIII, el gran teólogo italiano Tomás de Aquino sentó las bases de la especulación demonológica en *De malo* («Sobre el mal»), pero teólogos posteriores como Heinrich Kramer (autor del *Malleus Maleficarum*; p. 148) entraron en detalles sobre las habilidades demoníacas, incluida la capacidad de tomar forma física, poseer el cuerpo de las personas (pp. 176–177) e incluso dejar embarazadas a las mujeres.

Las obras demonológicas más desarrolladas, como *Daemonologie* (1597), del rey Jacobo VI de Escocia, y *Disquisiciones mágicas* (c. 1600), de Martín del Río, trataban de comprender los límites del poder de magos y brujas sobre los espíritus. Estos, a su vez, inspiraron libros de los propios magos, que guiaban a los aspirantes en el reconocimiento de los espíritus que podían invocar y explicaban cómo aplacarlos con ofrendas (pp. 156–159). La Iglesia condenó estas prácticas como idolatría.

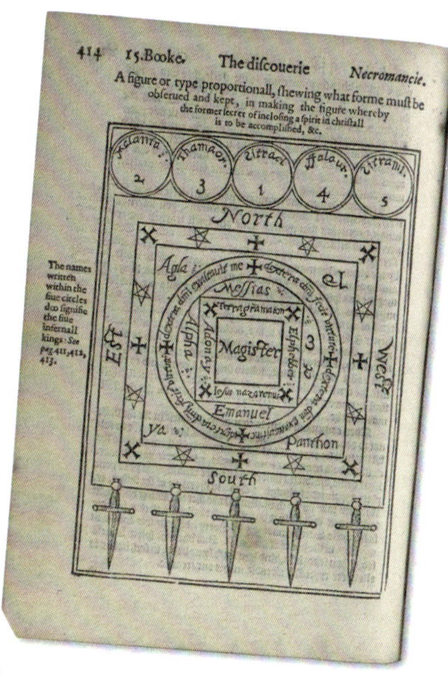

▲ **El arte del nigromante**
La obra del inglés Reginald Scot *The Discoverie of Witchcraft* (1584) desvelaba los misterios de la brujería y la magia –como este ritual nigromántico– con el fin de desmitificarlas y convencer a los lectores de que la magia era un fraude.

EN CONTEXTO

Escepticismo

No todos los demonólogos consideraban que la actividad demoníaca en la tierra era real. Escépticos de toda Europa, como Johann Wier, Reginald Scot, Antonio Ferrari y Samuel de Cassini, sostenían que las afirmaciones de magos, brujas y cazadores de brujas eran fraudulentas por igual. En general, no negaban por completo la realidad de los demonios, pero sugerían que un Dios bondadoso no les dejaría vía libre entre los humanos, y asociaban la creencia en la actividad demoníaca con la superstición y la credulidad.

El médico holandés Johann Wier, un conocido escéptico de la brujería, aparece retratado en el frontispicio de su *De praestigiis daemonum* (1563).

LAS CARAS DEL DIABLO

figuras satánicas

▼ Devorando a los condenados
El Juicio Final (c. 1432) de Fra Angelico muestra a Satanás devorando las almas de los condenados arrojados al infierno como castigo por sus pecados. Esta escena también se describe en la *Divina comedia* de Dante.

El problema del mal es una de las cuestiones filosóficas más antiguas de la historia de la humanidad. Para los credos monoteístas, una forma de explicar la coexistencia del mal con un Dios omnipotente era plantear la existencia de una figura, como Satán, que pudiera ser su origen.

El zoroastrismo (pp. 26–27), principal religión del Imperio persa desde el siglo VI a. C., suele considerarse la primera religión monoteísta de la historia, que rinde culto a un solo dios: Ahura Mazda, el señor de la creación. Sin embargo, su cosmología también incluye una segunda figura divina, llamada Angra Mainyu, que ejerce poderes destructivos. Esta figura influyó mucho en el desarrollo de la idea judía de Satán cuando, de 597 a 538 a. C., el pueblo judío fue exiliado de Judá y obligado a vivir en Babilonia.

Aunque en la religión judía no existe un ser satánico específico, una figura llamada Ha-Satan, «el Satán», aparece en el Tanaj –la Biblia hebrea– como emblema de la *yetzer hará* (la inclinación al mal). Actuando como el «adversario» o «acusador», Ha-Satan pone a prueba la fe de las personas, como cuando tienta a Adán y Eva o provoca la enfermedad y la ruina de Job para ver si este maldice a Dios. En el judaísmo posterior, Satán asumió un papel directamente opuesto a Dios, en un eco del dualismo entre el bien y el mal de la religión zoroástrica.

Expulsado del cielo

En la época del Nuevo Testamento cristiano, Satán o Satanás se había convertido en el nombre de una figura demoníaca que, como principal enemigo de Dios, era la personificación del mal, y cuyo nombre se usaba indistintamente con el de Diablo. El libro del Apocalipsis ofrece la descripción más precisa de Satán como «el que engaña al mundo entero», y lo representa como un dragón rojo con siete cabezas. Según la Biblia, una vez fue el ángel Lucifer («Portador de luz»), que lideró una rebelión contra Dios y fue expulsado del cielo. Luego hizo la guerra a Dios con la ayuda de un ejército monstruoso, pero fue derrotado y desterrado a un lago de fuego. Los Evangelios dicen que quienes lo sigan serán arrojados al infierno el día del Juicio Final. Es el mismo que tentó a Jesús en el desierto.

En el Corán, el enemigo de la humanidad y líder de los demonios se llama Iblis (p. 73). Cuando Alá ordenó a los ángeles que se inclinaran ante Adán (el primer hombre), Iblis se negó y fue expulsado del cielo. A diferencia de su homólogo cristiano, según la mayoría de los teólogos islámicos Iblis es incapaz de crear el mal, pero le atribuyen la capacidad de tentar a los humanos para que lleven a cabo actos malvados.

Los primeros textos cristianos también hablan de la llegada del Anticristo, principal agente de Satán al final de los tiempos. Del mismo modo, los musulmanes creen que surgirá el Dajjal, un falso profeta que, utilizando poderes demoníacos para realizar milagros, intentará alejar a los fieles de Alá antes del día del Juicio Final.

Pactar con el Diablo

La idea de pactar con el Diablo –o con sus intermediarios– se encuentra en los grimorios de principios de la Edad Moderna, y era una acusación que se hacía a las brujas (pp. 146–147). Sin embargo, como se muestra cuando Fausto invocó a Mefistófeles (pp. 156–157), los resultados de tal pacto solían considerarse desafortunados y conducían a una eternidad de condenación.

▲ **El orgullo de Iblis**
Esta ilustración de un texto islámico de 1415 muestra a Iblis negándose a inclinarse ante Adán como los demás ángeles, lo que lo llevó a ser expulsado del cielo por su orgullo.

▶ **Rey cornudo**
Cuando los caballeros templarios fueron acusados de herejía en 1307, se dijo que adoraban a una deidad maligna llamada Baphomet, aquí representada. Desde entonces, varios grupos ocultistas han incorporado a su imaginario al Baphomet semicaprino.

Efigies, fetiches y muñecos

Los antiguos egipcios creían que las estatuas e imágenes contenían algo del espíritu de lo que representaban, idea que ha persistido a través de los tiempos. Una efigie (*effigies* en latín significa copia o imagen, pero también sombra o fantasma) es una figura de una persona, un dios o un ser espiritual empleada como medio para conectar con poderes de otro mundo. La idea de que las figurillas pueden ser receptáculos de espíritus ha dado lugar a una gran variedad de efigies, fetiches, monigotes de brujería y muñecas encantadas.

▶ **Muñeca espiritual hopi** (*kachina*) «Niña Mariposa»: hecha para niñas, representa a los seres espirituales que viven entre los indios pueblo desde el solsticio de invierno hasta mediados de julio.

▲ **Un *rambaramp*** de las islas de Vanuatu es una efigie de arcilla y fibras vegetales de tamaño natural creada alrededor del cráneo (que se dice que alberga el alma) de un antepasado varón venerado.

▲ **Esta muñeca espiritual kongo**, hecha de hierro, se asemeja a un ser humano y fue creada para albergar el alma de un hombre tras su muerte.

▲ **Esta efigie de madera** de Nigeria representa a un espíritu ancestral y simboliza la conexión permanente del antepasado con los vivos.

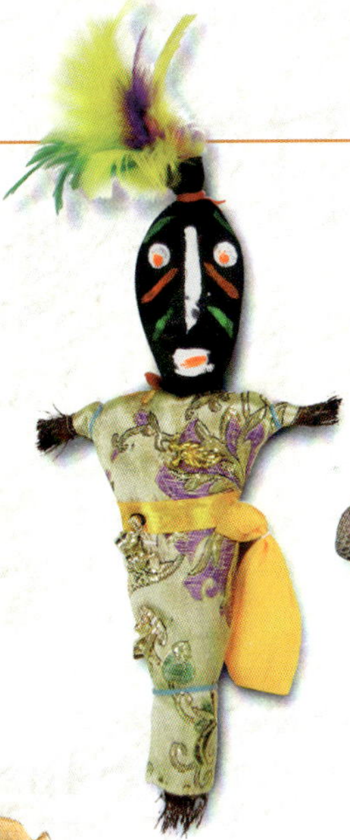

▲ **Un muñeco vudú de Nueva Orleans** conecta a los *iwa* (espíritus) con los vivos y, contrariamente al estereotipo, suele usarse para invocar a los espíritus en busca de curación y guía.

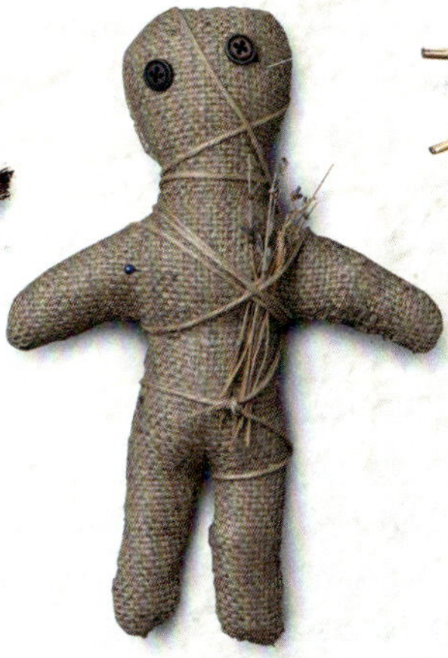

▲ **Hoy día, los monigotes** o *poppets* se fabrican con materiales sencillos, como estopa, y suelen venderse por internet en tiendas y talleres vinculados a la New Age. Las brujas modernas los utilizan en hechizos para el amor, la suerte y la curación.

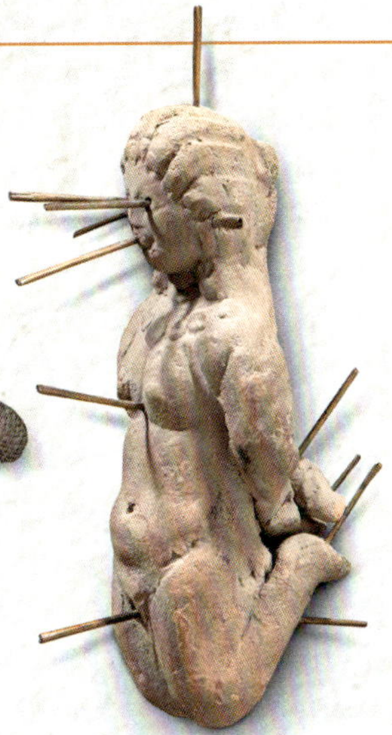

▲ **Esta efigie de arcilla** del siglo IV se halló en Egipto, perforada con trece agujas de bronce y enterrada dentro de un jarrón de terracota con un hechizo de atadura, que invocaba a los espíritus de los muertos para atar a una mujer a un hombre enamorado de ella.

Recubierta con sangre de pollo y otros líquidos

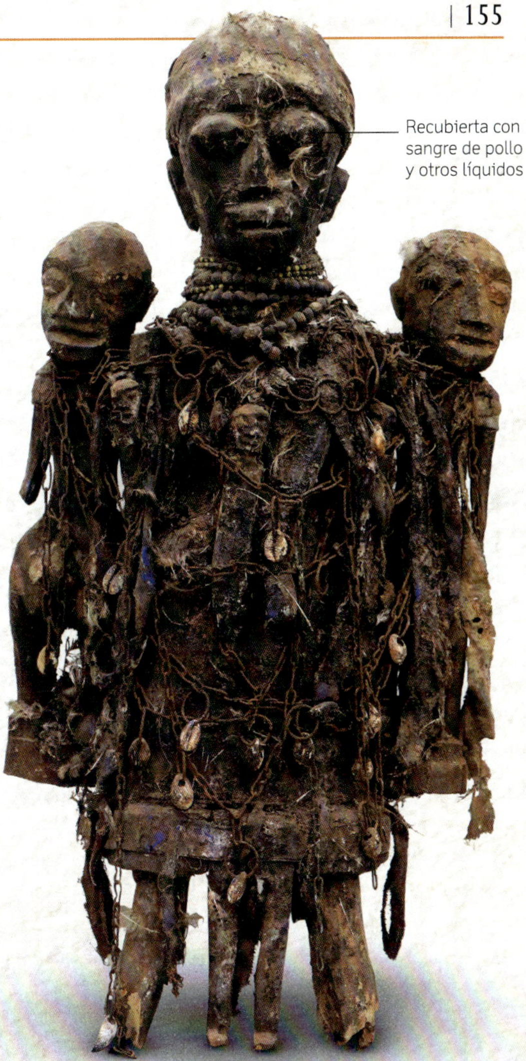

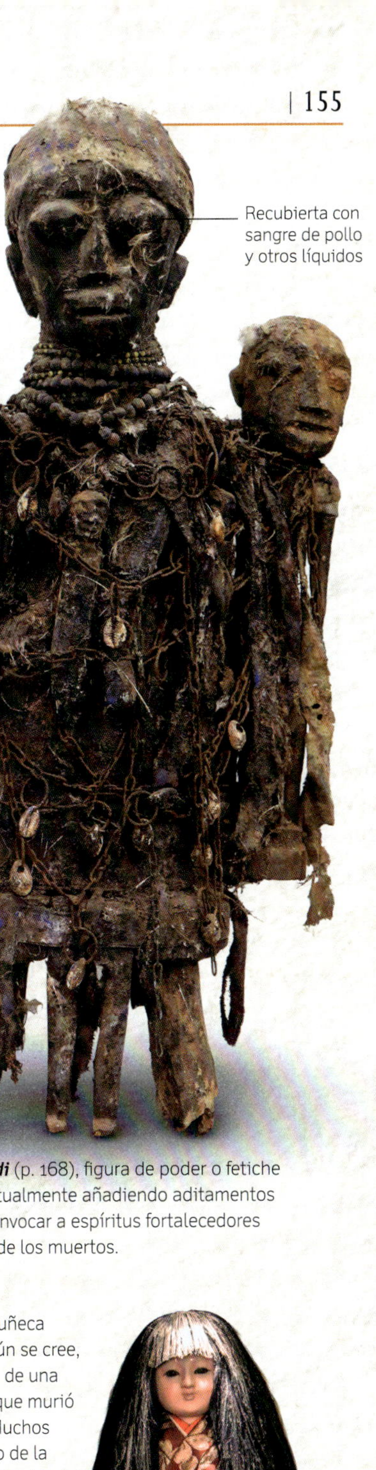

▲ **Una *nkisi nkondi*** (p. 168), figura de poder o fetiche africano, se crea ritualmente añadiendo aditamentos y sustancias para invocar a espíritus fortalecedores del reino invisible de los muertos.

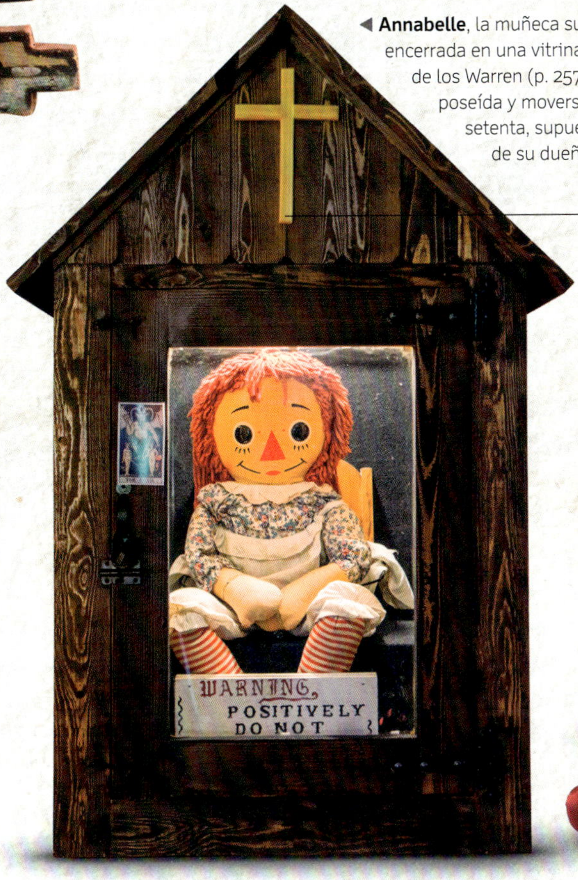
WARNING,
POSITIVELY
DO NOT

◀ **Annabelle**, la muñeca supuestamente maligna encerrada en una vitrina del Museo del Ocultismo de los Warren (p. 257), ha sido acusada de estar poseída y moverse por su cuenta. En los años setenta, supuestamente arañó a la pareja de su dueña y le hizo sangrar.

Caja decorada con una cruz cristiana y el padrenuestro

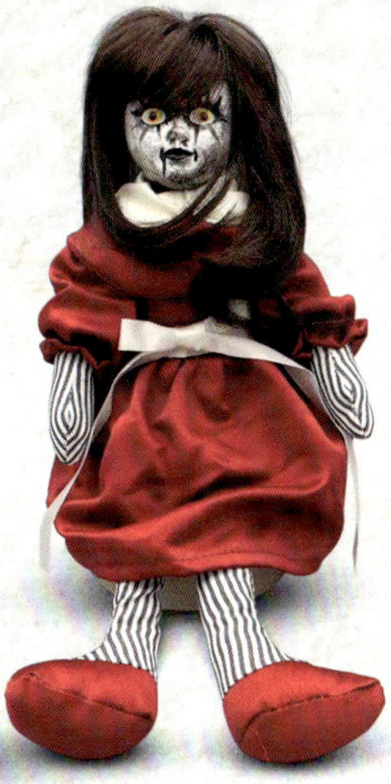

◀ **Lily** es un artículo producido en serie por una empresa estadounidense de turismo de fantasmas, que aprovecha el atractivo de las muñecas encantadas y su tradición gótica asociada.

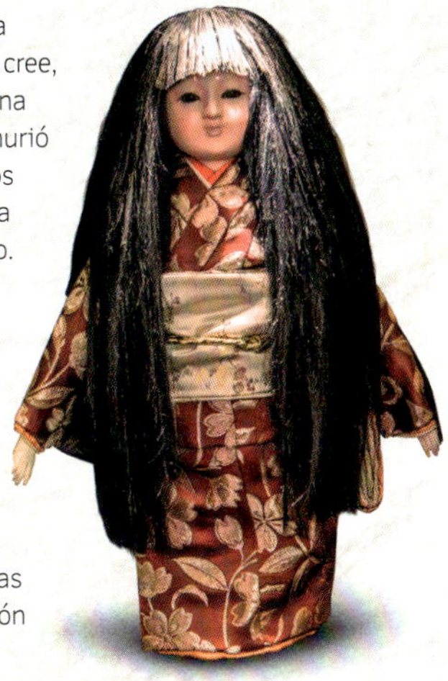

▶ **Okiku** es una muñeca japonesa que, según se cree, encarna el espíritu de una niña de tres años que murió repentinamente. Muchos afirman que el pelo de la muñeca sigue creciendo.

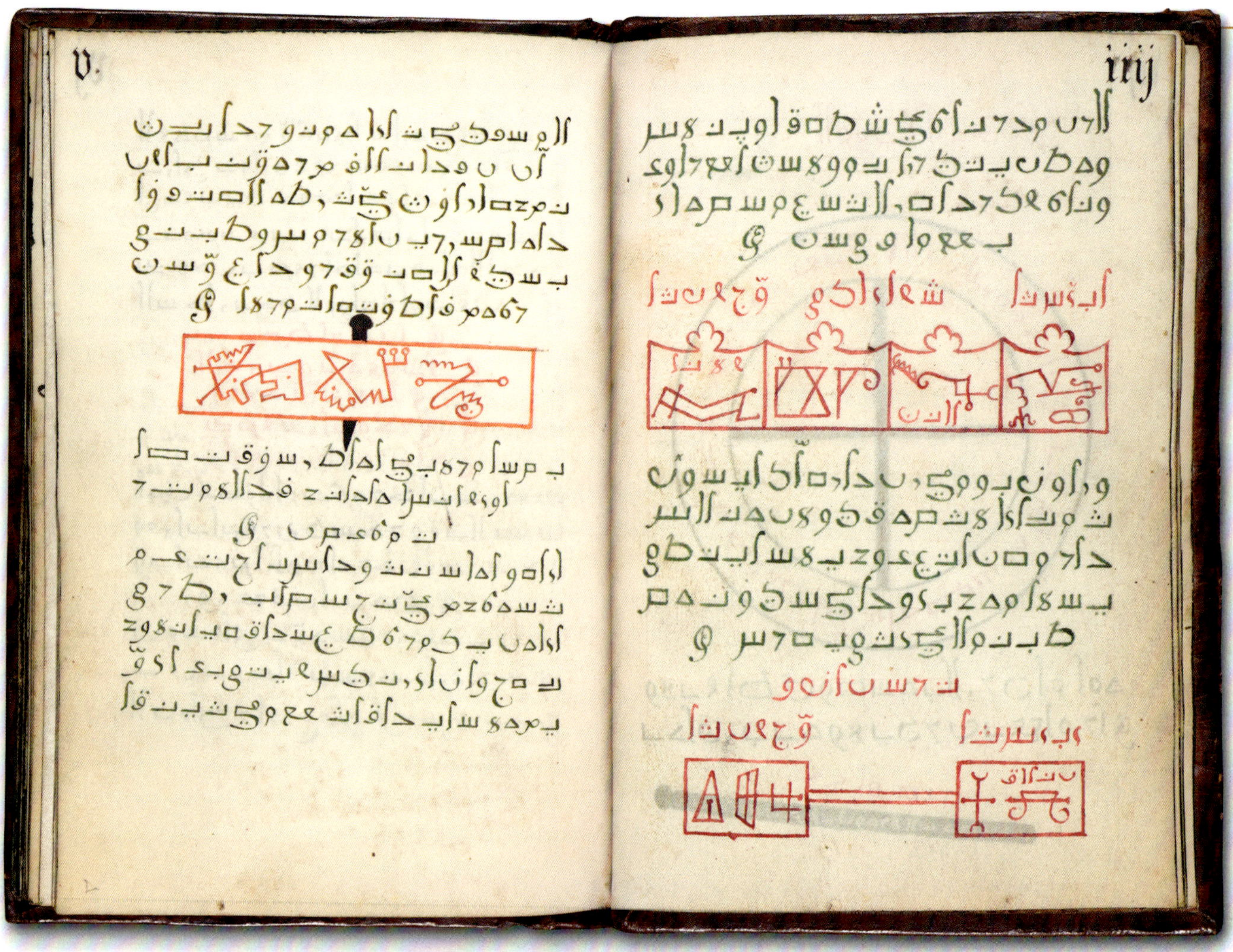

▲ **Magia negra**
Elaborado a fines del siglo XVI, el «Compendio de magia negra antinatural» estaba escrito en una lengua inventada basada en el árabe. Este grimorio se atribuyó al mago medieval escocés Michael Scot.

LIBROS DE CONJUROS

primeros grimorios modernos

Populares desde la Edad Media (pp. 112–113), los grimorios y libros de conjuros siguieron circulando en el siglo XVI, mayormente de forma manuscrita, ya que la estricta censura impedía la impresión de libros de magia. La Iglesia incluyó varios grimorios en su *Índice de libros prohibidos*, y muchos fueron destruidos, por lo que solo unos pocos grimorios de principios de la Edad Moderna han sobrevivido hasta nuestros días. Los libros que daban instrucciones para invocar demonios, espíritus de muertos, ángeles y hadas representaban la forma de magia más peligrosa para las autoridades.

Un conjuro para todo

A inicios de la Edad Moderna se reprodujeron grimorios medievales, entre ellos la *Clavicula Salomonis* («Llave de Salomón»). Otros grimorios eran recopilaciones más aleatorias de los hechizos utilizados por un mago en activo, como el «Libro de magia, con instrucciones para invocar espíritus, etc.» inglés, conservado en la Folger Shakespeare Library, y los *Svarteboker* («libros negros») de Escandinavia. Estos grimorios ofrecían hechizos para encontrar objetos perdidos, atraer o retener el amor de una persona, hallar tesoros e incluso dañar a enemigos.

◀ **Pacto fáustico**
Johann Georg Faust fue una persona real que vivió en el siglo XVI, pero su leyenda pronto lo superó. Fausto se convirtió en el mago que pacta con el Diablo por antonomasia, como representa este dibujo de un panfleto inglés de 1741.

Pactos demoníacos

La influencia de la magia renacentista y de las versiones cristianas de la Cábala (pp. 122–123) es evidente en los primeros grimorios modernos, que incluyen instrucciones para fabricar talismanes astrológicos y atribuyen poder mágico a nombres hebreos. Algunos se centraban en un solo tipo de magia, como los *Höllenzwang*, grimorios alemanes del siglo XVII dedicados a la búsqueda de tesoros. Los *Höllenzwang* pertenecían al género de los grimorios diabólicos, que invocaban al Diablo (llamado Satán, Satanás o Lucifer) o a uno de sus demonios superiores, como Mefistófeles o Lucífugo Rofocale.

Aunque algunos grimorios invitaban a pactar con el Diablo, la mayoría no llegaban a invocarlo, prefiriendo invocar a demonios menores. Más que como un pacto con el Diablo, esta práctica se presentaba como una demostración de la santidad del mago y de su poder sobre los espíritus (siguiendo al rey Salomón). Ello facilitaba a los magos la compatibilidad de sus actos mágicos con la fe cristiana, aunque las autoridades eclesiásticas prohibían todos los grimorios por igual.

La búsqueda de tesoros forma parte de la magia desde hace mucho tiempo, y en una época anterior a los detectores de metales, la magia era a menudo el único medio para decidir dónde buscarlos. Se suponían custodiados por espíritus, pero se les podía persuadir para que revelaran su ubicación. Así, la búsqueda de tesoros implicaba invocar espíritus y hacerles ofrendas. Los grimorios *Höllenzwang* se inspiraron en un cuento del primer *Faustbuch* (libro de relatos sobre Johann Georg Faust) impreso en 1587, en el que el demonio Mefistófeles le revela un tesoro.

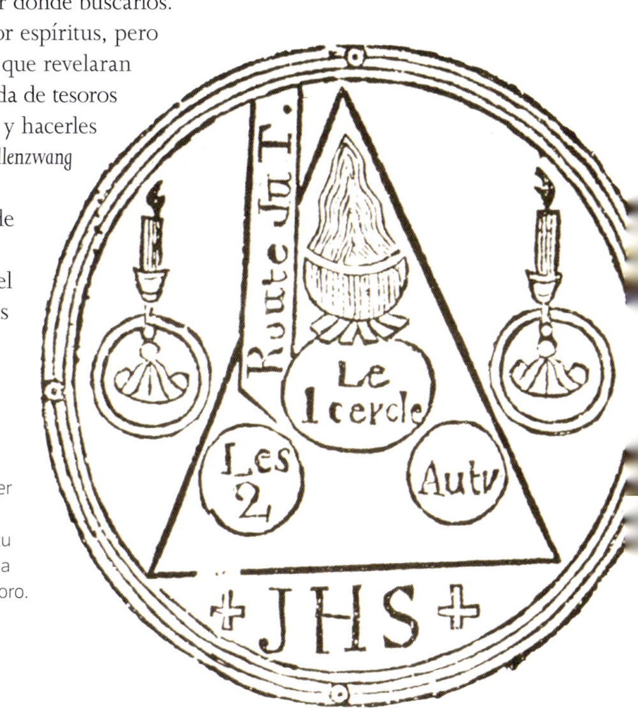

▶ **Trampa del tesoro**
Este diagrama de un grimorio *Höllenzwang* muestra cómo hacer un círculo mágico para buscar tesoros. Se invocaba a un espíritu dentro del círculo y se le obligaba a revelar dónde se hallaba el tesoro.

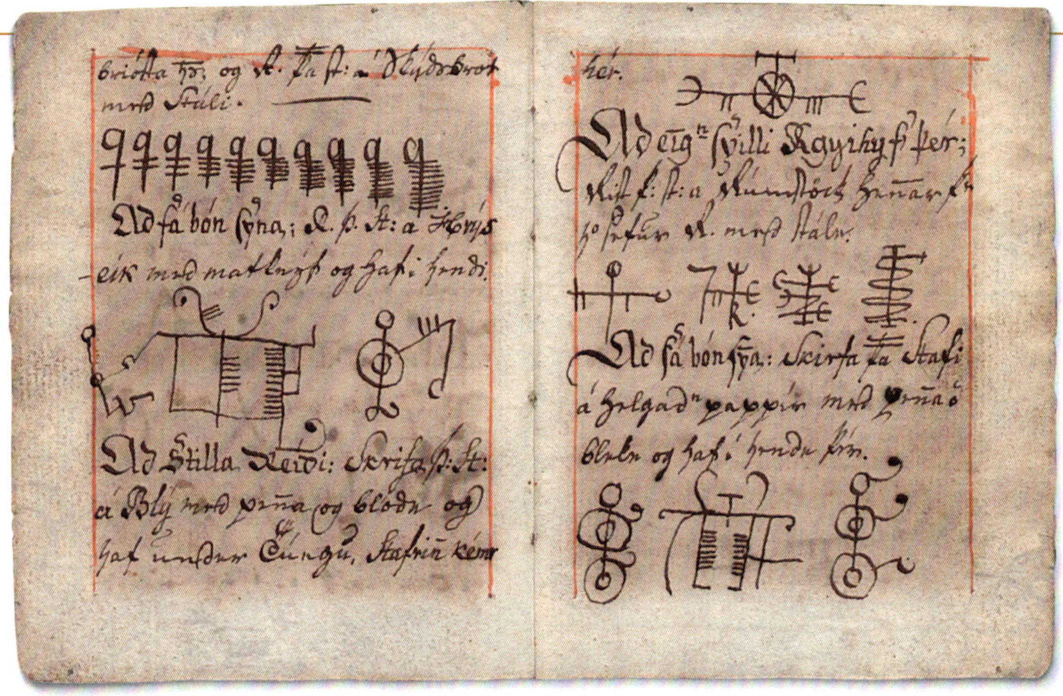

▶ Escrito en clave
La magia tradicional islandesa (*galdr*) se remonta a la época vikinga y usaba símbolos rúnicos e imágenes mágicas llamadas *galdramyndir*. Se conservan varios libros de hechizos, como este ejemplar de *c.* 1800.

La imprenta

Los grimorios impresos eran raros y muy codiciados. En 1559 se imprimió en Magdeburgo (Alemania) un libro atribuido al famoso mago Enrique Cornelio Agripa (aunque probablemente no escrito por él), el *Cuarto libro de la filosofía oculta*. Mientras que sus tres primeros libros trataban de la teoría de la magia, el cuarto ofrecía orientación práctica sobre la invocación de espíritus.

EN CONTEXTO

El Gran Grimorio

También conocido como *Le Dragon rouge* («El dragón rojo»), *Le Grand Grimoire* era un libro de hechizos de magia «negra» o diabólica, que invitaba a los magos a llevar a cabo pactos demoníacos. Se presentaba como centenario, pero apareció en Francia en el siglo XVIII y se reimprimió como libro de *bibliothèque bleue* a lo largo del XIX. *El Gran Grimorio* quizá se inspiró en el pacto satánico del sacerdote francés Urbain Grandier, presentado como prueba en su juicio de 1634 en Loudun, así como en la leyenda de Fausto. Lucífugo Rofocale habría refrendado los pactos.

Lucífugo Rofocale, uno de los demonios de mayor rango de Lucifer, a cargo del gobierno del infierno, según *El Gran Grimorio*.

Magia para las masas

A finales del siglo XVIII, la brujería había sido despenalizada en muchos países europeos, y fue en este periodo cuando los grimorios (muchos de los cuales, como textos prohibidos, ya habían sido destruidos) se convirtieron en objeto de deseo para los coleccionistas de libros raros. Su comercio floreció, y con frecuencia cambiaban de manos por grandes sumas. Sin embargo, esta demanda también hizo que se crearan grimorios específicamente para el mercado coleccionista, normalmente con ilustraciones elaboradas y grotescas concebidas para impresionar. El italiano Giacomo Casanova fue bibliotecario de varios nobles por su fama de conocedor de grimorios y libros de ocultismo. En algunos casos, los compradores creían en el ocultismo y querían los grimorios como fuente de poder, pero muchos coleccionistas de la época de la Ilustración no tenían tales creencias: tan solo les fascinaba la rareza de estos libros y su siniestra reputación. Los grimorios se convirtieron en trofeos en las bibliotecas de los ricos.

Además de los suntuosos grimorios coleccionados por los ricos, la relajación de las leyes de censura en Francia permitió a los impresores sacar por primera vez ediciones baratas de libros mágicos. Conocidos como publicaciones de *bibliothèque bleue* («biblioteca azul») porque eran pequeños panfletos envueltos en papel azul, estos primeros grimorios producidos en serie incluían obras como *Le Dragon rouge* («El dragón rojo») y *La Poule noire* («La pulga negra»), nombres pensados para impresionar al lector. Estos grimorios eran muy deseados por los curanderos o magos populares, que, aunque apenas supieran leer y escribir, llenaban sus consultas con los libros para impresionar a sus clientes. Sin embargo, algunas autoridades continuaron reprimiendo la publicación de los libros de magia, tachados de blasfemos. La Inquisición española, por ejemplo, prohibió y confiscó todos los grimorios que pudo en el siglo XVIII, incluyéndolos en el *Índice de libros prohibidos*.

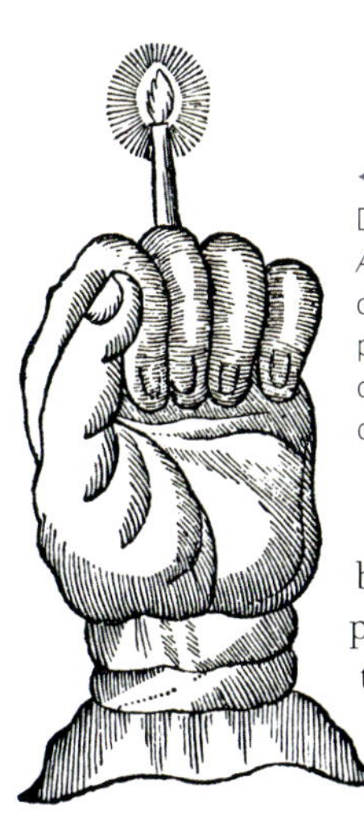

◀ **Mano guía**
Descrita en el grimorio del siglo XVIII *Petit Albert*, la «mano de gloria» era la mano de un criminal ejecutado. Preparada correctamente, podía usarse como una vela para iluminar el camino de un ladrón por la noche, al tiempo que lo hacía invisible.

▼ **Objeto de colección**
En los siglos XVIII y XIX, los grimorios dejaron de preocupar a las autoridades, por lo que se relajaron las leyes de censura. Algunos, como el *Clavis Inferni* (*Tesoro del hechicero* o *Libro de san Cipriano*), de finales del XVIII, estaban muy ilustrados para atraer a los coleccionistas.

INVOCACIÓN Y CEREMONIA

conjuros renacentistas

El redescubrimiento de textos antiguos durante el Renacimiento, que supuso un resurgimiento del saber clásico, arrojó luz sobre las artes mágicas que habían caracterizado a muchas culturas precristianas. La práctica de la conjuración de espíritus se remonta a los llamados «papiros mágicos griegos» de la Antigüedad tardía, que contenían conjuros para invocar a espíritus «a la apariencia visible» y dominarlos mediante el uso de caracteres mágicos. En la antigua Roma, la palabra *evocare* («evocar») para conjurar se refería a la llamada del *genius loci* («espíritu del lugar») a un lugar distinto. El término *invocare* («invocar») significaba atraer a un espíritu al cuerpo, pero ambos términos solían utilizarse indistintamente.

En *La ciudad de Dios* (c. 413–426), Agustín de Hipona condenó la conjuración y la práctica de animar estatuas, afirmando que los espíritus implicados eran demonios malignos (*goetia*). La caracterización de Agustín influyó en muchos siglos de pensamiento occidental, y la conjuración estuvo prohibida durante toda la Edad Media, llevando a lo que el historiador de la magia Richard Kiekhefer ha denominado un «submundo clerical» que copiaba y hacía proliferar manuscritos de grimorios (pp. 112–113).

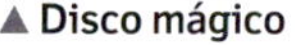

▲ Disco mágico
Esta tablilla o sello de cera lleva inscrito el *Sigillum Dei Aemeth* de John Dee, un diagrama mágico que combinaba la geometría sagrada con los nombres de Dios, y que se utilizaba para conjurar a los ángeles con una «piedra de visión» o espejo mágico.

Magia «blanca»

El Renacimiento dio respetabilidad intelectual a la investigación de las ciencias ocultas, y muchos eruditos fueron pioneros en nuevas ideas sobre formas lícitas de magia, a menudo referidas hoy como «alta» magia. El principio rector de muchos magos renacentistas era el axioma hermético «como es arriba es abajo», que sostenía que cada objeto del mundo material era un reflejo de poderes astrológicos y espirituales, y que un mago podía aprovechar las energías astrales como medio para revelar la sabiduría divina.

El filósofo y sacerdote católico italiano Marsilio Ficino fue uno de los primeros defensores de este principio, y muchos eruditos del Renacimiento siguieron su ejemplo, y admitían la existencia de seres espirituales a los que era posible dirigir

EN CONTEXTO

Heptamerón

Este grimorio se atribuyó falsamente al astrólogo y médico italiano Pietro d'Abano (1259–1316), que murió en los calabozos de la Inquisición. Es un ejemplo temprano de magia renacentista cristianizada, e incluye invocaciones a los ángeles (una para cada uno de los siete días de la semana), en lugar de a los espíritus, y pide su ayuda para alcanzar diversos objetivos. Los ángeles son vistos como seres espirituales que pueden interceder en favor del practicante, y se incluyen oraciones junto a los hechizos. El *Heptamerón* fue incluido en el *Índice de libros prohibidos* en 1581.

Pietro d'Abano era conocido sobre todo por sus escritos de medicina, pero también escribió sobre alquimia, astrología y el alma humana.

plegarias, himnos o conjuros inocentes. La obra de Ficino *De vita coelitus comparanda* («Cómo acrecer la vida en virtud de los astros») cristianizó el estudio de la magia astrológica y los talismanes. Aunque incluía referencias a prácticas de conjuro de «magia espiritual y demoníaca», no recomendaba el conjuro de espíritus debido a su preocupación por la blasfemia y el peligro de invocar demonios.

Conjuros divinos

Eruditos posteriores fueron más atrevidos a la hora de incluir material de conjuración. El filósofo alemán Enrique Cornelio Agripa incluyó muchos rituales de invocación en *De occulta philosophia*, como los cuadrados mágicos, la numerología y los círculos de conjuro con nombres divinos inscritos. Agripa propuso una *magia reformata*, que era sagrada y se consideraba la más elevada de las ciencias. Esta magia rehabilitada solo podía realizarse invocando espíritus benévolos. Sin embargo, la magia «blanca» renacentista seguía coqueteando peligrosamente con la herejía religiosa y las asociaciones con la brujería. En 1600, el filósofo italiano Giordano Bruno fue quemado en la hoguera por la Inquisición católica; y en 1604, el inglés John Dee (pp. 162–163) solicitó al rey Jacobo I que retirara la acusación contra él de ser un «conjurador, o llamador, o invocador de demonios o espíritus malditos».

▲ **Artes negras**
Este grabado de la obra de Petrarca *De remediis utriusque fortunae* («Remedios para la vida; c. 1354–1366), representa a unos magos «negros». Uno de ellos, de pie, sostiene una calavera sobre un círculo de invocación; otro practica la aruspicina (adivinación) con las entrañas de una cabra.

John Dee, el conjurador

Sir John Dee fue una figura enigmática en la corte de la reina Isabel I de Inglaterra. Importante en la ciencia moderna temprana, practicó la alquimia paracelsiana y fue un mago famoso por afirmar que podía conjurar ángeles. Dee buscaba un idioma universal «enoquiano» (angélico), comunicado a Adán por Dios, que pudiera sanar el «libro de la naturaleza», y una «verdadera cábala» (conocimiento oculto) que pudiera manipular la realidad. Además de su diagrama mágico para invocar a los ángeles (pp. 160–161), diseñó un sigilo, *Monas Hieroglyphica*, que combinaba símbolos astrológicos en un talismán para almacenar energías astrales. Se suponía que, al descifrarse, desvelaría los misterios de la creación.

En la década de 1580, Dee se asoció con Edward Kelley, quien, en esta pintura del siglo XIX de Henry Gillard Glindoni, aparece sentado detrás de Dee, con un gorro para ocultar las orejas de falsificador convicto. Kelley utilizaba un espejo de obsidiana para invocar a los ángeles (una técnica conocida como *scrying*) y podría haber estado engañando a Dee, pero los diarios de ambos revelan que a Kelley le aterrorizaban los ángeles, temeroso de que en realidad fueran demonios.

Al parecer, el cuadro de Glindoni representaba en origen las prácticas ocultas de Dee. Escáneres de rayos X han revelado que en una versión anterior había un anillo de calaveras en torno a Dee, que se ocultó en la versión final para mostrarlo como un científico y no como un conjurador de espíritus.

«Aquí residen los Nombres de los que trabajan bajo el mandato de Dios sobre la tierra.»

JOHN DEE, *DE HEPTARCHIA MYSTICA* (1582)

▲ **John Dee realiza un experimento científico** ante la corte de Isabel I en esta pintura del siglo XIX, del británico Henry Gillard Glindoni.

CLAVE

1 Al otro lado del patio de la tumba se alza la mezquita del sultán de Eyüp.

2 El santuario de Abu Ayyub al-Ansari se construyó en el lugar donde murió en 684. Las tumbas de hombres y mujeres santos eran lugares populares de peregrinación en la Estambul otomana, pues se creía que sus almas podían interceder ante Alá en nombre de los vivos.

3 Solimán I (r. 1520–1566), el gobernante más longevo del Imperio otomano, dirigió a su ejército en muchas campañas exitosas. Se creía que los sultanes tenían el poder de pedir ayuda militar a guerreros fantasmales.

▶ **Venerar a los santos**
Esta ilustración otomana muestra al sultán Solimán I visitando la tumba de Abu Ayyub al-Ansari, uno de los compañeros del profeta Mahoma.

LA MARCHA DE LOS MUERTOS

fantasmas otomanos

En el islam ortodoxo no existen los fantasmas. Cuando una persona muere, se cree que su alma viaja al *barzaj*, un lugar entre la vida y el más allá donde permanece hasta ser juzgada. La mayoría de los eruditos islámicos coinciden en que los espíritus no regresan al mundo humano. Pero en el Imperio otomano, el género de la literatura *aja'ib* o «de maravillas» incluyó a partir del siglo XIV muchos relatos sobrenaturales, desde las acciones de los *jinns* (pp. 72–73) hasta apariciones fantasmales.

▲ Maravillas y prodigios
Junto a los relatos de fantasmas, los escritores del género *aja'ib* también recopilaban historias de criaturas sobrenaturales, como el pez dragón, Al-Tannin, mostrado aquí en una ilustración del siglo XV de las *Maravillas de la creación y rarezas de la existencia*, de Al-Qazwini.

Espíritus plañideros y almas malignas

En su época de mayor expansión, en el siglo XVI, el Imperio otomano se extendía de la actual Austria al golfo pérsico. En sus territorios, las creencias sobre los espíritus eran muy variadas. Para algunos eruditos sufíes, era posible que los espíritus regresaran al mundo humano: muchas historias hablan de almas que se lamentan junto a su propio cadáver. De igual manera, el escritor Cinânî dejó constancia de que, cuando un enfermo está al borde de la muerte, el alma de un muerto puede entrar en su cuerpo y hablar para revelar su propio sufrimiento en el más allá, y solo la lectura del Corán tiene el poder de expulsar al espíritu. En algunas partes del Imperio, se creía que las almas malignas podían reanimar a los cadáveres, que se convertían en vampiros (pp. 214–217), y solo se ponía fin a la posesión clavándoles una estaca en el corazón o cortándoles la cabeza.

Héroes fantasmales

La visión otomana de los fantasmas era en su mayor parte positiva. Solían ser las almas de valientes soldados o santos devotos que solo podían actuar bajo la autoridad de Alá. Algunos venían en sueños. Evliya Çelebi fue visitado en sueños por el espíritu del profeta Mahoma y las almas de santos devotos, que lo animaron a emprender sus célebres viajes. Se creía que los sultanes podían llamar a un ejército de fantasmas para que les ayudaran en la batalla. Visibles solo para aquellos con una habilidad especial, estos espíritus guerreros eran conocidos como «hombres del corazón» y atacaban la moral del enemigo. Se dice que en la toma de Hamadán (1586) participó en el bando otomano un ejército fantasmal formado por mártires muertos en los primeros años del islam.

EN CONTEXTO

Evliya Çelebi

Espoleado por un sueño en el que aparecía el profeta Mahoma, el escritor del siglo XVII Evliya Çelebi viajó por todo el Imperio otomano y escribió un largo relato de todo lo que vio y oyó. Su obra incluía historias de brujas, *jinns*, vampiros y espíritus inquietos. A veces, según Çelebi, el alma viva podía abandonar el cuerpo: durante un ayuno, el sultán Bayezid II empezó a tener hambre de sopa, así que su alma salió de su boca en forma de comadreja ciega y la tomó por él.

Durante sus viajes, Evliya Çelebi escribió más de 4000 páginas.

AMANTES CONSTANTES

las mujeres que esperan en China

▲ Suplicando amor
Esta xilografía de 1618 de Zhang Maoxiu (1558–1639) ilustra una escena de *El pabellón de las peonías* en que Du Liniang suplica al señor del inframundo que le permita regresar como fantasma y encontrar al hombre que ama.

Caracterizada por su prolongada espera con la esperanza de reunirse con un amante, la «mujer que espera» es un tipo de *gui* en el panteón chino. *Gui* suele traducirse como «fantasma», pero puede referirse a todos los seres sobrenaturales. Es probable que la mujer que espera tenga su origen en *El pabellón de las peonías* (1598), obra del dramaturgo Tang Xianzu. Su heroína, Du Liniang, es una hermosa joven de 16 años que se enamora del erudito Liu Mingmei en un sueño. Muere suspirando por él, y su espíritu debe esperar a que él se enamore de ella para volver a vivir y convertirse en su esposa. Una posible fuente anterior de este concepto es el poema Tang «Mujer que espera a su marido», de Wang Jian (767–830), donde la mujer que espera se convierte en una piedra sensible.

Representaciones posteriores

La mujer que espera también aparece en la novela de Cao Xueqin *Sueño en el pabellón rojo*, del siglo XVIII. El personaje Qingwen (cuyo nombre significa «Nubes soleadas») es una sirvienta enamorada del protagonista de la historia, Jia Baoyu; pero él está enamorado de su prima. Injustamente calumniada por mantener una relación ilícita y expulsada de la casa, Qingwen muere poco después de una enfermedad y se convierte en un *gui* con pocas posibilidades de reconciliarse con su amado.

Los *Cuentos extraños de Liao Zhai* (1740) de Pu Songling también contienen un ejemplo de mujer que espera. El relato «Una esposa sobrenatural» trata sobre un espíritu destinado a ser la esposa sobrenatural de un hombre como pago por su amabilidad con ella en una vida pasada. Ella debe esperar hasta que él se vea afectado por la pobreza y una enfermedad terminal antes de poder aparecerse ante él y revelárselo. Como ser sobrenatural, es capaz de curar a su marido y dotarlo de riquezas. Entonces viven felices hasta que ambos desaparecen mágicamente en las nubes para estar juntos para siempre. Pu renueva la tradición de la mujer que espera haciendo que el *gui* busque activamente a su prometido, en lugar de esperar pacientemente y de forma pasiva.

Ejemplos modernos

Hoy en día, la mujer que espera sigue siendo un motivo recurrente en la ficción china. La idea es la base de *Tiempo antes del tiempo* (1997), una serie de televisión de Hong Kong centrada en el tema budista de la reencarnación, y de la premiada *Rouge* (1987), película dirigida por Stanley Kwan y protagonizada por Anita Mui como la *gui* titular y Leslie Cheung como su esperado pero finalmente infiel amante. De estilo elegante y tono melancólico, es también un poderoso comentario sobre el cambiante panorama de Hong Kong, donde el pasado es borrado por el presente y, al mismo tiempo, sigue acechándolo.

Variaciones sobre el tema

En los países vecinos se pueden encontrar seres comparables a la mujer que espera, como el *kurokami* japonés (retornado de pelo negro) y el *nangnak* tailandés. Un ejemplo famoso de este último es la legendaria Mae Nak Phra Khanong, que murió al dar a luz cuando su marido estaba en la guerra y regresó a su casa como espíritu para esperar a que volviera. Sin embargo, hay marcadas diferencias entre estos ejemplos y los *gui* chinos; sobre todo, el motivo de venganza asociado a los *kurokami*, y la culminación de un reencuentro tan solo para volver a separarse para siempre en las historias de los *nangnak*.

▶ La madre que espera
Esta estatua de Mae Nak Phra Khanong y su hijo se encuentra en su santuario de Bangkok, donde la gente le rinde pleitesía y busca sus favores, especialmente quienes quieren evitar el servicio militar obligatorio.

«Soy un espíritu [...] y por fin he podido encontrarte.»

LA SEÑORA ZHAO A SU MARIDO EN «UNA ESPOSA SOBRENATURAL» DE PU SONGLING (c. 1766)

▲ **Doncella diligente**
Esta pintura del siglo XIX representa a Qingwen, de *Sueño en el pabellón rojo*, y a otras sirvientas de la adinerada casa de los Jia haciendo un breve descanso entre tarea y tarea.

MANIFESTACIÓN DE ESPÍRITUS

rituales de posesión en las culturas africanas

▼ Posesión poderosa
Se cree que las figuras de poder *nkisi nkondi* del Congo (actual República Democrática del Congo) están poseídas por un espíritu *(nkisi)* que se activa mediante una sustancia sagrada o «medicina» almacenada en su interior. Un *nkondi* es un cazador activado por la sustancia para perseguir y castigar a los malhechores.

La creencia de que los espíritus pueden influir o controlar a los humanos es antigua y está muy extendida por toda África. Un estudio antropológico de 1973 observó que el 81 por ciento de las sociedades creían en la posesión de espíritus, pero con nombres, propósitos y manifestaciones diversos. Las creencias y prácticas relacionadas con la posesión fascinaron a los misioneros y exploradores cristianos, cuyos escritos constituyen el primer registro del fenómeno. Sus comentarios, sin embargo, adolecen a menudo de los prejuicios de su propia cultura.

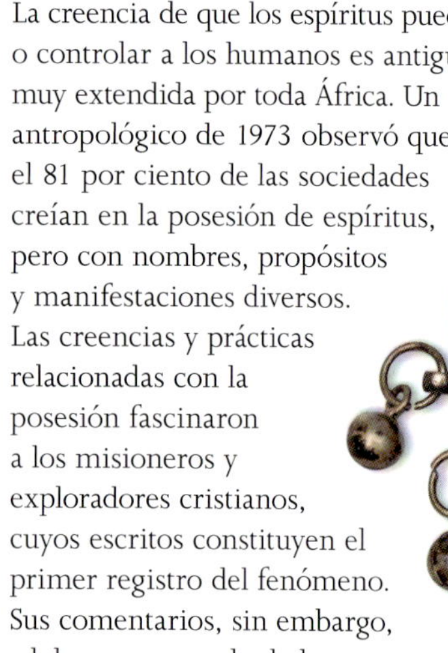

◀ Exorcismo mediante la danza
Este amuleto utilizado en las ceremonias *zār* representa al espíritu femenino Sitt Safina como una sirena. En el reverso está inscrita parte de la Aleya del Trono (Corán 2:255), que se recita para ahuyentar a los malos espíritus.

Visitantes ancestrales

La mayoría de los africanos creen que los muertos interactúan con los vivos e influyen en ellos de forma beneficiosa o perjudicial. Según los yoruba de Nigeria y los pueblos de los pastizales de Camerún, por ejemplo, los espíritus ancestrales pueden poseer individuos, ropas, escabeles reales, copas de cuerno de búfalo y otros objetos, imbuyéndolos de poder ritual. Los zulúes del sur de África creen que la posesión por los antepasados (*ukuthwasa*) señala la vocación de ser curanderos o adivinos (*isangoma*), que en su mayoría son mujeres. Los *isangoma* varones reciben formación de las mujeres practicantes y a menudo adoptan una identidad femenina y visten ropas de mujer. Los zulúes distinguen entre *ukuthwasa*, *ukuhlanya* (locura) y *amafunfunyana* (posesión por espíritus malignos).

Influencias diversas

Las religiones africanas son pragmáticas y están abiertas a compartir creencias, y sus seguidores tienen interés por los fenómenos espirituales. El *zār*, por ejemplo, es una práctica de posesión por espíritus propia del noreste de África que pudo surgir en Etiopía o tan al sur como el Congo. Sus creencias y ritos implican generalmente a espíritus benignos, desde *jinns* islámicos a espíritus indígenas del norte de África. Sin embargo, los espíritus *zār* pueden poseer a la persona y provocar comportamientos desviados o enfermedades. Para evitarlo, los poseídos participan en un ritual con el espíritu. Así pues, *zār* se refiere al espíritu, a la aflicción causada y al propio ritual de curación, así como a la música *zār*, ahora una forma de arte en Egipto y Sudán, con origen en las prácticas rituales. La posesión *zār* afecta sobre todo a mujeres y puede conferirles un estatus privilegiado en condiciones que, de otro modo, serían opresivas. Esta práctica, aunque es desaconsejada por las autoridades islámicas, no se percibe necesariamente como un problema en las culturas africanas.

Entre los pueblos de habla suajili de la costa oriental, la danza extática y las actuaciones musicales atraen a los espíritus. Los espíritus *kipemba* traen bendiciones y protección frente a los *rubamba*, su manifestación malévola. La posesión por espíritus *pepo* refleja el contacto histórico de la región con pueblos del interior de África, islámicos, asiáticos y europeos: los *pepo* son los espíritus de los forasteros árabes, persas, indios y portugueses llegados por mar, y de los *nyika*, término suajili que designa a los pueblos del interior de África.

Prácticas modernas

Hoy, los cultos de posesión por espíritus en África presentan similitudes conductuales y rituales que sugieren una influencia mutua. Un reto permanente para las religiones indígenas es el prejuicio que supone el uso peyorativo de la palabra «culto» por parte de personas ajenas a ellas para designar estas creencias y tradiciones, surgidas para satisfacer necesidades comunitarias y culturales específicas.

▲ Ropaje ritual
Según los yoruba, los *egúngún* son espíritus ancestrales que ofrecen guía y protección. Los antepasados difuntos vuelven a visitar a los vivos en festivales anuales a través de bailarines vestidos con disfraces.

▲ **Bailarines dogón actúan en el ritual funerario *dama***, que garantiza el paso seguro del difunto al más allá.

Danza ritual

La danza es un medio visible y no verbal de expresar sentimientos y pensamientos. Utiliza símbolos conocidos y pautados para comunicar experiencias internas o acontecimientos externos. Para los pueblos africanos, es un medio de conexión entre los reinos espiritual y humano. En los duelos, la danza ceremonial sirve para expresar emociones, dar a los espíritus de los muertos una vía de comunicación y obtener fuerzas para seguir adelante.

La ceremonia *dama* del pueblo dogón de Malí puede celebrarse meses o incluso años después de una muerte para señalar la iniciación del difunto y su viaje al reino de los espíritus ancestrales. Los bailarines enmascarados encarnan a deidades, antepasados, animales, plantas e incluso objetos. Estos espectáculos representan la historia del mundo tal y como la conciben los dogón. Las máscaras *kanaga* de madera tallada que se ven aquí representan a Amma, el Creador, y el temblor de los brazos extendidos de los portadores alude al movimiento de las manos de Amma al crear el mundo. Los portadores no suelen hablar, salvo los gritos que forman parte de la danza ritual.

Los dogón imprimen significado a las máscaras mediante el uso de colores que representan los elementos: rojo para el fuego, negro para el agua, blanco para el aire y amarillo para la tierra. Se cree que pintar la máscara con estos colores da vida a la máscara, y al antepasado que representa, del mismo modo que Amma dio vida al mundo a través de los cuatro elementos.

«Las danzas sagradas de África nos acercan al "tiempo de los dioses" en la tierra.»

FELIX BEGHO, «TRADITIONAL AFRICAN DANCE IN CONTEXT» (1996)

SERVIR A LOS ESPÍRITUS

creencias de la diáspora africana

Millones de africanos fueron transportados a América a lo largo de siglos como parte de la trata transatlántica de esclavos. En muchos lugares, sus creencias religiosas se sincretizaron con el cristianismo y las prácticas indígenas americanas para crear una serie de «religiones derivadas de África». No obstante, esas creencias siguen arraigadas en sus orígenes espirituales africanos, y todas incluyen la invocación de espíritus, divinos y ancestrales, para obtener guía, protección y bienestar.

Espíritus protectores

El vudú haitiano es una fusión de creencias de África Central y Occidental, indígenas taínas y católicas. Su nombre procede de la palabra fon *vodu* («espíritu» o «deidad»). Hay un remoto Dios creador, Bondye, pero son los *lwa* (o *loa*) –seres espirituales– quienes proporcionan a los humanos asistencia y protección en la vida cotidiana. Hay más de mil *lwa* agrupados en muchos panteones diferentes, siendo los principales Rada y Petro. Los *lwa* Rada son más bien benévolos y creativos, mientras que los Petro suelen asociarse con tendencias más oscuras, pero muchos espíritus tienen aspectos de ambos. Otro panteón de *lwa*, los Ghedé, representan la fertilidad y la muerte; transportan las almas muertas y pueden comportarse de forma irreverente y obscena.

Los *loas* son omnipresentes en el vuduismo y controlan el destino de los individuos, desde el nacimiento hasta la muerte. Se los «alimenta», se les reza y se cree que pueden manifestarse en un cuerpo humano a través de la posesión. Esto se llama «monta», porque la persona se considera como el *chwal* («caballo») del *loa*. Es una parte fundamental de las ceremonias vudú, ya que se cree que en este estado los espíritus aconsejan, profetizan y curan. Un dicho vudú común es «*Sèvi lwa yo*»: «Sirvo a los espíritus».

▲ **Espíritu maternal**
Esta figura igbo representa a Mami Wata, un espíritu venerado en África Occidental y América. Se la asocia con la riqueza y la buena fortuna, y su serpiente representa tanto la divinidad como el arte de la adivinación.

▶ **Espíritu célebre**
Este *drapo* (bandera vudú) del célebre artista haitiano Antoine Oleyant (1955–1992) representa a Bossou, el toro sagrado, *loa* del vudú haitiano asociado a la fertilidad de la tierra y a la virilidad masculina.

Bailar con serpientes

El vudú de Nueva Orleans (Luisiana, EE. UU.) fusiona el vudú haitiano, el africano occidental y creencias indígenas norteamericanas y católicas. Así, el vudú de Luisiana incluye la reverencia a santos católicos sincretizados con deidades africanas, ceremonias de danza en las que los participantes canalizan a distintas deidades y la veneración de serpientes. Las serpientes son un elemento clave en el vudú de Nueva Orleans, ya que están relacionadas con Blanc Dani, una deidad vudú de protección, así como con otras del vudú haitiano como Aida Wedo y Damballa, ambos espíritus serpentiformes de las creencias africanas ewé-fon.

▶ **Reina vudú**
La sacerdotisa vudú más famosa de Nueva Orleans fue Marie Laveau (1801–1881), una criolla de Luisiana que además fue activista, filántropa, herborista y empresaria.

ANTOINE

«Debe haber fiestas para los espíritus.»

ZORA NEALE HURSTON, «HOODOO IN AMERICA» (1931)

Trabajo de raíz

Nacido en las plantaciones del sur de Estados Unidos, el hudú combina influencias de África Occidental y Central con el folclore indígena americano y europeo. También conocido como «trabajo de raíz» o «conjuro», es un sistema de sanación y protección espiritual, creado en respuesta a la opresión de la esclavitud. Similar al vudú, venera a los espíritus de la naturaleza y es notable por sus amuletos protectores, como las «bolsas de mojo». Un conjurador reza sobre ellas y las «alimenta» con hierbas, raíces, partes de animales y, a veces, tierra de tumba; se cree que confieren poder espiritual a su dueño.

▼ Tambores de adivinación
Esta imagen representa el calundu, un antiguo ritual afrobrasileño de tambores y posesión por espíritus. La percusión calundu pervive en la música del candomblé y la umbanda.

Religiones sudamericanas

El candomblé tiene sus raíces en la espiritualidad de los yoruba, pero también está influido por las creencias de los ewé-fon y los kongo. Originario de los africanos esclavizados en Brasil, floreció en el siglo XIX, cuando tres mujeres libres –Iya Deta, Iya Kala e Iya Nasso– fundaron las primeras casas de candomblé en Bahía. Al igual que entre los yoruba, los principios básicos del candomblé son el reconocimiento del dios supremo, Olórun, la adivinación del destino y la devoción personal y ceremonial a deidades de la naturaleza y antepasados divinizados, llamados *orixás*. Los principales *orixás* son Exu, Ogun, Yemanja, Xango y Oxum. El equivalente candomblé de la «monta» vudú se llama «incorporación». Como otras religiones de la diáspora africana centradas en el bienestar de sus fieles, el candomblé refuerza la comunidad y es esencial para curar el *banzo*, la manifestación psicosomática del trauma de la esclavitud.

La regla de Ocha-Ifa o religión lucumí (también llamada santería) es una religión de origen yoruba originaria de Cuba. Sus principios incluyen la creencia en *ashe*, el poder divino y humano de causar y cambiar; y la veneración de un panteón de *orishas* (u *ochas*), espíritus o deidades de la naturaleza y antepasados divinizados que reflejan los de los yoruba. Otras prácticas incluyen ceremonias de iniciación, adivinación, veneración ancestral, sacrificio y trance (también llamado «monta»). Durante la iniciación, uno o varios *orishas* montan a un devoto, que entabla con ellos una relación devocional de por vida. A cada *orisha* se le asocian ciertos colores, minerales, piedras preciosas, plantas, animales, comidas y bebidas, ritmos de tambores y danzas. Por ejemplo, Eleguá, dueño de los caminos y encrucijadas, se asocia con el rojo y el negro, la guayaba, las cabras y unos roedores llamados *jutía*, y se le hacen ofrendas de bolas de harina de maíz, coco rallado y aguardiente.

▲ Altar sagrado
Los espíritus yoruba que se veneran en este altar de candomblé son Obatalá, espíritu de la armonía y el equilibrio (izda.); Oshún, de los ríos y el amor (centro izda.); Shangó, de la virilidad y los tambores (centro dcha.); y Oyá, de los remolinos y los relámpagos (dcha.).

A través de la diáspora

En América siguen floreciendo muchas religiones de origen africano, alimentadas por su énfasis en las estrechas relaciones con las deidades de la naturaleza y los espíritus ancestrales. Ya sea a través de la danza del gran tambor de Carriacou, en Granada, o en las ricas ceremonias de canto y danza de los arará de Cuba, del kumina de Jamaica o del winti de Surinam, la conexión con estos espíritus ofrece consuelo y guía, y un contrapunto a los desencantos del mundo moderno.

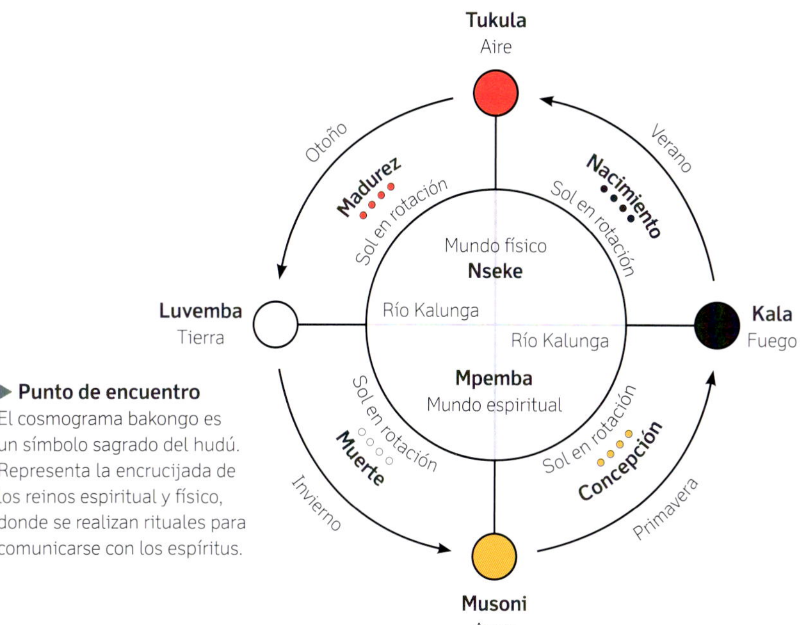

▶ Punto de encuentro
El cosmograma bakongo es un símbolo sagrado del hudú. Representa la encrucijada de los reinos espiritual y físico, donde se realizan rituales para comunicarse con los espíritus.

▲ **Demonio a la fuga**
En este cuadro de Lorenzo Salimbeni (1374–1420), un hombre sostiene una reliquia de san Benito sobre una endemoniada mientras un sacerdote lleva a cabo el exorcismo. En el aire flotan dos pequeñas figuras: la de san Benito y la del demonio que ha abandonado el cuerpo de la víctima.

INVASIÓN ESPIRITUAL

posesión y obsesión

La idea de que espíritus malignos pueden invadir física y psicológicamente a una persona se conoce como posesión demoníaca. En el cristianismo primitivo, la posesión podía provocar enfermedad y discapacidad, convulsiones e incapacidad para hablar. Durante la Edad Media se desarrolló la comprensión de los ataques demoníacos a los seres humanos, siendo la posesión la forma más extrema. También se creía que los demonios podían «obsesionar» a una persona, lo que significaba que un demonio «acosaba» sus sentidos a través de sueños o apariciones. La obsesión también podía implicar ataques físicos, como le ocurrió a san Antonio, empujado y golpeado repetidamente por demonios. Si uno no conseguía resistirse a la obsesión demoníaca, el resultado podía ser la posesión.

◀ **Posesión colectiva**
En 1632, un grupo de monjas ursulinas de Loudun (Francia) mostraron síntomas de posesión demoníaca. Se culpó de ello al párroco local, que habría arrojado un ramo de rosas embrujado a su jardín, y fue condenado a morir en la hoguera.

Una oleada de demonios

En la Edad Media, la posesión demoníaca fue una preocupación marginal. Pero en el siglo XVI, los informes de posesión se intensificaron tanto en las áreas católicas como protestantes de Europa. Las personas poseídas, o endemoniadas, mostraban una fuerza sobrenatural, eran capaces de hablar y entender lenguas que antes les eran desconocidas y mostraban conocimientos imposibles de obtener por medios naturales. Además, su cuerpo se hinchaba y retorcía, y vomitaban objetos extraños. La mayoría de los endemoniados eran mujeres y niños, y atrajeron una atención considerable gracias a los medios impresos.

Los exorcistas protestantes y católicos competían por tratar a los presuntos endemoniados, en un esfuerzo por demostrar el poder de su religión «verdadera». Los exorcismos públicos eran habituales, y a veces se animaba a los poseídos a declarar la verdad del catolicismo o el protestantismo antes de la expulsión del demonio. Se creía que los demonios tenían conocimientos sobrenaturales, por lo que el testimonio del endemoniado a favor de uno u otro bando se consideraba inestimable.

Controversia sobre el exorcismo

No todos los eclesiásticos de alto rango aprobaban la moda del exorcismo, en parte porque otorgaba mucho poder e influencia a los exorcistas. En Inglaterra, el popular exorcista John Darrell fue juzgado por la Iglesia anglicana en 1598, acusado de practicar un «comercio engañoso» de «supuestas desposesiones». Esto provocó un furioso debate nacional sobre las creencias en torno a la posesión y la obsesión demoníacas.

Seis años más tarde, en 1604, la Iglesia de Inglaterra promulgó el Canon 72, que prohibía el exorcismo, salvo con licencia episcopal. Dicha licencia nunca se concedió en los casi 400 años que el canon permaneció en vigor. En el mundo católico, los exorcismos continuaron, con un nuevo texto del *Ritual Romano* publicado en 1614 (pp. 178–179). Sin embargo, en el siglo XVIII, bajo la influencia de las nuevas ideas médicas de la Ilustración –que explicaban que afecciones como la epilepsia tenían una causa científica y no demoníaca–, los obispos empezaron a desaconsejar esta práctica.

▲ **Agresión física**
En este grabado holandés (c. 1658), un endemoniado se eleva cabeza abajo mientras un grupo de calvinistas reza por su liberación.

> «La niña fue transformada por el demonio en algo tan tremendo que un hombre que no lo haya visto con sus propios ojos difícilmente podría imaginarlo.»
>
> **DANIEL HIGGS**, *EL MARAVILLOSO Y VERDADERO RELATO DEL HECHIZO DE UNA JOVEN EN IRLANDA* (1699)

Ritos de exorcismo

Durante siglos, los exorcismos se realizaron en todo el mundo católico sin reglas ni prácticas organizadas. Los métodos eran muy variados: se recitaban conjuros y oraciones, a menudo se utilizaba agua y sal, y muchos confiaban en el poder de las reliquias, las fumigaciones (con sustancias picantes como el azufre y la asafétida) e incluso la violencia física.

Sin embargo, en 1614, después de que las reformas del Concilio de Trento crearan una Iglesia más centralizada, la Iglesia publicó el *Rituale Romanum (Ritual Romano)*. En él se establecían los ritos que podían dirigir los sacerdotes católicos, y contenía el rito oficial latino del exorcismo. Este consistía en una serie de adjuraciones (órdenes) al demonio que se creía que poseía el cuerpo de una persona. El sacerdote recitaba las palabras del rito, ordenando al demonio que abandonara el cuerpo del endemoniado y dejara de perturbar a la Iglesia de Dios. Muchas de las órdenes específicas del *Rituale Romanum* han pasado a la cultura popular a través de la película *El exorcista* (1973), en la que se muestra cómo el rito se aplica sin éxito a un demonio llamado Pazuzu, que posee a una joven.

El rito de exorcismo de 1614 fue sustituido en 1999 por un nuevo rito, que hace menos hincapié en las órdenes a los demonios y más en la oración y la curación. A diferencia del rito de 1614, que solo podía pronunciarse en latín, el rito de 1999 se ha traducido oficialmente a muchos idiomas.

> «El poder de Cristo te obliga.»
>
> *RITUALE ROMANUM* (1614), CITADO EN *EL EXORCISTA* (1973)

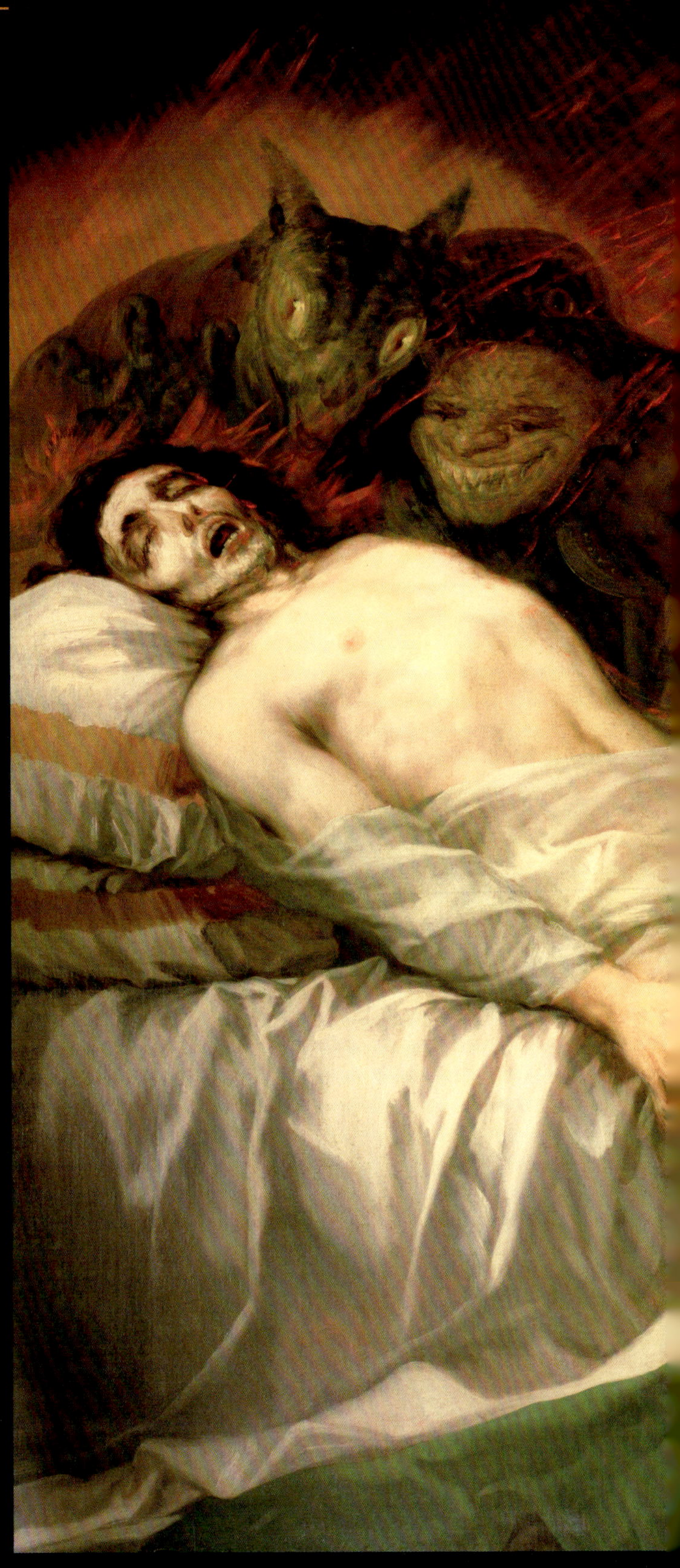

▲ **Este cuadro de Francisco de Goya**, de 1788, representa a san Francisco de Borja (1510–1572) exorcizando los demonios de un moribundo

◀ **Máscaras rituales** como esta las usan los bambara de Malí durante las ceremonias de purificación, así como en nacimientos, bodas, funerales y otros acontecimientos importantes de la vida.

◀ **Un sahúmo** se fabrica con manojos de salvia y otras hierbas. Muchos pueblos indígenas de América queman estos manojos como ritual para purificar, limpiar espiritualmente, bendecir y librar de energía negativa los espacios físicos.

Máscaras grotescas como esta se utilizaban en ritos funerarios en la Corea del siglo XIX para expulsar influencias malignas del cuerpo del difunto. Estas máscaras solían quemarse o enterrarse después.

▲ **Figuras *kareau*** (o «espanta-diablos») como esta eran fabricadas por un *menluana*, un especialista en rituales de las islas Nicobar que se comunica con el mundo de los espíritus. La figura se coloca en el exterior de la casa de un enfermo para ahuyentar a los malos espíritus.

▲ **Máscara de exorcismo de Sri Lanka** usada en el ritual cingalés *sanni yakuma* para expulsar la enfermedad. Las máscaras grotescas suelen usarse en los exorcismos para ahuyentar a los espíritus malignos.

Exorcizar espíritus

En muchas culturas, el exorcismo es un ritual dramático y a menudo físico que implica el uso de objetos sagrados y textos rituales. El exorcismo puede ser multisensorial e incluir rezos, cánticos, imágenes sagradas, ropajes rituales y sahumerios (quema de hierbas o incienso). Los textos sagrados pueden tener un papel físico en el exorcismo, por ejemplo, colocándolos en ciertas partes del cuerpo de la persona poseída. Asimismo, en algunas culturas se emplean ruidos fuertes y la música de diversos instrumentos para expulsar a los espíritus malignos.

▶ **El hisopo** se utiliza para rociar agua bendita sobre una persona, objeto o lugar. En el cristianismo, y en especial en el catolicismo, el agua bendita (agua bendecida por un sacerdote) puede tener un papel clave en el exorcismo.

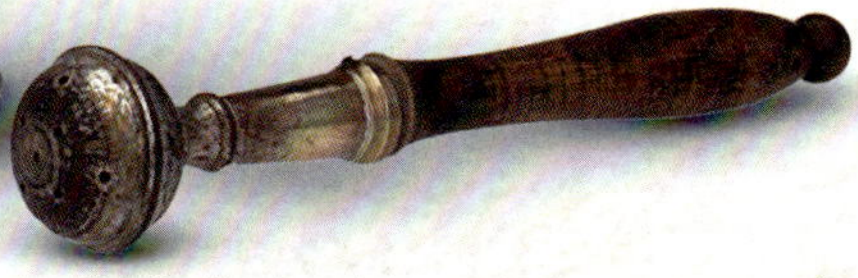

▶ **La medalla de san Benito**, aquí combinada con una imagen de Cristo crucificado, se utiliza a menudo para protegerse del mal y para el exorcismo en el catolicismo. El santo tenía fama como exorcista.

Escritura copta egipcia

◀ **Este códice de pergamino** del Egipto copto, del siglo VII u VIII, es un «Manual de poder ritual» que contiene hechizos de amor, exorcismos y conjuros contra una enfermedad llamada «ictericia negra».

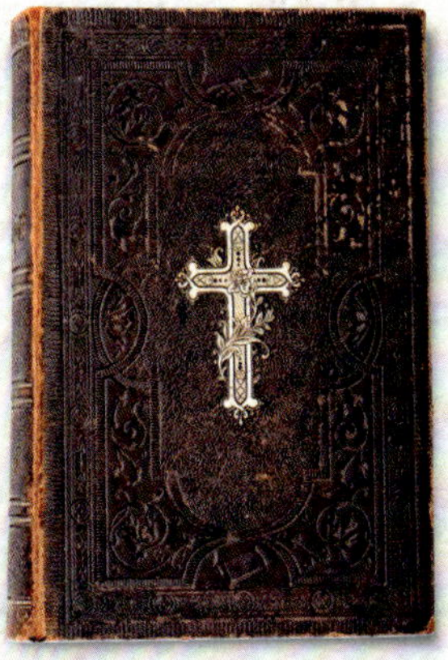

◀ **La Biblia**, como Palabra de Dios, tiene el poder de vencer a las fuerzas del mal. Para los cristianos, la lectura de la Biblia es a menudo una parte central de los ritos de exorcismo.

▼ **Un dorge** es un cetro ritual tibetano que representa la conciencia de Buda y está basado en el cetro del rayo que blandía el dios hindú Indra. Simboliza el poder sobre los espíritus.

▲ **La tambura** es una lira de seis cuerdas usada en el *zār*, un ritual de exorcismo y curación originario de Sudán que incluye danzas ceremoniales, trances y sacrificios rituales.

ESPÍRITUS REBELDES E INEFABLES

yūrei y *yokai* japoneses

Aunque suele traducirse como «fantasma», la palabra japonesa *yūrei* se define mejor dentro de su contexto cultural. El concepto está profundamente arraigado en una cosmología que combina budismo y sintoísmo, ambas influencias profundas en la cultura y la sociedad japonesas hasta hoy. El budismo aporta la noción del más allá o *anoyo* («mundo de allá»); y el sintoísmo, la creencia en el *kami*, la fuerza vital que reside en todo ser vivo. Tras la muerte del individuo, si el *kami* no puede pasar al *anoyo*, se convierte en *yūrei*, atrapado en el *konoyo* («mundo de aquí»).

La creencia en los *yūrei* se basa en la idea japonesa de que los vivos deben cuidar de los muertos a cambio de su protección. Subrayando esta relación simbiótica está la obligación espiritual llamada *gimu*; no pagar el *gimu* convertiría a los muertos en *yūrei*

▼ **Lucha de esqueletos**
Esta xilografía del periodo Edo, obra de Utagawa Kuniyoshi, representa una escena mítica: Mitsukuni, un funcionario real, desafía al espectro esquelético invocado por la princesa Takiyasha (que sostiene un pergamino).

que amenazan el bienestar de los vivos. Otras razones para la aparición de *yūrei* son los asuntos pendientes, los entierros inadecuados y las muertes no naturales.

Almas oscuras

El término *yūrei*, cuyos caracteres japoneses significan literalmente «alma oscura», se supone acuñado por el dramaturgo noh Zeami (1363–1443). A él se le atribuye la idea de que los *yūrei* eran visibles para los vivos. Pero la historiadora Koyama Satoko ha localizado el primer uso de la palabra mucho antes, en 747, en una oración de un discípulo del sacerdote budista Genbō, que implora que a su maestro exiliado se le conceda la budeidad. En apariencia, los *yūrei* no pueden diferenciarse de los humanos y, en algunas historias, incluso se los confunde con ellos. Los *yūrei* femeninos suelen tener el pelo largo y negro y vestir un kimono blanco, el atuendo funerario de los muertos.

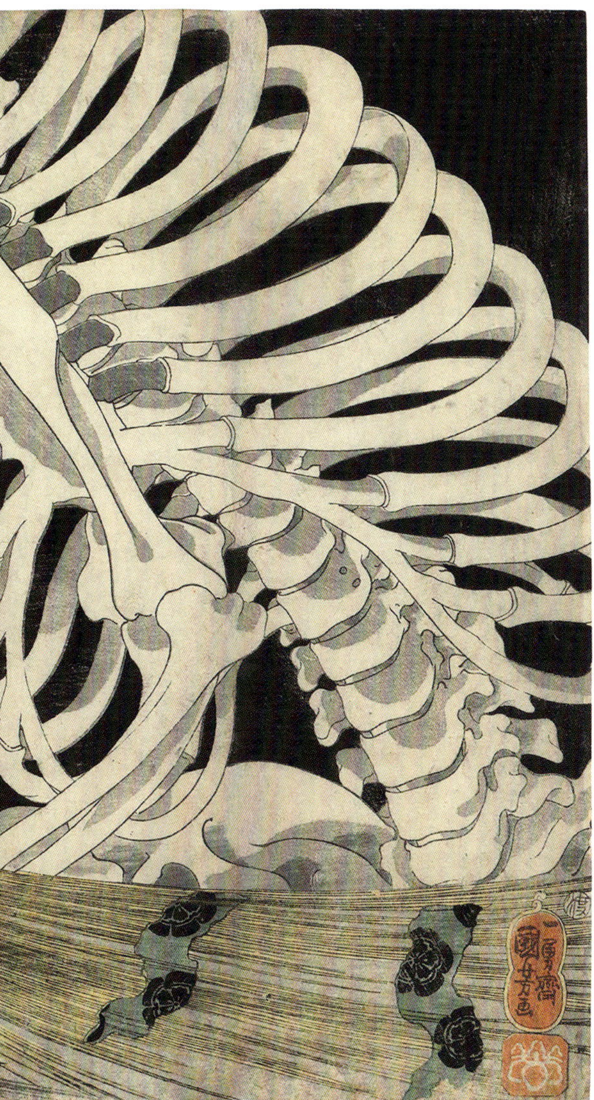

Entre los diversos tipos de *yūrei* se encuentran los *onryō*, fantasmas vengativos que regresan en busca de justicia contra quien les ha hecho daño; los *kosodate-yūrei*, espíritus de madres que han muerto en el parto o poco después; los *funa-yūrei*, fantasmas de individuos que murieron en el mar; y los *zashiki-warashi*, niños fantasmas amantes de las travesuras. Especialmente temibles son los *jibakurei*, espíritus malditos que rondan ciertos lugares y ponen en peligro a los vivos.

El juego del fantasma

Hyakumonogatari Kaidankai («Reunión de cien cuentos sobrenaturales») es un juego de salón de inspiración budista que invoca a los espíritus. Data del periodo Edo (siglos XVII–XIX) y se cree que se diseñó para poner a prueba el valor de los samuráis. En uno de los primeros relatos escritos sobre el juego (*Cuentos infantiles*, 1660), Ansei Ogita describe cómo se encendían cien velas azules en una habitación para crear una luz de otro mundo, y se colocaba un espejo sobre una mesa. Los jugadores, vestidos de azul, debían contar una historia de fantasmas en una habitación contigua. Al final de cada relato, el narrador tenía que ir a la habitación de las velas, apagar una y mirar su reflejo en el espejo. A medida que las luces se apagaban, se creía que los espíritus avanzaban un paso más y que, tras la última historia, habría *yūrei* esperando en la oscuridad.

▲ Fantasmas de Matahachi y Kikuno
El carácter distintivo de los diversos *yūrei* es evidente en el *yūrei-zu*, un género del arte japonés que trata temas sobrenaturales. En esta xilografía de Utagawa Kunisada (1786–1865), dos *yūrei* regresan de su tumba acuática.

> «Antinaturalmente vacía de color, su piel exangüe asomaba por su kimono funerario de color blanco hueso.»
>
> «EL FANTASMA DE OYUKI», CUENTO POPULAR JAPONÉS

▲ **Desfile nocturno**
Esta pintura a tinta y color de Mochizuki Gyokusen (1692–1755) cataloga cien tipos de *yokai* monstruosos, aunque de aspecto divertido, que corren desbocados por la noche.

El mundo de los *yokai*

Los *yūrei* forman un grupo dentro de un panteón mayor de seres sobrenaturales conocidos como *yokai*. Esta palabra suele traducirse como «monstruo» o «demonio», pero el concepto es mucho más amplio. Su significado literal en japonés es «misterio atrayente» pero también puede referirse a una experiencia espantosa y desconcertante, a un sentimiento de asombro y maravilla ante lo extraño, a un sonido u olor desconocido o a un fenómeno inexplicable que solo puede entenderse como un suceso sobrenatural.

Como el de *yūrei*, el concepto de *yokai* proviene de la veneración sintoísta de los espíritus *kami*, de naturaleza dual. Según la filosofía taoísta, estas entidades podían

EN CONTEXTO

Teatro kabuki

Originalmente una forma de entretenimiento en los barrios rojos, como Yoshiwara en Edo (actual Tokio), el teatro kabuki pretendía satisfacer el apetito popular por historias apasionantes y macabras. Las historias de *yokai*, con sus temas sobrenaturales y sus dramas de duplicidad y muerte, encajaban a la perfección. Una de las obras más famosas es *Yotsuya Kaidan* («El fantasma de Yotsuya»), de Tsuruya Nanboku IV. Con el aterrador *onryō* del traicionado y desfigurado Oiwa, la obra ganó inmediatamente una inmensa popularidad.

El rostro desfigurado de Oiwa surge de un farol en esta imagen de Hokusai (*c.* 1831).

▶ Sembrando el terror
Este *netsuke* (escultura en miniatura con una función práctica) de marfil, del siglo XIX, muestra un *ōni*, un tipo de ogro o demonio que se creía que habitaba en cuevas o en lo profundo de las montañas y aterrorizaba a los vivos.

ser *yin* o *yang*, con aspectos positivos/pacíficos o negativos/iracundos. Los *yokai* también encarnan esta dualidad y ambivalencia, que reflejan los lugares liminales o de transición que habitan muchos de ellos: puentes, encrucijadas u orillas del agua.

Un desfile de criaturas extrañas

Los *yokai* adoptan formas diversas, desde humanos (*yūrei*) y hombres-bestia (*kappa*) hasta animales (*tengu*, *bakeneko*), demonios u ogros (*oni*), e incluso objetos domésticos (*tsukumoga*). Esta última forma, un «*kami* de herramienta», que se remonta al siglo X, incluye objetos que adquieren alma al cumplir cien años, y que pueden volverse monstruosos por falta de respeto.

Los *yokai*, que siempre tienen una doble naturaleza y a menudo cambian de forma, pueden ser amigos o enemigos. Otros tipos de *yokai* famosos son la criatura acuática de tres patas *amabie*; el embaucador *tanuki*, que se asemeja a un perro mapache; *kitsune*, el zorro japonés; *yuki-onna*, la mujer de las nieves; *tsuchigumo*, la araña gigante; e *ijin*, una criatura humanoide de una tierra llamada Ikai, que puede cruzar la frontera que separa los mundos.

Monstruos pintorescos

Aunque los *yokai* han sido un elemento fijo en la cultura japonesa desde la antigüedad, uno de los primeros ejemplos de arte *yokai* es el *Hyakki Yagyo Zu* («Procesión nocturna de los cien demonios»), un pergamino ilustrado del siglo XVI que representa una expresión conocida en el folclore japonés: un desfile nocturno o alboroto de cien demonios. El pergamino también refleja un miedo muy real a lo desconocido.

El *Hyakki Yagyo Zu* inspiró la moda del arte *yokai* durante el periodo Edo y constituyó la base de la primera enciclopedia ilustrada *yokai*, obra del escritor y grabador Toriyama Sekien (1712–1788), quien también produjo una serie de ilustraciones conocidas como *Gazu Hyakki Yagyo*, que, junto con sus otras obras, representaban a más de 200 *yokai*, cada uno con su descripción y comentario. Sin embargo, la catalogación y codificación de Sekien era un signo de los tiempos, cada vez más racionalistas. Los *yokai* dejaron de verse como una explicación de lo inexplicable y empezaron a representarse de forma humorística, siendo en gran medida objeto de parodia en el arte Edo y posterior.

SÍMBOLOS Y SECRETISMO

creencias rosacruces

▲ Escrito en código
El *Speculum Sophicum Rhodostauroticum* («Espejo de la sabiduría de la Rosacruz», 1618) del alquimista Daniel Mögling incluye alusiones a un «símbolo de Teofrasto» (Paracelso) y a «espíritus o inteligencias» sin nombre conocidos por los iniciados rosacruces.

A inicios del siglo XVII, cuando las guerras religiosas entre católicos y protestantes se recrudecían en Europa, nació una sociedad secreta. Hacia 1614 se publicaron de forma anónima en Alemania dos manifiestos, *Fama fraternitatis* y *Confessio fraternitatis*, seguidos de una alegoría mística codificada titulada *Las bodas alquímicas de Christian Rosenkreutz*, que explicaban los orígenes de una hermandad «rosacruz» y aludían a oscuros conocimientos místicos a los que solo unos pocos iniciados podían acceder. En 1623 apareció en París un misterioso cartel que anunciaba la presencia en la ciudad de miembros del Colegio Superior de la Rosa Cruz. El cartel no revelaba su paradero, afirmando que «los pensamientos ligados al verdadero deseo del buscador nos conducirán a él y él a nosotros».

Un velo de misterio

Según *Fama fraternitatis*, la primera prioridad de un rosacruz era curar gratuitamente a los enfermos. Pero el manifiesto se ocupa sobre todo de los viajes del legendario monje alemán Christian Rosenkreuz, que adquirió conocimientos místicos de cabalistas (pp. 122–123) y «alumbrados» o iluministas españoles (seguidores de una sociedad secreta que estudiaba las ciencias y practicaba una forma mística de cristianismo), entre otros. Supuestamente descubierta justo antes de la publicación de los manifiestos, la tumba de Rosenkreuz era una cripta, trazada mediante geometría sagrada y códigos cabalísticos de letras y números. Sociedades mágicas secretas posteriores, como la Orden Hermética de la Aurora Dorada, se inspiraron en esta cripta para el diseño de sus templos y otros espacios sagrados utilizados para conjurar espíritus.

Espíritus elementales

Fama fraternitatis celebra la teoría del alquimista suizo Paracelso de los «espíritus elementales», según la cual cada uno de los cuatro elementos clásicos tiene un ser espiritual asociado: gnomos o pigmeos para el elemento tierra, silfos para el aire, ondinas o ninfas para el agua y salamandras para el fuego. Se decía que los rosacruces tenían conocimientos místicos que les permitían ver y controlar a estos espíritus. Como contaba un tal conde de Gabalis en la obra homónima de De Villars (París, 1670), los poderes mágicos que acompañan al conocimiento esotérico, al alcance de unos pocos, incluyen el dominio sobre «todos los Invisibles que moran en los cuatro elementos».

Tal vez los manifiestos rosacruces no fueran más que una sátira por parte de estudiantes de filosofía luteranos, entre ellos Johann Valentin Andrea (autor de *Bodas alquímicas*), burlándose de la idea de un conocimiento secreto. Pero algunos pensadores de la Edad Moderna, tanto espirituales como científicos, se interesaron por el rosacrucismo, y la orden invisible inspiró sociedades secretas reales. El poema de Henry Adamson «El lamento de las musas» (1638) ofrece un vínculo temprano entre rosacrucismo y masonería: «Somos hermanos de la Rosie Crosse, poseemos la palabra del masón y la segunda visión». Al parecer, esta «segunda visión» (clarividencia) era concedida por la piedra filosofal –una maravilla mítica de la alquimia– y permitía a los rosacruces ver los espíritus elementales.

◄ Flor de sabiduría
Símbolo de la renovación alquímica y espiritual, la rosa cruz (una rosa sobre una cruz espinosa) fue adoptada como insignia de la sabiduría esotérica por grupos de inspiración rosacruz, como la Antigua y Mística Orden Rosacruz (AMORC), fundada en 1915.

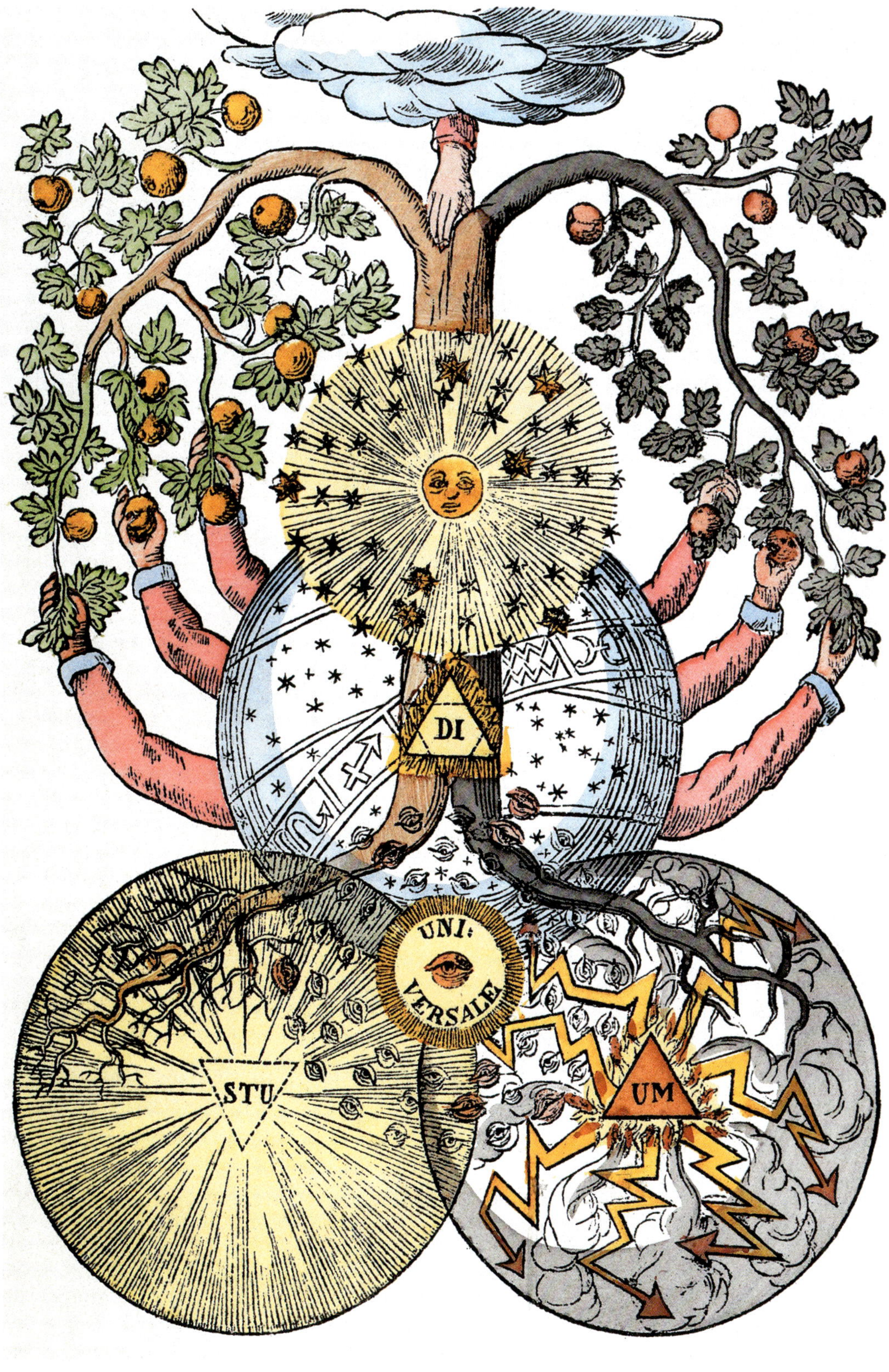

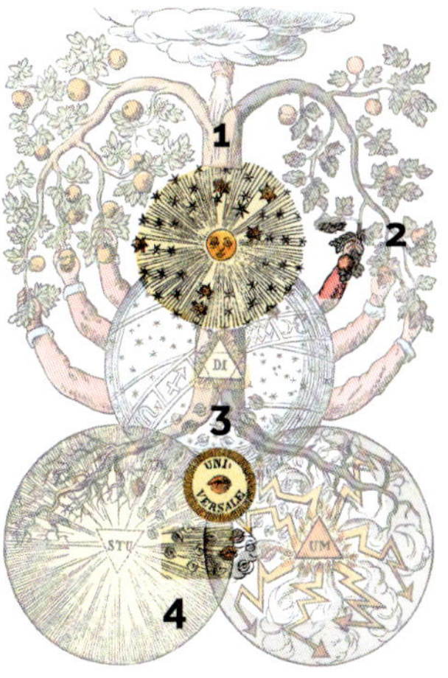

CLAVE

1 El sol está en el centro, elevándose sobre el bien y el mal e iluminando el camino.

2 Las manos humanas alcanzan diferentes placeres: frutas, ramas, hojas... buenas o malas. Al aferrarse solo a trozos, no logran ver toda la verdad.

3 El ojo de la sabiduría se encuentra en la intersección de las tres esferas, vigilando los mundos visible e invisible.

4 Muchos otros ojos vagan libremente, queriendo ver por sí mismos, pero limitados por el poder de visión que les otorga el ojo de la sabiduría.

◀ **El bien y el mal**
Los autores rosacruces crearon libros de emblemas alquímicos y textos místicos, mezclando diagramas ocultistas con imágenes alegóricas y arquetípicas. Este dibujo del árbol bíblico del conocimiento del bien y del mal figura en una edición de 1785 de *Los símbolos secretos de los rosacruces*.

OCULTISMO Y NO MUERTOS

1700–1900

▲ **El fantasma del cementerio** En 1804, testigos informaron de que un fantasma –una figura alta vestida de blanco– rondaba el cementerio de Hammersmith, en Londres, y asaltaba a los transeúntes. Se organizaron patrullas armadas que acabaron cobrándose la vida del albañil Thomas Milward, confundido con el fantasma.

¿REALIDAD O FICCIÓN?

historias de fantasmas

Los fantasmas ganaron interés literario durante el siglo XVIII. Recopilaciones de relatos de fantasmas, como *Un ensayo sobre la historia y la realidad de las apariciones* (1727), de Daniel Defoe, se usaban para demostrar la existencia del alma y su inmortalidad. Defoe también escribió uno de los primeros cuentos de fantasmas. A diferencia de los cuentos modernos, «La aparición de la señora Veal» (1706) no abunda en emociones y escalofríos, sino que relata la tranquila historia de dos mujeres que toman el té, una de las cuales resulta estar muerta. Su objetivo era demostrar la vida después de la muerte, de acuerdo con las ideas del teólogo protestante francés Charles Drelincourt; de hecho, la cuarta edición del cuento se publicó en *Defensa cristiana contra los temores de la muerte* de Drelincourt.

Cuentos espectrales

Los compendios de fantasmas solían contener una serie de narraciones comunes, como el regreso de los muertos para acusar a su asesino, acechándolo o llamando su atención. Otro relato clásico era el del «regreso a los tres días»: dos amigos hacían un pacto por el cual el primero en morir regresaría para confirmar la existencia de una vida después de la muerte. Estos relatos solían terminar con esta confirmación y una advertencia para vivir una vida mejor. También abundan las historias de personas que se aparecen a sus seres queridos al otro lado del mar en el momento de su propia muerte. Muchos de estos temas reaparecen en las historias de fantasmas abiertamente ficticias a partir del siglo XIX.

«La Sra. Bargrave es la persona a la que se apareció la Sra. Veal tras su muerte.»

«LA APARICIÓN DE LA SEÑORA VEAL» (1706), PANFLETO PUBLICADO ANÓNIMAMENTE PERO COMÚNMENTE ATRIBUIDO A DANIEL DEFOE

Aunque las recopilaciones de fantasmas pretendían tener un fin educativo o teológico, se consideraron cada vez más una forma de entretenimiento. Los fantasmas se convirtieron en un recurso literario popular que aparecía en la poesía «de cementerio» (obsesionada con las imágenes macabras y la muerte), en el teatro (pp. 144–145) y en la emergente literatura gótica (pp. 194–197). En los folletines baratos de los siglos XVIII y XIX, junto a los relatos góticos se publicaban cuentos de fantasmas «reales». Los lectores de colecciones como *Tales of Terror, or More Ghosts* (1802) buscaban el «delicioso escalofrío» del terror, no desentrañar los misterios del más allá.

Fantasmas reales

Los fantasmas no se limitaron al papel y el escenario. Ciertas apariciones suscitaron el interés público y enconados debates. La creencia en los fantasmas era rechazada por algunos como «superstición» (a menudo vinculada al catolicismo) o delirio (asociado a grupos religiosos «entusiastas» como los metodistas). Era conocida la creencia en los fantasmas del fundador del metodismo, John Wesley, por sus historias sobre «Old Jeffrey», el *poltergeist* que supuestamente rondaba la casa de su infancia (p. 111). Por otro lado, quienes negaban lo fantasmal (a menudo ateos) podían ser acusados de «escepticismo fanático». A medida que se polarizaba el debate sobre la existencia de los fantasmas, supuestos espectros como Scratching Fanny (p. 282), el *poltergeist* de Lamb Inn (1762) o el fantasma de Hammersmith fueron objeto de investigación, cacerías públicas y polémicas en los periódicos británicos.

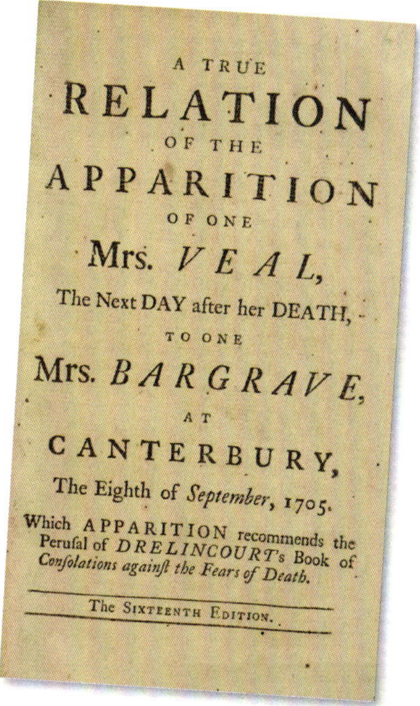

A TRUE
RELATION
OF THE
APPARITION
OF ONE
Mrs. *VEAL*,
The Next DAY after her DEATH,
TO ONE
Mrs. *BARGRAVE*,
AT
CANTERBURY,
The Eighth of *September*, 1705.
Which APPARITION recommends the Peruſal of *DRELINCOURT's* Book of *Conſolations againſt the Fears of Death.*

The SIXTEENTH EDITION.

▲ De vuelta de la tumba
«La aparición de la señora Veal» se presentó como una historia real, con abundantes detalles sobre los testigos y su fiabilidad con el fin de apoyar el relato. Su intención era probar que los fantasmas existen, más que emocionar a los lectores.

◀ Imaginando el más allá
El interés público por los fantasmas reflejaba un interés más amplio por la vida después de la muerte. «La inmortalidad de Byron», una ilustración de *The Book of Spirits and Tales of the Dead* (c. 1827), muestra a lord Byron hablando con otros escritores muertos que se hallan sobre una nube. El texto imaginaba las sensaciones y experiencias de Byron después de la muerte.

NOVIAS CADÁVER Y CASTILLOS ENCANTADOS

la literatura gótica y lo sobrenatural

En 1764, el británico Horace Walpole publicó *El castillo de Otranto* de forma anónima, haciéndola pasar por la traducción de un escrito medieval. Su «historia gótica» era un intento de mezclar las aventuras sobrenaturales del romance medieval y el supuesto realismo de la novela moderna, y fue un modelo para muchas de las primeras novelas góticas: una localización europea católica y un escenario histórico, una damisela en apuros, un héroe noble, un tirano, un heredero disfrazado y fantasmas vengativos.

Terror y horror

El género gótico despegó en la década de 1790. Las estanterías de las bibliotecas circulantes se llenaron de «novelas hórridas» (como las satirizó Jane Austen en *La abadía de Northanger*) y los autores góticos se hicieron muy conocidos. Había dos líneas principales de literatura gótica: el terror y el horror. El terror gótico de autores como Ann Radcliffe se centraba en heroínas en peligro, tenía un final feliz y usaba pocos elementos sobrenaturales, adoptando el enfoque de «lo sobrenatural explicado»: las heroínas se topan con ruidos inexplicables y figuras sombrías, pero suele haber una explicación racional. Así, en *Los misterios de Udolfo* (1794), de Radcliffe, los «fantasmas» resultan ser piratas.

En el horror gótico de escritores como Matthew Lewis había sangre, asesinatos y entes sobrenaturales a la vez realistas y terroríficos. Influido por los relatos de fantasmas alemanes, *El monje* (1796) de Lewis cuenta la historia del monje Ambrosio, que hace un trato con el Diablo y deja tras de sí un rastro de muerte y destrucción. Sus páginas están llenas de horripilantes figuras sobrenaturales y sanguinarios asesinos, como el Diablo, astutos demonios menores o la infame Monja Sangrienta. Los jóvenes amantes Raimundo e Inés se burlan de la leyenda de la Monja Sangrienta, e Inés planea vestirse como ella para escapar del castillo en el que está recluida. Raimundo queda consternado cuando descubre que no toma en brazos a Inés, sino a un fantasma sangrante.

◀ **Aparición sangrienta**
En esta escena de *El monje*, de Matthew Lewis, Raimundo es engañado para hacer un pacto con el fantasma de la Monja Sangrienta, una asesina cuyo espíritu está en el purgatorio.

▲ **Castillo encantado**
El castillo de Otranto está lleno de sucesos paranormales. Cascos gigantes caen del cielo y los cuadros cobran vida, como se ve en esta ilustración del antepasado difunto de Manfred saliendo del marco.

◀ ***Abadía en el robledal***
Como un eco de los escenarios de las primeras novelas góticas, muchos cuadros románticos del siglo XIX, como este de Caspar David Friedrich, representaban lugares desolados, en ruinas o encantados. En *El romance del bosque* (1792), de Ann Radcliffe, la heroína se refugia en una abadía en ruinas, escenario de un horrible asesinato.

A principios del siglo XIX, parodias como *La abadía de Northanger* (1816), de Jane Austen, se burlaban de las novelas góticas. Sin embargo, el público no había perdido el gusto por lo extraño, macabro y sobrenatural. Los fantasmas llenaban los escenarios y eran populares los folletines góticos, que contenían colecciones de baladas y cuentos. Una de las baladas más famosas era «Alonzo el valiente y la bella Imogen», sobre un soldado fantasmal que regresa para arrastrar a su amante infiel al infierno; era tan conocida que dio lugar a una serie de parodias, incluso una de su propio autor, Matthew Lewis. También los poetas románticos recurrieron al género gótico. Samuel Taylor Coleridge escribió largos poemas sobre maldiciones sobrenaturales, como «La balada del viejo marinero» (1798), y sobre misteriosas mujeres vampíricas, como «Christabel» (1816).

Concurso de relatos

En 1816, en la Villa Diodati de Suiza, tras una lectura de relatos alemanes de fantasmas, lord Byron, Percy Bysshe Shelley, Mary Godwin (más tarde Shelley) y John Polidori, el médico de Byron, decidieron organizar un concurso de relatos. Byron nunca terminó el suyo, pero Polidori escribió «El vampiro», la historia de un aristócrata depredador, en parte inspirado en Byron, que arruina a hombres y mata a mujeres jóvenes para beber su sangre.

El «héroe byroniano» no tardó en ser parte importante de las novelas góticas del siglo XIX. En novelas como *Cumbres borrascosas* (1847), de Emily Brontë, y *Jane Eyre* (1848), de Charlotte Brontë, los héroes nobles fueron sustituidos por oscuros y melancólicos antihéroes. En Villa Diodati también nació otro tipo de monstruo. *Frankenstein* (1819), de Mary Shelley, escrito para el concurso, combina temas románticos con motivos góticos y una versión temprana del género de ciencia ficción.

▼ Espectros amenazadores
La autora gótica Sarah Scudgell Wilkinson escribió más de cien folletines, entre ellos *The Castle Spectre; or, Family horrors: A Gothic Story* (1807), un relato lleno de venganza, amor perdido y visitas fantasmales.

▲ Fantasía francesa
Similar a las novelas góticas posteriores de seducción demoníaca, *El Diablo enamorado* (1772), de Jacques Cazotte, es un cuento del género fantástico francés en el que el lector no está seguro de si el héroe es seducido por el Diablo o no.

Un mundo gótico

Los autores ingleses no tenían el monopolio de la ficción gótica. El gótico escocés de escritores como James Hogg, por ejemplo, mezclaba historia escocesa, religión calvinista y dobles demoníacos. *Memorias privadas y confesiones de un pecador justificado* (1824), de Hogg, presenta a un fanático religioso que se cree elegido por Dios, pero que es engañado por el Diablo para que cometa crímenes.

Algunas de las primeras novelas estadounidenses eran góticas y a menudo incluían lo sobrenatural. En *Wieland* (1798), de Charles Brockden Brown, un hombre asesina a su familia por orden de unas voces «divinas». ¿Se trata de locura, demonios o engaño? La tradición gótica estadounidense fue desarrollada por escritores como Washington Irving, creador del jinete sin cabeza de Sleepy Hollow (pp. 212–213).

CLAVE

1 La «pálida» luz de la luna brilla a través de la ventana, permitiendo a Victor Frankenstein contemplar su creación. Holst añadió otra luz sin fuente más abajo que ilumina a la criatura para el espectador.

2 Frankenstein huye aterrorizado de su creación.

3 La primera señal de vida de la criatura se da al abrir sus «ojos amarillentos y turbios».

4 Holst representa a la criatura con un rostro apuesto y una pose clásica. Frankenstein «había seleccionado unos rasgos hermosos», pero se horroriza ante la realidad del aspecto de la criatura.

5 La criatura aparece entre restos óseos, contrastando vida y muerte e insinuando el trabajo «profanador» de Frankenstein para reunir los pedazos de su criatura.

◄ La creación de un monstruo
En el frontispicio de Theodore von Holst para la edición de 1831 de *Frankenstein*, el protagonista, Victor Frankenstein, contempla su creación y la rechaza, asustado y avergonzado por lo que ha hecho.

TRAVESURAS Y CAOS

duendes

La mitología y el folclore están llenos de historias sobre humanoides pequeños y feos, que pueden ser serviciales, malévolos o traviesos. Estos seres errantes se conocen comúnmente como duendes o trasgos, y aparecen variaciones del tema en las leyendas de diversas culturas de todo el mundo.

La palabra «duende» deriva de «duen de [la casa]» (dueño de la casa), por su poder para encantar los hogares. El *goblin* inglés, el *gobelin* francés y el *kobold* alemán derivan posiblemente del griego *kobalos*. En la mitología griega, los *kobaloi* eran espíritus embaucadores que servían al dios Dioniso. En el siglo XIII, los alemanes tallaban figuras de *kobolds* en sus casas para atraer a los duendes útiles.

Capaces de proteger y provocar, la naturaleza dual de los duendes se halla en muchas tradiciones. Los *dokkaebi* de la Corea del siglo XIII, por ejemplo, traían buena suerte, pero también podían provocar enfermedades mentales e incendios domésticos.

En el folclore europeo medieval, se creía que los *kobolds* ayudaban en las tareas domésticas por la noche. Pero a cambio exigían respeto y, si este faltaba, podían volverse hostiles. El folclore germánico incluye la terrorífica figura de Hödeken, un duende que descuartizó miembro a miembro a un mozo de cocina que lo insultó.

▼ Pequeño espíritu
Esta estatua de madera, tallada por un artista zulú, representa al *tokoloshe* sudafricano, un espíritu del agua parecido a un duende, pequeño y travieso.

Lugares peligrosos

En la mitología mesoamericana, los chaneques (de los mexicas) y los aluxes (de los mayas) eran criaturas que representaban poderosas fuerzas elementales y actuaban como guardianes del mundo natural. Si se veían amenazados, podían cambiar de forma, volverse invisibles y hacer otros trucos. La palabra *chaneque* proviene del náhuatl (mexica) y significa «el que habita en lugares peligrosos», y las criaturas similares a duendes solían asociarse con lugares subterráneos, oscuros o acuáticos.

El texto sagrado hindú *Bhagavata-Purana* describe a Hara-bhava, un aspecto del dios Shiva, atendido por duendes en los reinos subterráneos del universo. En los Andes centrales, se creía que los *muki* hacían aparecer o desaparecer metales preciosos, por lo que los mineros hacían tratos con ellos. Los indígenas

norteamericanos wampanoag creían que los *pukwudgies* atraían a la gente hacia los acantilados; y los *kappas* japoneses embrujaban ríos y arroyos y arrastraban a los humanos a sus profundidades. Los habitantes de Flores (Indonesia) cuentan historias de *ebu gogo*, pequeños seres que vivían en el bosque, basadas en antiguos humanos que habitaron realmente la zona.

▼ Peligro para los bañistas
El *kappa* es un *yokai* -ser sobrenatural- tradicional japonés que atrae a la gente a los ríos. Esta ilustración del siglo XIX muestra su piel de reptil y sus garras afiladas.

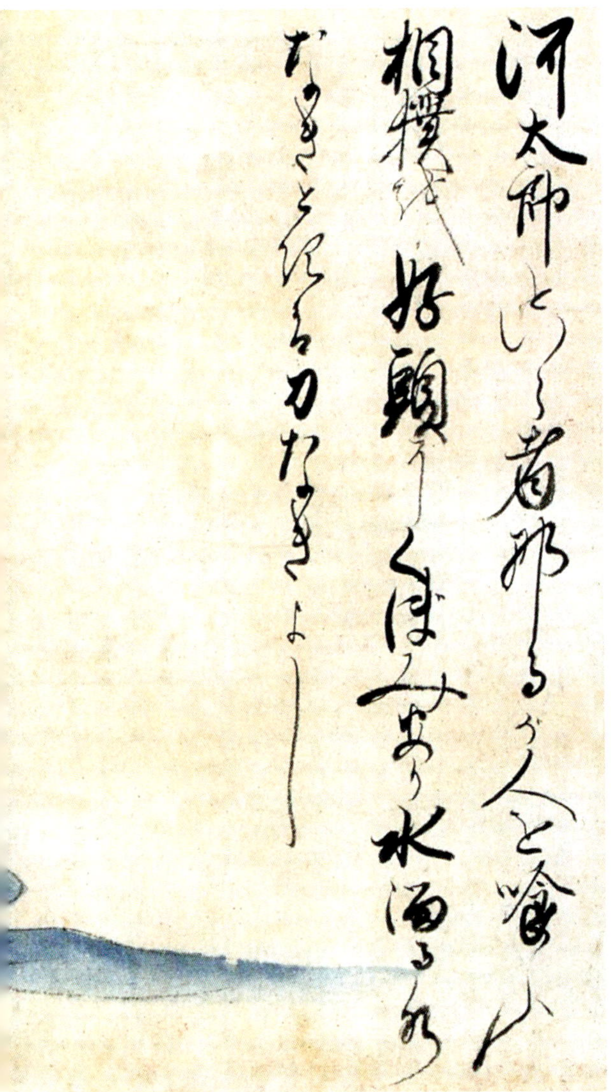

Representaciones malignas

Los duendes son figuras populares en los cuentos de hadas y fantásticos. En la mitología de la Tierra Media de J. R. R. Tolkien, los trasgos representan el mal en una batalla simbólica contra el bien; el género fantástico tiende a enfatizar el lado malévolo del duende más que su faceta protectora. La conceptualización del duende en Europa se ha visto influida por motivos antisemitas. Las xilografías alemanas del siglo XV, por ejemplo, mostraban a los judíos con rostros grotescos; aún hoy, las representaciones de los duendes comparten a menudo esos rasgos faciales.

▶ *Duendecitos*
En este grabado de 1799, Goya satiriza a los frailes y curas españoles representándolos como duendes grotescos y destacando su corrupción.

> «Los trasgos son crueles, malvados y de mal corazón. No hacen nada bonito, pero sí muchas cosas ingeniosas.»

J. R. R. TOLKIEN, *EL HOBBIT* (1937)

GALEONES FANTASMA

barcos fantasma

Los barcos fantasma, que aparecen y desaparecen en el mar, se conocen al menos desde el siglo XVIII. En 1786, durante una tormenta frente a la isla del Príncipe Eduardo (Canadá), los guardas del faro de Seacow Head informaron de un barco que se dirigía hacia unas rocas, pero que se desvaneció antes de naufragar. Desde entonces se han registrado numerosos avistamientos similares a lo largo del estrecho de Northumberland, a menudo justo antes de una tormenta. Los testigos describen una nave que viaja a gran velocidad, toda ella ardiendo o con la arboladura en llamas.

Luces extrañas

Muchas historias de barcos fantasma tienen su origen en naufragios históricos. En 1738, el Princess Augusta, también conocido como Palatine porque transportaba a 340 emigrantes de la región alemana del Palatinado, encalló en las traicioneras aguas de Rhode Island (EE. UU.). Los lugareños informaron de ver arder el barco y oír gritos, y desde entonces se ha vuelto a ver muchas veces este siniestro espectáculo, llamado «la Luz del Palatine».

Los barcos fantasma suelen describirse como brillantemente iluminados. El archipiélago de Chiloé, frente a las costas de Chile, alberga un barco fantasma llamado Caleuche. Este galeón navega entre las islas, con las luces encendidas y ruidos de risas y jolgorio procedentes de cubierta. Las leyendas difieren: unas dicen que el barco fue creado por un dios indígena para recoger los espíritus de los ahogados en el mar; otras, que es capitaneado por un hechicero que busca atrapar a los marineros ingenuos.

◀ **Avistado entre la niebla**
Este grabado del siglo XIX muestra un barco fantasma que, según se dice, emerge de las brumas marinas en Porthcurno (Cornualles) y navega hasta tierra firme antes de desvanecerse.

Nadie a bordo

El término «barco fantasma» también puede aludir a embarcaciones reales pero igual de misteriosas. En 1872, un mercante estadounidense, el Mary Celeste, zarpó de Nueva York rumbo a Italia, pero semanas después fue hallado a la deriva cerca de las Azores. La última anotación en el cuaderno de bitácora databa de diez días atrás; el aparejo estaba en mal estado y el bote salvavidas había desaparecido, aunque la carga y las provisiones seguían a bordo. No había pistas de por qué la tripulación había abandonado el barco, pero nunca se les volvió a ver.

▲ **Barco abandonado**
Este grabado de 1911 del periódico *Le Petit Journal* representa a los marineros estadounidenses del Narragansett avistando el viejo buque de guerra francés Le Richelieu, a la deriva frente a las costas de Irlanda y sin tripulación a bordo.

EN CONTEXTO

Carruajes fantasma

Cuando la poetisa Emily Dickinson usó la imagen de la Muerte conduciendo un carruaje en su poema «Puesto que no podía esperar a mi Morir» (1890), se basaba en una larga tradición folclórica. Abundaban las historias de un carruaje negro que recorría los caminos de noche, a menudo tirado por caballos sin cabeza o que escupían fuego, y se decía que verlo era un mal presagio, a menudo de muerte. Los contrabandistas de Kingskerswell (Reino Unido) explotaron esta leyenda para asustar a los lugareños. Transportaban sus mercancías en un coche fúnebre, pintado este y los caballos (salvo las cabezas) con una pintura luminosa.

El Diablo y la Muerte conducen un carruaje en este grabado satírico londinense de 1831.

El Holandés Errante

Inspirador de artistas, poetas y compositores a lo largo de los siglos, el Holandés Errante es el barco fantasma más famoso. Según la leyenda, este buque de guerra holandés estaba condenado a surcar los mares para siempre. La primera referencia impresa conocida aparece en 1790, en el relato del aventurero escocés John MacDonald sobre sus 30 años en el mar. El barco parecía estar asociado a las tormentas: según MacDonald, el tiempo era tan malo que sus marineros decían haber visto al Holandés Errante.

Muchos relatos posteriores amplían la historia del barco espectral. Informes de los siglos XVIII y XIX afirman que la tripulación del Holandés Errante cometió algún crimen terrible pero innominado y, malditos por ello con la peste, se les negó la entrada a cualquier puerto. Otros relatos afirman que el temerario capitán hizo un pacto con el Diablo, o que el barco se hundió cuando el capitán intentó doblar el cabo de Buena Esperanza en medio de una tormenta, condenando a su tripulación a una eternidad navegando por la misma ruta. Las leyendas también hacen referencia a cartas que la tripulación fantasmal intentaba entregar a los marinos, rogándoles que las llevaran a sus casas. Estas cartas también se suponían malditas.

Según el folclore marinero, ver el Holandés Errante significa un desastre inminente. En 1881, el futuro rey Jorge V de Gran Bretaña lo vio mientras navegaba hacia Australia. El cuaderno de bitácora del HMS Inconstant recoge que, poco después, un tripulante cayó al vacío desde un mástil.

«Quién ha visto el barco fantasmal, su altivo zarpar, su mísero naufragar [...]»

ALBERT PINKHAM RYDER, «EL HOLANDÉS ERRANTE» (1879)

▲ **El Holandés Errante** emerge de una tormenta en este cuadro de c. 1860 del soldado y artista marítimo estadounidense Charles Temple Dix

ESCLAVITUD ETERNA

zombis haitianos

Los zombis (pp. 206–207) que hoy dominan la cultura popular no son exactamente los mismos que los del folclore haitiano. En Haití, *zonbi* o *zombi* puede designar un alma sin cuerpo (*zombi astral*) o un cuerpo sin alma (*zombi cadavre*), ambos creados y controlados por hechiceros vudú llamados *bokors*. Un *zombi cadavre* se crea cuando un *bokor* mata y luego reanima a su víctima con la intención de esclavizarla. El *zombi astral*, más común, se crea cuando un *bokor* atrapa el espíritu de una persona en un recipiente y lo utiliza para cumplir sus deseos.

El origen de la palabra *zombi* no está claro. Se ha relacionado con Nzambi, el ser supremo del pueblo bakongo (hoy en la República Democrática del Congo), y con la práctica bakongo de crear *zumbi*, fetiches de botella que capturan almas. También

▼ A las órdenes del amo
La obra *Vol de zombis* (1946), del pintor surrealista haitiano Hector Hyppolite, muestra a un *bokor* saqueador de tumbas y a sus zombis sin alma. El miedo a una esclavitud interminable perduró mucho tras el fin del dominio colonial en Haití.

puede provenir de diversas palabras de África Occidental y Central que suenan como «zombi» y designan a espíritus de muertos, cadáveres, retornados, etc.

Morir por la libertad

En los siglos XVII y XVIII, los colonizadores franceses pusieron a trabajar a africanos esclavizados en las plantaciones de azúcar de Haití. Los primeros relatos coloniales describían creencias haitianas sobre espíritus acechantes (casi siempre en forma astral), y el término «zombi» fue utilizado por primera vez por el francés Pierre-Corneille de Blessebois en su novela *Le Zombi du Grand Perou* («El zombi del Gran Perú», 1697). El fenómeno zombi haitiano tiene sus raíces en el recuerdo de cómo la esclavitud privó a los esclavos de su libertad, sometiéndolos a un trabajo ineludible. Para muchos, la muerte era la única forma de obtener la libertad y regresar a *Lan Guinée* (África) en la otra vida (y el suicidio no era una opción, pues creían que dejaría su espíritu atrapado en su cuerpo).

El miedo a la esclavitud eterna siguió atormentando a los haitianos tras el fin de la esclavitud. La desigualdad social era generalizada, y la explotación laboral regresó en el siglo XX bajo la ocupación militar estadounidense. Para los haitianos, que apreciaban la libertad aunque implicara la muerte, la zombificación era la mayor pesadilla: ni vivos, ni muertos, ni libres.

Historias terroríficas

En los siglos XIX y XX, los zombis haitianos siguieron siendo objeto de una literatura más amplia, como en *Isalina, ou une scène créole* («Isalina, o una escena criolla», 1836), del poeta haitiano Ignace Nau, en el relato sobre el vudú en Haití *La isla mágica* (1929; p. 206), del periodista estadounidense William Seabrook, y en las memorias de soldados estadounidenses destacados en el Haití ocupado. Los zombis siguen siendo hoy un espectro inquietante en Haití, donde su existencia está respaldada por la cosmovisión vudú (pp. 174–175). El temor a la capacidad de un *bokor* para crear zombis es bastante real: el artículo 249 del Código Penal haitiano prohíbe explícitamente esta práctica. Algunos consideran que la zombificación es un medio para que los líderes de comunidades que practican el vudú castiguen el mal comportamiento, convirtiendo el miedo a ser transformado en zombi en una forma de control social. Los cuentos sobre zombis son utilizados por los padres haitianos para enseñar a sus hijos una conducta social aceptable.

▲ Trabajos forzados
Este grabado de 1749 muestra el procesamiento de la caña de azúcar en las Indias Occidentales (posiblemente Haití). Esta sigue siendo una industria importante en Haití y República Dominicana, y las malas condiciones de trabajo aún alimentan el temor a la zombificación.

> «Aunque no tienen lengua, los zombis [pueden] hablar de un tiempo y un lugar concretos.»

JEAN COMAROFF Y JOHN L. COMAROFF, «OCCULT ECONOMIES AND THE VIOLENCE OF ABSTRACTION: NOTES FROM THE SOUTH AFRICAN POSTCOLONY», EN *AMERICAN ETHNOLOGIST* (1999)

LOS MUERTOS VIVIENTES

retornados y zombis

▲ **Regresados impíos**
Este fresco de la iglesia de Kirke Hyllinge (Dinamarca), del siglo XII, representa a cadáveres alzándose de sus tumbas. La fe cristiana contempla la resurrección de los cuerpos el día del Juicio Final.

Los cadáveres reanimados que se levantan de la tumba son un elemento básico de la cultura popular moderna y aparecen en el folclore de muchas civilizaciones antiguas. Lo que pueden hacer, una vez animados, depende de la leyenda.

La primera referencia a los muertos vivientes aparece en el relato más antiguo que se conserva del mundo antiguo. En la *Epopeya de Gilgamesh* (Mesopotamia, c. 2000 a. C.), cuando la diosa Ishtar es despreciada por el héroe, amenaza con resucitar a los muertos, que «devorarán» a los vivos y los superarán en número.

El estudio arqueológico de los enterramientos antiguos sugiere que el miedo a los muertos retornados estaba muy extendido. En las tumbas de la antigua necrópolis griega de Passo Marinaro (Sicilia) se hallaron cadáveres lastrados con piedras, como para mantenerlos en su sitio. Otros yacimientos muestran precauciones similares: cuerpos enterrados boca abajo o con estacas clavadas en el pecho.

Cadáveres ambulantes

Los retornados o regresados son cadáveres que vuelven de entre los muertos y se encuentran en muchas creencias populares medievales europeas. En las sagas nórdicas aparecen como *draugar*, que apestan a muerte y son inmunes a las armas. Sin embargo, en el ámbito cristiano, los regresados se convirtieron en una preocupación más espiritual que mágica, pues se creían animados por poderes demoníacos o se atribuía su retorno a que su alma era «impura».

En el siglo XII, Guillermo de Newburgh y Walter Map recogieron numerosos relatos de cadáveres andantes, narrados como sucesos reales y comunes. Los retornados muestran más libre albedrío del que se suele atribuir a un zombi y con frecuencia tienen como objetivo a quienes les han hecho daño en vida. En una época en la que proliferaban las enfermedades, los retornados también se asociaban con la peste, y se los trataba cortándoles la cabeza o quemando su cuerpo.

Horrores modernos

El concepto haitiano del zombi se difundió por el resto del mundo tras la ocupación estadounidense de la isla (1915–1934) e inspiró muchos relatos y películas, como *White Zombie* (*La legión de los hombres sin alma*, 1932). Algunos ejemplos tempranos no usaban el término «zombi», como el relato de H. P. Lovecraft «Herbert West: Reanimador» (1921), en el que el protagonista intenta reanimar cadáveres científicamente. Tampoco aparecía en *La noche de los muertos vivientes* (1968), de George A. Romero, que llamaba «seres» a sus no muertos. No obstante, la película de Romero codificó muchos de los motivos zombis comúnmente reconocidos hoy en día, y las secuelas de la franquicia los llaman por este nombre.

▶ **Corcel no muerto**
Esta pintura budista muestra a la deidad Mahakala a lomos de un *rolang* («cadáver resucitado»). Supuestamente, esta criatura podía crearse mediante la práctica espiritual.

▶ **Los zombis del vudú**
El libro de William Seabrook *La isla mágica* (p. 205), de 1929, dio a conocer los zombis haitianos a un público más amplio e influyó en representaciones posteriores de los muertos vivientes.

▲ **Fantasma guardián** En este cuadro de John Quidor, *Los buscadores de dinero* (1832), un variopinto grupo de cazadores de tesoros excava en busca de botines piratas en un cementerio colonial. La caza está dirigida por un hechicero con capa roja. Quidor capta el momento en que el trío divisa un fantasma pirata que los acecha.

RECOMPENSAS MALDITAS

caza de tesoros en Norteamérica

La búsqueda de tesoros con ayuda sobrenatural (p. 157) se practicaba desde hacía mucho tiempo en Europa, y se extendió a Norteamérica con la colonización europea. La vida de los primeros colonos era difícil, entre la escasez de alimentos y las guerras con la población indígena, pero la idea de hacerse ricos, que atrajo a muchos a las colonias, daba esperanzas. Alentados por las historias europeas de búsquedas de tesoros, los colonos buscaron riquezas enterradas en la tierra en la que se habían asentado, convencidos de que podían encontrar minerales valiosos u otras riquezas utilizando varas de zahorí y otras técnicas de la magia popular europea.

Los cazadores de tesoros consultaban almanaques con información astrológica y mística, que a menudo ofrecían consejos de sentido común, como la mejor época para plantar los cultivos y llevar a cabo otras actividades según los astros. Personas de todos los estratos sociales usaban estos almanaques, desde el agricultor más pobre hasta el terrateniente más culto.

EN CONTEXTO

El tesoro y Joseph Smith

Joseph Smith, que procedía de una familia conocida por la búsqueda de tesoros, era considerado un «vidente» con talento para encontrar objetos ocultos. Conoció a su esposa, Emma, mientras buscaba oro enterrado en las tierras de su padre. En 1823, Smith afirmó que un ángel llamado Moroni lo guió hasta la ubicación de unas planchas de oro, que luego desenterró. Usando dos «piedras de vidente» como herramientas de adivinación, Smith tradujo el texto de las planchas. Este se convirtió en el *Libro de Mormón*, uno de los cuatro textos sagrados de la Iglesia de Jesucristo de los Santos de los Últimos Días, por él fundada.

En esta ilustración de 1886, Joseph Smith se encuentra con el ángel Moroni en Cumorah Hill (Nueva York), lugar que su familia exploró en busca de tesoros.

Sin embargo, la búsqueda de dinero enterrado era sobre todo una actividad para pobres o desventurados. Los hallazgos eran escasos, pero esto no mermaba el entusiasmo de los buscadores. Usaban diversas técnicas, desde rituales y hechizos hasta la contratación de místicos o médiums para que dirigieran la búsqueda. También se recurría a la guía de gemas llamadas «piedras de vidente». Se cavaba en silencio para no alertar a los espíritus que custodiaban los tesoros.

Botín pirata

Según el folclore, la costa de Nueva Inglaterra estaba embrujada con barcos fantasma, lo que alimentaba la creencia de que los piratas habían enterrado botines en la zona. Los buscadores creían que esos tesoros eran protegidos por espíritus guardianes, posiblemente los de miembros de la tripulación sacrificados. Un relato de la década de 1820 describe a los excavadores asustados por fantasmas enormes y espíritus montados en caballos espectrales. Para ahuyentarlos, los cazatesoros marcaban el suelo con tres círculos concéntricos o sacrificaban un animal en el lugar. El tesoro buscado más famoso perteneció al capitán Kidd, un conocido pirata. Nueva Inglaterra se llenó de agujeros y túneles creados por los cazadores de tesoros.

A medida que los colonos se expandieron hacia el oeste, las historias sobre tesoros piratas dieron paso a las de oro enterrado por los indígenas americanos. Se creía que los guardianes fantasmales de estos tesoros eran especialmente peligrosos debido a la violencia con la que el gobierno había expulsado a estos pueblos de sus tierras ancestrales.

▼ Botín legendario
En este grabado del siglo XIX, el famoso capitán pirata William Kidd observa cómo su tripulación entierra un tesoro. Las novelas de aventuras sobre Kidd motivaron a los cazatesoros a buscar el del pirata.

> «[…] aunque el ESPÍRITU siempre conseguía retener su preciosa carga, estos seres tan desconcertados como ilusos volvían a su empeño a la noche siguiente.»
>
> ARTÍCULO PERIODÍSTICO SOBRE LOS CAZATESOROS (PALMYRA, NUEVA YORK, 1831)

RELATOS TERRORÍFICOS

la edad de oro de las historias de fantasmas

Los relatos de fantasmas se convirtieron en una moda literaria en la Gran Bretaña victoriana. Ambientados en un mundo moderno reconocible, solían incluir ciudades, casas o personas embrujadas, e incluían nuevas ideas sobre los fantasmas procedentes del espiritualismo (pp. 222–225). Se escribían para asustar, emocionar, informar o transmitir un mensaje moral.

Mediado el siglo XIX, el género alcanzó una edad dorada que duró hasta inicios del XX. Escritores populares como Charles Dickens, Margaret Oliphant, Elizabeth Gaskell y Charlotte Riddell escribieron relatos de fantasmas para revistas o colecciones de cuentos. En Navidad solían publicarse números especiales de esas revistas, en consonancia con la tradición británica de las historias de fantasmas navideñas. La más famosa de estas es «Cuento de Navidad» (1843), de Dickens, en el que tres espíritus visitan al avaro Scrooge y le enseñan el verdadero significado de la Navidad. Otras eran más espeluznantes, como «La historia de la vieja niñera» (1852), de Gaskell, que trata sobre una casa embrujada por una mujer y un niño asesinados por el padre y la hermana de la mujer.

◀ ¿Visión demoníaca?
En «Té verde», se deja al lector especular sobre si el mono que atormenta a Jennings es una alucinación por exceso de té verde, o si los estudios ocultistas del vicario han convocado a un visitante inesperado.

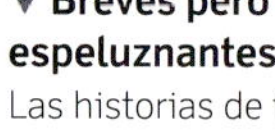

▼ Breves pero espeluznantes
Las historias de fantasmas solían ser breves, para poder leerse de una sentada. El estadounidense Edgar Allan Poe fue un auténtico maestro del género, autor de piezas memorables como «El gato negro», «La caída de la casa Usher» y «La máscara de la muerte roja».

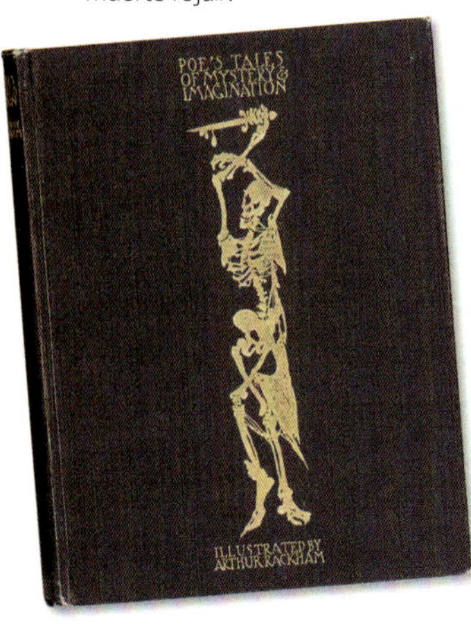

Nuevas formas de asustar

Había muchos tipos de historias de fantasmas. Algunas se inspiraban en tradiciones folclóricas en las que los fantasmas regresaban con un propósito concreto: revelar a un asesino, vengarse o señalar un tesoro desaparecido. Muchas se vieron influidas por nuevas ideas vinculadas al auge del espiritualismo, con médiums como personajes habituales. En «My visitation» (1858), de Rose Terry Cooke, una narradora anónima recibe la visita del fantasma de la mujer a la que amó.

Algunos autores buscaron nuevas formas de crear y explorar el miedo. Los relatos de terror de Edgar Allan Poe, entre ellos «El gato negro» (1843), en el que un gato parece regresar de entre los muertos para revelar un asesinato, se basaban en el terror psicológico, la desintegración mental y la incertidumbre. Henry James, por su parte, jugaba con finales abiertos. En su obra maestra *Otra vuelta de tuerca* (1898), el lector nunca sabe si la historia de la institutriz sobre un embrujo y la muerte de un niño es cierta o si se basa en sus propios delirios.

Cuentos de lo inexplicable

Más allá de los fantasmas, los autores exploraban cada vez más lo sobrenatural, con historias sobre lo inexplicable. En «Té verde» (1872), de Sheridan Le Fanu, un vicario es perseguido por un mono demoníaco. Por su parte, M. R. James introdujo en su obra grabados con vida propia, manuscritos demoníacos, criaturas que habitan en pozos y seres vampíricos.

Las historias de fantasmas siguen fascinando y entreteniendo hoy día, con películas y adaptaciones televisivas listas para asustar a una nueva generación en todo el mundo. *Otra vuelta de tuerca* ha tenido múltiples adaptaciones, en películas como *Suspense* (1961) o series como *La maldición de Bly Manor* (2020).

▶ Junto a la chimenea
Los cuentos de fantasmas no se leían a solas, sino que se compartían. Muchos relatos empiezan con un grupo de amigos sentados alrededor de una chimenea. En la ilustración de Alfred Bestall *The Ghost Story* (1930), la familia no es la única que escucha…

La leyenda de Sleepy Hollow

«La leyenda de Sleepy Hollow» (1819), de Washington Irving, es uno de los relatos de terror más famosos de Estados Unidos. Cuenta la historia del maestro de escuela Ichabod Crane, que, recién llegado a Sleepy Hollow (Nueva York), echa el ojo a la bella Katrina van Tassel y a sus tierras. En la localidad corren rumores sobre un jinete sin cabeza, del que se dice que es un hessiano (soldado alemán) que luchó por los británicos en la guerra de la Independencia (1775–1783) y que ahora cabalga de noche con la cabeza bajo el brazo. Una noche, Ichabod es perseguido por el jinete y desaparece. Una calabaza rota encontrada en el lugar sugiere que el perseguidor no era un espectro, sino Brom el Huesos, el pretendiente favorito de Katrina, que jugó una mala pasada a su rival. Pero nunca se vuelve a ver a Ichabod.

Irving se vio influido por sus viajes por Europa, en especial por el folclore alemán y el espíritu sin cabeza Numbernip de las *Leyendas de Rübezahl* (1865) de Johann Karl August Musäus. Pero creó un mito particularmente americano (si bien colonial), al sacar su fantasma de la guerra de la Independencia, vincular el cuento a la historia holandesa del valle del Hudson y relegar las creencias indígenas americanas al epílogo. La leyenda sigue siendo popular, recordada en festivales anuales y numerosas reinterpretaciones en la literatura y el cine.

«[…] así es como se dio al espectro el nombre de el Jinete sin Cabeza de Sleepy Hollow.»

WASHINGTON IRVING LA LEYENDA DE SLEEPY HOLLOW (1819)

▲ **Ichabod Crane perseguido por el jinete sin cabeza** en una pintura de William John Wilgus de 1856

▲ **Atravesando el corazón**
El método habitual para reducir a los presuntos vampiros era clavarles una estaca en el corazón. Se decía que a menudo gritaban al recibir el golpe.

CULPAR A LOS MUERTOS

pánico vampírico

El vampiro saltó a la fama en el siglo XVIII, después de que varios casos provocaran el pánico en algunas partes de Europa y, más tarde, en Estados Unidos. Se exhumaron y mutilaron cadáveres mientras la gente trataba de asimilar muertes inexplicables. Hay muchas razones posibles para el pánico vampírico: el desconocimiento de la descomposición corporal, las enfermedades epidémicas, la malnutrición, pero no está clara la causa última.

Detección de vampiros

En 1725, el campesino serbio Peter Blagojević fue acusado de matar a ocho personas tras su muerte. Antes de morir, todas las víctimas declararon que Peter las había visitado por la noche y las había estrangulado. Acompañados por el cura local y el provisor imperial Ernst Frombald, un funcionario austriaco, los aldeanos exhumaron el cadáver de Peter y hallaron todos los signos de un vampiro: no se había descompuesto, tenía el pelo y las uñas largos y sangre fresca en la boca. Clavaron una estaca en su cadáver y la sangre brotó de sus orejas y su boca. Frombald envió su informe a Austria, donde se publicó en un periódico y circuló ampliamente. De repente, los vampiros fueron objeto de investigación científica y teológica. En 1731 ocurrió un caso similar en Medveđa (Serbia), y se enviaron investigadores para determinar la realidad de estas suposiciones vampíricas. El médico militar enviado vio a las víctimas moribundas y abrió tumbas, y mandó un informe que coincidía con los lugareños y confirmaba la existencia de vampiros.

Sin piedad

La primera alarma vampírica conocida en Estados Unidos se produjo en junio de 1784. Por entonces, muchas personas morían de tuberculosis, que se creía causada por vampiros. En una carta al director de un periódico local, Moses Holmes hablaba sobre un médico extranjero que aconsejaba desenterrar y profanar los cadáveres de familiares en busca de vampiros. Para encontrar a un vampiro, se exhumaban los cadáveres y se examinaban para ver si estaban frescos y contenían sangre líquida; de ser así, se quemaban. Varios habitantes de Nueva Inglaterra llevaron a cabo el ritual, entre ellos Isaac Burton, que desenterró a su primera esposa en 1793, creyendo que era la causante de la enfermedad de la segunda.

El «vampiro» más famoso de Nueva Inglaterra es Mercy Brown, que murió de tuberculosis en 1892. Cuando Edwin, su hermano, enfermó, exhumaron su cuerpo y se encontró apenas descompuesto. Quemaron su hígado y su corazón ensangrentado y lo convirtieron en un tónico para su hermano, pero eso no lo salvó.

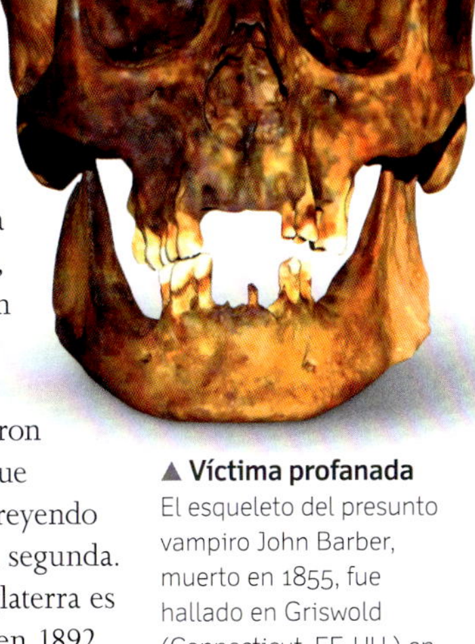

▲ **Víctima profanada**
El esqueleto del presunto vampiro John Barber, muerto en 1855, fue hallado en Griswold (Connecticut, EE. UU.) en 1990. Le habían quitado la cabeza y las piernas, y desgarrado la caja torácica para extraerle el corazón.

EN CONTEXTO

Crónicas vampíricas

Augustin Calmet fue un monje católico francés famoso por su *Disertación sobre las apariciones de ángeles, demonios y espíritus, y sobre los retornados y vampiros de Hungría, Bohemia, Moravia y Silesia*, publicada en 1746. Aplicó la razón científica y teológica a los casos de vampiros y propuso posibles explicaciones naturales o fallos lógicos en las historias. Al final, sin embargo, concluyó que «debemos guardar silencio [...] ya que a Dios no le ha placido revelarnos ni el alcance del poder del demonio, ni la forma en que estas cosas pueden darse».

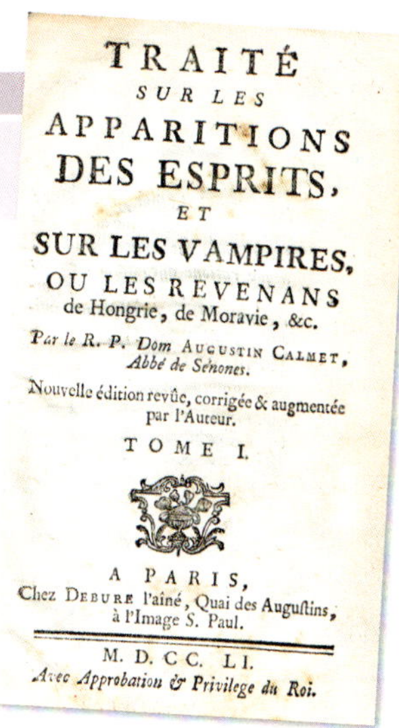

TRAITÉ
SUR LES
APPARITIONS
DES ESPRITS,
ET
SUR LES VAMPIRES,
OU LES REVENANS
de Hongrie, de Moravie, &c.
Par le R. P. Dom AUGUSTIN CALMET,
Abbé de Sénones.
Nouvelle édition revûe, corrigée & augmentée par l'Auteur.
TOME I.
A PARIS,
Chez DEBURE l'aîné, Quai des Augustins, à l'Image S. Paul.
M. D. CC. LI.
Avec Approbation & Privilege du Roi.

Esta edición de 1751 de la obra de Calmet ya no incluía en su título a ángeles ni demonios.

MONSTRUOS CHUPASANGRE

vampiros

Las historias sobre seres que se alimentan de la sangre de los vivos son antiguas. En Mesopotamia (pp. 22–25), se creía que el demonio Lamashtu mataba a los niños, bebía la sangre de los hombres y se comía su carne, provocaba abortos y pesadillas a sus víctimas. En Asiria, hace 4000 años, una madre escribió un conjuro contra los *ekimmu*, espíritus vampíricos que se creía que absorbían la vida de los niños dormidos y poseían los cadáveres de sus víctimas. Las lamias de la antigua Grecia eran espíritus femeninos voraces que seducían a los hombres y luego los consumían. Más tarde, en la Inglaterra medieval, Guillermo de Newburgh registró historias de cadáveres andantes, cuerpos de hombres impíos que propagaban la peste tumbándose sobre sus víctimas. A uno de ellos lo llamó *sanguisuga*, que significa «chupasangre».

▲ **Sed insaciable**
En el folclore filipino, la palabra *asuang* designa a toda una serie de criaturas a las que les encanta darse festines de sangre y carne humanas. A menudo se las representa con una lengua larga y puntiaguda, que usan para chupar sangre y vísceras.

Muertos vivientes

El vampiro procede del folclore y la mitología de Europa Central y Oriental: el *strigoi* rumano, el *upir* eslavo, el *brucolaco* griego, el *vampir* serbio. Estas tradiciones de no muertos confluyeron en la figura del vampiro del siglo XVIII –un cadáver reanimado por demonios o incapaz de descansar debido a algún crimen cometido en vida– y sembraron el pánico en Europa y Estados Unidos (pp. 214–215).

Se decía que los vampiros se cebaban en quienes habían conocido en vida, chupándoles poco a poco la sangre y la vida. La víctima parecía morir de una enfermedad misteriosa e intratable, por lo que los casos de vampirismo suelen estar ligados a brotes de enfermedades. Se desarrollaron formas de combatir a los presuntos vampiros, como quemar el cadáver, extirparle partes del cuerpo o clavarle una estaca en el corazón.

▼ **Mujer fatal**
El artista surrealista polaco Biegas Boleslaw utilizó criaturas vampíricas como alegoría de la lucha entre sexos. En *Un vampiro con forma de lagarto* (1916), un hombre desnudo es dominado por un gran vampiro reptiliano con alas y cabeza de mujer.

Otros chupasangres

Criaturas parecidas a los vampiros aparecen en leyendas de todo el mundo. En el folclore ewe de Togo y Ghana, el *adze* se transforma en luciérnaga para pasar por el ojo de las cerraduras y chupar la sangre de sus víctimas. La *soucouyant* caribeña es una anciana de día, pero por la noche se quita la piel y entra en las casas como una bola de fuego para beber sangre. El *pishtaco*, una criatura vampírica de los cuentos peruanos, suele disfrazarse de hombre blanco y no se alimenta de sangre, sino de la grasa de sus víctimas. En Filipinas, el *manananggal* puede dividir su cuerpo en dos, y de su torso crecen alas que le ayudan a cazar; sus víctimas habituales son mujeres embarazadas, y utiliza su larga lengua para succionar el corazón del feto.

◀ **El conde maldito**
Drácula, la novela de Bram Stoker de 1897, inspiró algunas de las primeras películas de terror, como esta adaptación de 1931. Stoker se basó en historias de vampiros anteriores, como *Carmilla* (1872) de Sheridan Le Fanu, en casos «reales» de vampirismo y en Vlad III de Valaquia, también conocido como Vlad Drácula («Hijo del Dragón»), que empalaba a sus víctimas en estacas.

Íncubos y súcubos

Desde antiguo se ha supuesto que los demonios venían a los humanos mientras dormían. Se creía que tanto las pesadillas como los terrores nocturnos eran causados por demonios que visitaban a los durmientes en las horas de oscuridad, cuando se creía que las defensas espirituales estaban más débiles. En la época medieval, dos de los más temidos de estos demonios se denominaban íncubos y súcubos.

Se creía que el íncubo (del latín *incubus*: «que yace encima») seducía a las mujeres mientras dormían. Algunas versiones de las leyendas del rey Arturo afirmaban que el mago Merlín fue engendrado por un íncubo, y era común la creencia de que las uniones entre humanos y demonios daban como resultado una descendencia semidemoníaca.

El súcubo (del latín *succubus*: «que yace debajo») se describía como un hermoso demonio femenino que seducía a los hombres dormidos. Según el folclore judío, la primera esposa de Adán, Lilith, que lo abandonó, regresó como súcubo y atormentaba a los hombres con sueños sexuales.

En la Edad Media, cuando se tenía en alto valor la castidad en general y, en particular, en las órdenes religiosas, estos demonios se consideraban una amenaza para la salvación. Se creía que súcubos e íncubos colaboraban para robar el semen de un hombre y fecundar a una mujer dormida. Según el rey Jacobo I de Inglaterra, incluso tomaban fluidos corporales de los muertos para crear sus propios hijos.

«Siempre ha habido […] demonios íncubos y súcubos.»

MALLEUS MALEFICARUM (1486)

▲ **Un íncubo se sienta amenazador** sobre una mujer dormida en *La pesadilla* (1781) de Johann Heinrich Füssli.

ALMAS QUE VUELVEN A CASA

kehua y espíritus maoríes

▼ Canoa fantasma
Este cuadro de Kennett Watkins representa una *waka wairua* (canoa espiritual) deslizándose por el lago Tarawera de la isla Norte en 1886. Los testigos maoríes de la fantasmagórica aparición la vieron como un presagio de desastre cuando, once días después, el 10 de junio de 1886, el monte Tarawera entró en erupción, causando mortandad y devastación.

Los maoríes de Aotearoa (Nueva Zelanda), como otros pueblos polinesios, creen que proceden de una antigua patria llamada Hawaiki, donde residen sus *atua* (espíritus ancestrales). Las creencias maoríes se han transmitido oralmente a través de historias y canciones. Hablan de espíritus guardianes ancestrales, fantasmas diversos y seres parecidos a las hadas, pero estas creencias se consideran un tema *tapu* (sagrado o tabú), que no debe tratarse con extraños.

Los maoríes creen que el *wairua* (espíritu) de una persona permanece cerca del cadáver del difunto hasta su entierro. Aliviados por el ritual *tuku wairua*, en el que se entonan cánticos de despedida y los familiares se cortan mechones de pelo, los *wairua* viajan al cabo Reinga, o Te Rerenga Wairua («el lugar de salto de los espíritus»), en el extremo septentrional de la isla Norte. Allí, los espíritus descienden al inframundo Rarohenga, un lugar de luz y paz, deslizándose por las raíces de un antiguo árbol pōhutukawa. Desde Rarohenga, los espíritus regresan a Hawaiki, la tierra de los antepasados.

Algunos *wairua* no consiguen regresar a Hawaiki, ya sea porque los ritos funerarios fueron incorrectos, por nacer muertos o porque en vida fueron tan

malvados que el inframundo se niega a acogerlos. Se convierten en *kehua* (fantasmas) que se aparecen en sueños o a los *tohungas*, sacerdotes que actúan como médiums con los espíritus muertos. Aunque no son intrínsecamente malignos, los *kehua* pueden aparecer en *kahua atua* (procesiones de espíritus) que presagian desastres, como el del monte Tarawera en 1886. También pueden habitar en los *kakariki*, lagartos de un verde brillante que emiten un sonido parecido a una risa maliciosa. Los *kikokiko*, *kehua* de los malvados, pueden causar enfermedades o poseer a los vivos.

Espíritus tímidos y criaturas marinas

Según la tradición oral, el paisaje de Aotearoa estaba poblado de seres sobrenaturales cuando llegaron los maoríes. Los *patupaiarehe*, tímidas criaturas con aspecto de hadas, piel clara y pelo rojo o rubio, que a veces raptaban a mujeres maoríes, vivían en bosques y cimas de montaña. Solo comían productos del bosque o pescado crudos; los alimentos cocinados les ahuyentaban, pues no soportaban su olor. Los *maero* eran más temidos. Enormes, con el cuerpo cubierto de pelo oscuro, blandían garrotes de piedra y atacaban a los humanos que se adentraban en sus dominios. Vivían en Aotearoa antes que los maoríes y estaban resentidos por su desplazamiento.

Los *ponaturi*, criaturas marinas de pelo rojo y piel blanca, temían la luz del día pero salían a tierra por la noche, y acuchillaban a sus víctimas humanas con sus uñas largas y afiladas. Una historia cuenta que un héroe maorí, Tawhaki, se vengó de los *ponaturi* que habían matado a su padre atrapándolos en su casa hasta el amanecer; entonces abrió todas las ventanas e inundó la casa de luz, lo que acabó con ellos. Pero, al igual que con los *kehua*, los maoríes creen que es mejor respetar a estas criaturas y evitar enfurecerlas.

▲ Hogar ancestral
Unas canoas se preparan para abandonar el hogar ancestral de Hawaiki en busca de nuevas tierras en este grabado del siglo XX. Hawaiki es el lugar al que los maoríes regresan tras la muerte. También es el lugar donde el ser supremo Io creó el mundo.

▶ Contacto prohibido
Una mujer da de comer a un *tohunga* (sacerdote) con un largo tenedor en esta fotografía de *c.* 1920. Las manos de los santones maoríes se consideraban *tapu* (sagradas o tabú) por su asociación con *atua* (espíritus ancestrales) y fantasmas. Esto les prohibía alimentarse ellos mismos o ser tocados.

> «Si muero debéis atrapar mi espíritu, ya que seguramente pasará por aquí en su viaje a Te Rerenga Wairua.»
>
> **TŌHĒ, JEFE DE LA TRIBU NGĀTI KAHU**, INDICANDO A SU PUEBLO QUÉ HACER SI MORÍA EN EL VIAJE EN BUSCA DE SU HIJA

▲ **Visitante espiritual**
Los médiums celebraban sesiones para hablar con los muertos. Este dibujo del siglo XIX representa a Annie Morgan, una mujer que se decía muerta 200 años antes, apareciéndose en una reunión espiritista en Filadelfia (EE. UU.) en 1876.

CRUZAR EL VELO

creencias espiritualistas

El espiritualismo moderno comenzó en Estados Unidos en 1848, cuando dos hermanas, Kate y Maggie Fox, afirmaron que se comunicaban con espíritus. Según decían, estos respondían a sus preguntas y peticiones con golpeteos (*raps*). No era el primer caso de «fantasmas que golpean»: el supuesto fantasma de Cock Lane (p. 282) se había comunicado de la misma manera en 1762; pero este caso se reveló como un engaño.

La obra de Emanuel Swedenborg y Franz Mesmer sentó las bases para una nueva interpretación del fenómeno del *rapping*. Swedenborg, un místico sueco, había afirmado que los espíritus le revelaban el mundo espiritual. En él había una serie de infiernos y cielos por los que se movían los espíritus y un lugar intermedio llamado el «mundo de los espíritus»; y afirmaba que estos podían comunicarse con los vivos. El mesmerismo, o «magnetismo animal», sostenía que existía una fuerza invisible en todos los seres que los conectaba y que podía utilizarse tanto para curar como para inducir trances. Influido por las obras de Mesmer y Swedenborg, Andrew Jackson Davis –el «vidente de Poughkeepsie»– escribió en 1847 *The Principles of Nature, Her Divine Revelations, and a Voice to Mankind* mientras estaba en trance. En ese libro, que devino un importante texto espiritualista, afirmaba que los espíritus podían conversar entre sí dentro y fuera del cuerpo. Davis acogió las afirmaciones de las hermanas Fox como prueba de sus teorías y las invitó a la ciudad de Nueva York, lo que propició su fama y el auge del espiritualismo.

▲ **Comunicación espiritual** Esta ilustración del libro de Andrew Jackson Davis *The Present Age and Inner Life (1853)* representa la comunicación entre los espíritus y los vivos a través de una suerte de cable telegráfico.

El movimiento se extiende

El espiritualismo creció con rapidez, llegando a Gran Bretaña en la década de 1850 y extendiéndose al resto del mundo en la siguiente. Los practicantes se congregaban en reuniones en torno a médiums. No había un conjunto rígido de creencias o prácticas, si bien todos creían en la existencia de un mundo espiritual, en la continuidad de la existencia y el desarrollo espiritual después de la muerte, y en la posibilidad de comunicarse con los espíritus. Revistas como *Banner of Light* (1857–1907) proporcionaban una forma de compartir ideas y creencias.

En la década de 1870 ya habían aparecido iglesias espiritualistas, y aún hoy existen en todo el mundo muchas congregaciones. No existe una jerarquía centralizada, pero la mayoría de las iglesias suelen pertenecer al menos a una de las grandes asociaciones, como la Spiritualits' National Union (Reino Unido), la National Spiritualist Association of Churches (EE. UU.) y la Federación Espiritista Internacional. Estas sociedades apoyan el trabajo de los espiritistas y ofrecen principios rectores para las creencias espiritistas. La Spiritualits' National Union británica, fundada en 1902, propone siete principios clave del espiritualismo, y ha desempeñado un papel importante en la definición de la posición jurídica de los médiums, que podían ser procesados por «adivinación» en virtud de la Ley de Vagancia (1824), o de la Ley de Brujería (1735), que a veces se utilizó para procesar a los espiritistas por fraude.

EN CONTEXTO

Las hermanas Fox

Kate y Maggie Fox tuvieron un papel clave en el auge del espiritualismo a mediados del siglo XIX. Eran niñas cuando afirmaron que los golpes que se oían en su habitación procedían de un vendedor ambulante asesinado. Tras ser invitadas a Nueva York por Andrew Jackson Davis, empezaron a cobrar por asistir a sus demostraciones. Junto con su hermana mayor, Leah, se convirtieron en médiums profesionales y espiritistas entregadas. En 1888, Maggie reveló que los *raps* eran un engaño producido con manzanas colgadas de cuerdas y haciendo crujir las articulaciones de los dedos de los pies.

Las hermanas Leah, Kate y Maggie Fox (de izda. a dcha.) ayudaron a impulsar el auge del espiritualismo en Estados Unidos y Europa en el siglo XIX.

Un movimiento popular

El espiritualismo adquirió importancia en un contexto de cambio de creencias. En sus epicentros de Estados Unidos y Reino Unido, ofrecía una alternativa a las creencias cristianas tradicionales, que enfatizaban la imposibilidad de comunicarse con los muertos y un desolador castigo eterno para los pecadores. En cambio, el espiritualismo ofrecía la posibilidad de comunicarse con los seres queridos perdidos. No es casual que se popularizara durante la Guerra Civil estadounidense (1861–1865), que causó muchas bajas en ambos bandos.

El espiritualismo también ofrecía consuelo a los padres que habían perdido a sus hijos. Mediado el siglo XIX, entre el 20 y el 40 por ciento de los niños estadounidenses morían antes de los cinco años. Los «niños espíritu» (niños muertos que seguían creciendo y madurando en el más allá) se convirtieron en centro de la práctica de algunos médiums que afirmaban comunicarse con ellos, y se aparecían a sus padres en sesiones multitudinarias.

◀ **El *boom* impreso**
A finales del siglo XIX proliferaron los textos espiritualistas. Este volumen, *Art Magic; Or Mundane, Sub-Mundane and Super-Mundane Spiritism* (1876), fue editado por la escritora espiritualista inglesa Emma Hardinge Britten y su marido.

▼ **Líder comunitaria**
Madre Catherine Seals fue una curandera y líder espiritualista que fundó el Templo de la Sangre Inocente en Nueva Orleans en 1922. Seals, mostrada aquí hacia 1925, tuvo como mentora a Madre Leafy Anderson, fundadora del movimiento de la iglesia espiritual negra estadounidense.

Influencias espiritualistas

A partir del espiritualismo se desarrollaron otros sistemas de creencias. El espiritismo (pp. 228–229), especialmente popular en Brasil, se basó en la obra de Allan Kardec en la década de 1850. Algunas comunidades espiritualistas surgieron de presiones sociales más que de creencias alternativas. En Estados Unidos, las leyes Jim Crow, que imponían la segregación racial, impedían a los negros unirse a las congregaciones espiritualistas blancas, lo que llevó a la formación de la National Colored Spiritualist Association. Muchas iglesias espiritualistas negras absorbieron creencias cristianas o de las religiones sincréticas (pp. 172–175) practicadas por la comunidad.

Del espiritualismo surgieron diversas prácticas, como la cirugía psíquica, que se desarrolló en Brasil y Filipinas en el siglo XX, y en la que el practicante pone sus manos desnudas sobre la parte del cuerpo afectada y supuestamente puede extirpar tumores (sin incisión) y curar mediante la sola guía espiritual. Esta práctica ha sido denunciada por profesionales de la medicina y ha dado lugar a juicios por fraude. Otras prácticas menos controvertidas que implican la comunicación con el mundo espiritual son la pintura de espíritus y la psicografía (escritura automática; p. 228). En ambos casos, las manos de los practicantes parecen ser guiadas por los espíritus mientras están en trance.

▲ Gloria guiada
La médium y artista victoriana Georgiana Houghton creía estar en contacto con espíritus, entre ellos el del pintor renacentista Tiziano. Guiada por esos espíritus, creó pinturas abstractas como *Gloria a Dios* (*c.* 1868).

«Es una verdad que los espíritus comulgan entre sí mientras uno está en el cuerpo y el otro en las esferas superiores.»

ANDREW JACKSON DAVIS, *THE PRINCIPLES OF NATURE* (1847)

El gabinete de un ocultista

La fascinación por lo oculto aparece en los registros históricos más antiguos, y ya en 3000 a. C. se practicaban técnicas de adivinación, como la observación de cristales. Con el paso del tiempo, las tradiciones ocultas evolucionaron y los practicantes adquirieron numerosos utensilios para sus rituales. En el siglo XIX, el auge del espiritualismo (pp. 222–225) coincidió con una edad de oro de la invención, y se desarrollaron instrumentos para establecer contacto con el mundo de los espíritus y transcribir mensajes supuestamente enviados por los muertos.

▲ **Pizarras** como esta del siglo XIX eran utilizadas por los médiums, que manifestaban mensajes de los muertos a través de la psicografía (p. 228).

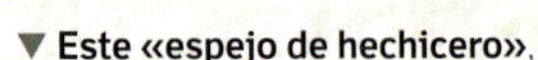

▼ **Este «espejo de hechicero»**, con lentes convexas incrustadas, refleja una imagen inestable para conjurar visiones en el ojo de la mente o confundir y repeler a los malos espíritus.

Las lentes convexas distorsionan la imagen

▲ **Las bolas de cristal** se han utilizado durante milenios para la adivinación, la clarividencia o la comunicación con reinos invisibles.

▲ **Este tablero artesanal** (pp. 236–237), con letras y símbolos árabes, fue creado por Beth Dereli en 2015. Los tableros pueden personalizarse según las necesidades del practicante.

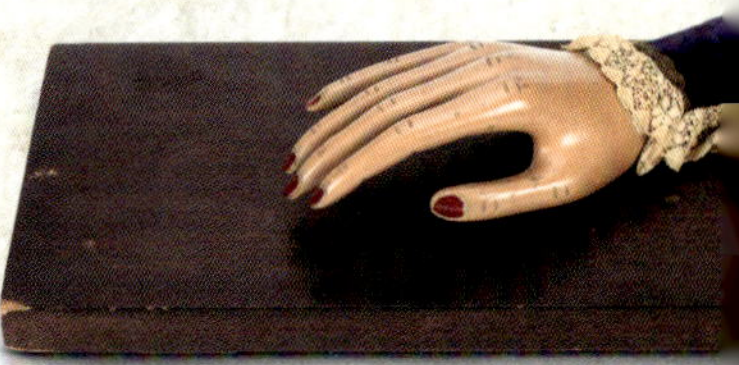

▶ **Las manos de espíritu** se utilizaban en el siglo XIX como atrezo de los médiums en las sesiones espiritistas (y a menudo se manipulaban con dispositivos secretos).

▶ **Este comunicador espiritual telepático** fue construido por el relojero W. T. Braham *c.* 1900 para retransmitir las palabras de los espíritus.

◀ **Esta «trompeta luminosa»** es una trompeta espiritual de cartón fabricada por The Two Worlds Publishing Co. *c.* 1920. Servía como megáfono para amplificar las voces de los espíritus.

W X Y Z
Yes
Good Bye

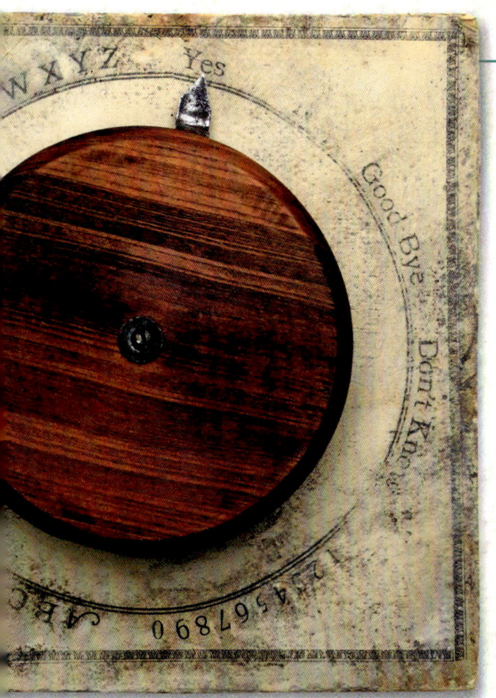

▲ **La Dial Planchette** (o psicógrafo) fue desarrollada en la década de 1880 por Hudson Tuttle como un tablero parlante barato, ligero y de venta por correo.

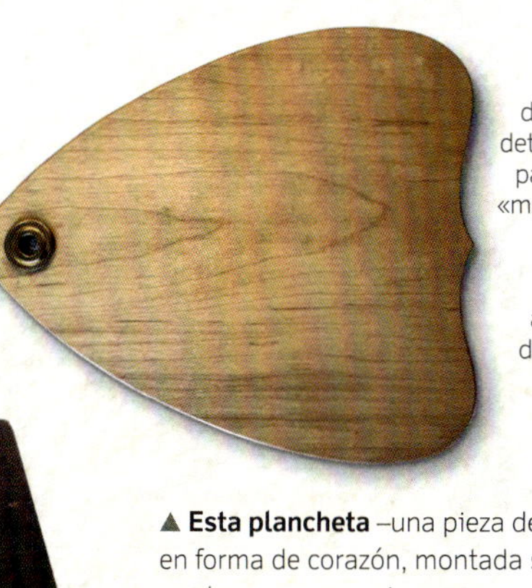

▲ **Esta plancheta** –una pieza de madera en forma de corazón, montada sobre ruedas, con un agujero para un lápiz– fue creada en 1853 para la psicografía.

OPQRSTUVWXYZ
DOUBTFUL
TRY AGAIN
GOOD NIGHT

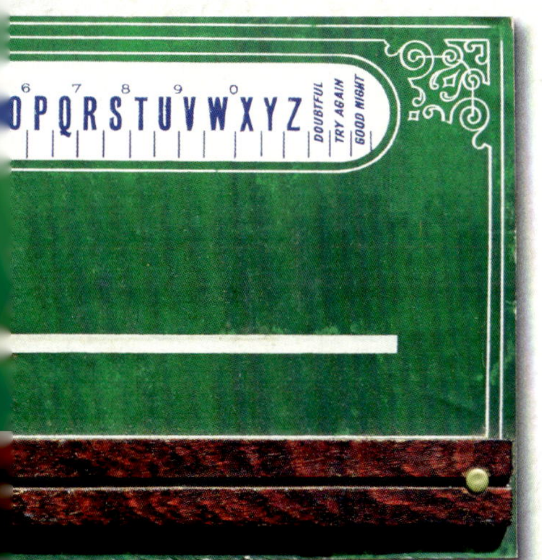

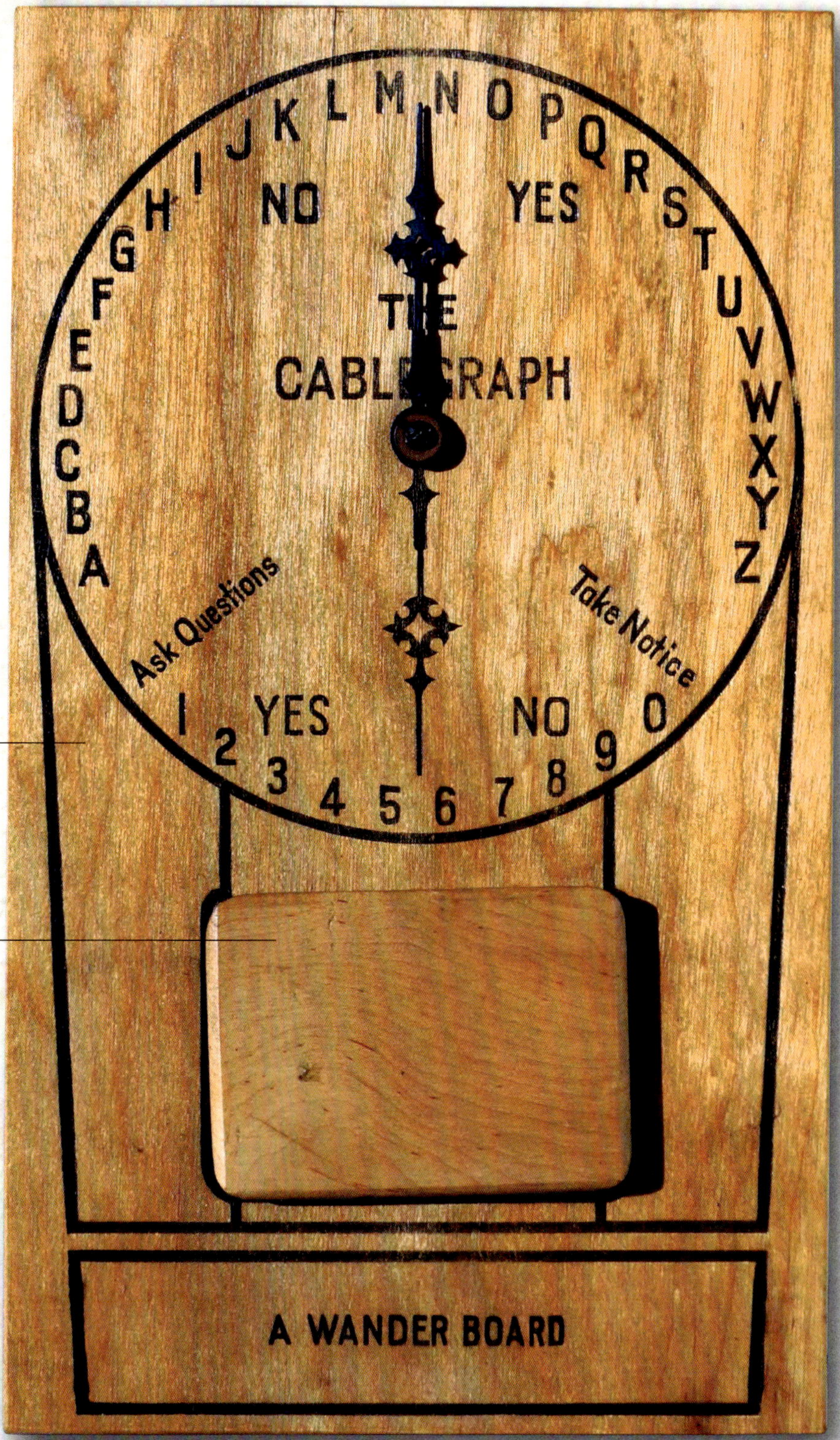
Contorno de herradura detrás del dial, para atraer el «magnetismo»
Área para apoyar los dedos o las manos
NO
YES
Ask Questions
Take Notice
YES
NO
A WANDER BOARD

▲ **El Wander Board** (o cablégrafo), diseñado por G. F. Pearson en 1900, sustituyó la polea y la cuerda de la Dial Planchette por una palanca y engranajes para un funcionamiento más suave.

VIDA DESPUÉS DE LA VIDA

espiritismo

▲ Llamando a los espíritus
Esta fotografía de 1977 de una ceremonia umbanda muestra a médiums cantando, bailando y tocando tambores como parte de un ritual que, según ellos, conduce a la posesión por espíritus.

En la década de 1850, el pedagogo francés Hippolyte Rivail se interesó por las sesiones espiritistas, reuniones en las que los espíritus de los muertos se comunican con los vivos a través de un médium psíquico. Impresionado por lo que veía, planteó preguntas a varios médiums y registró las respuestas de los espíritus. A partir de ellas, y bajo el nombre de Allan Kardec, Rivail publicó *El libro de los espíritus*, que se convirtió en la base del espiritismo.

Renacimiento espiritual

Basándose en las respuestas de los espíritus, en particular de uno al que llamó Céfiro, Kardec reveló lo que creía que era la verdadera naturaleza del universo. Kardec proclamó que Dios era el único ser perfecto, conocido como la Inteligencia Suprema, y que había creado espíritus con libre albedrío. Estos podían encontrarse en seres vivos o desencarnados (sin cuerpo físico), pero capaces de hablar a través de médiums. Según la doctrina espiritista de Kardec, al morir una persona su espíritu se desencarna, pero puede renacer en un nuevo cuerpo. A lo largo de muchas reencarnaciones, el espíritu puede mejorar mediante actos de caridad y fortalecerse. Kardec también afirmaba que existían otros mundos invisibles en el cosmos donde los espíritus podían renacer. Murió en 1869, y en su tumba se grabó la idea central de la enseñanza espiritista: «Nacer, morir, renacer y progresar sin cesar. Esa es la ley».

Variaciones regionales

La Iglesia católica se opuso al espiritismo, pese a que Kardec predicaba que Jesús era la guía moral para el ser humano. En 1861 llegaron a Barcelona 300 copias de textos espiritistas que fueron confiscadas por el obispo Palau y quemadas públicamente. No obstante, el espiritismo siguió siendo popular en Europa hasta que el Código de Derecho Canónico de 1917 prohibió su práctica entre los católicos.

En Sudamérica, el espiritismo siguió su expansión ayudado por la larga historia de sincretismo religioso de la región, donde las creencias populares se añadieron al culto católico. Hoy hay 3,8 millones de espiritistas activos en Brasil, y muchas escuelas y hospitales psiquiátricos están dirigidos por espiritistas. Asimismo, la macumba, una práctica mágica con espíritus, y la umbanda, una religión popular, combinaban creencias animistas llevadas a Brasil por los africanos esclavizados con elementos del espiritismo de Kardec.

EN CONTEXTO

Psicografía

Los espiritistas creen que los espíritus pueden comunicarse mediante la escritura: el espíritu toma la mano del médium en un proceso llamado psicografía, o escritura automática. La psicografía ha tenido gran relevancia en Brasil. El médium Chico Xavier (1910–2002) produjo poemas, libros y películas, según él, escritos por espíritus. Los familiares del difunto poeta Humberto de Campos demandaron a Xavier por violación de los derechos de autor de unos poemas que, según el médium, habían sido canalizados por Campos, pero perdieron el caso.

Se supone que la psicografía funciona a través del control directo del espíritu sobre el médium, como muestra esta ilustración de 1863.

74e ANNEE — Le Numéro : 2 fr. 50 — Octobre 1931

LA REVUE SPIRITE

FONDÉE EN 1858 PAR ALLAN KARDEC

JOURNAL
D'ÉTUDES PSYCHOLOGIQUES
ET DE
SPIRITUALISME EXPERIMENTAL

SOMMAIRE

		Pages
Le Congrès Spirite International de La Haye......	André Ripert.............	423
Discours de M. Andry-Bourgeois	X. X..................	439
Discours de M. Hubert Forestier..............	X. X..................	443
Rapport du Secrétaire général au Comité général et au Congrès.	André Ripert.............	446
Conclusions du Congrès......................	F. S. I..................	450
La nature des fantômes dans les phénomènes de hantise (II).	Ernest Bozzano...........	450
Le Néo-Druidisme et les conceptions modernes (III).	Gaston Luce.............	454
Chronique étrangère	Sulyac..................	459

La " Palladino autrichienne " expérimentée par un groupe de médecins. — Une lettre de Mrs Conan Doyle au Dr Kindborg. — Une villageoise lombarde se souvient de ses vies antérieures. — M. Bestermann jugé par le monde psychique. — Une précieuse indication obtenue dans une séance spirite. — Une controverse sur le spiritisme à Calo. — Une exposition d'art médiumnique à Berlin. — L'Eglise Ecossaise et ses débats sur le spiritisme. — L'attitude des Jésuites à l'endroit du spiritisme. — L'évêque suédois chez le magicien lappon. — Gabriel d'Annunzio et le spiritisme. — Rappel télépathique de Suède en Danemark. — Le médium Frédéric Kordon-Véri. — Le Dr Emil Mattiesen et les maisons hantées. — Vague mystique ou progrès du spiritualisme expérimentıl. — Le fantôme de l'Amiral Nelson. — Conclusions d'une enquête en Angleterre. — Le spiritisme aux Indes Néerlandaises. — Un désastre évité. — Petites nouvelles.

Journaux et Revues. — Communiqués de nos Correspondants. — Maison des Spirites. — Bibliographie. — Liste de souscription pour la Propagande. — Au travail !

BUREAUX & ADMINISTRATION : 8, rue Copernic, PARIS (XVIe)

◀ ***La Revue Spirite***
La revista mensual francesa de debate sobre creencias espiritistas fue fundada por Allan Kardec en 1858 y sigue publicándose en la actualidad. Ha publicado artículos de los escritores Victor Hugo y Arthur Conan Doyle, así como de diversas personalidades científicas.

UNA FASCINACIÓN VICTORIANA

celebridades y ocultismo

La era victoriana (1837–1901) fue una época de rápido desarrollo tecnológico y científico en Gran Bretaña y otros países. Los nuevos descubrimientos científicos y médicos llevaron a cuestionar creencias ya aceptadas, como la autoridad de las escrituras religiosas, empleadas tradicionalmente para definir y explicar el mundo. Aparecieron enfoques alternativos de lo espiritual y lo sobrenatural, que parecían ofrecer pruebas de sus afirmaciones; entre ellos, el espiritualismo (pp. 222–225), el espiritismo (pp. 228–229) e incluso el mesmerismo (p. 222).

La sociedad victoriana empezó a tomarse en serio la investigación de lo paranormal no solo para desacreditar engaños. En *The Night Side of Nature* (1848), Catherine Crowe combinó un compendio de incidentes sobrenaturales, incluidas visitas fantasmales, con un reto a los lectores para que investigaran los fenómenos ocultos por lo que pudieran decirles sobre el mundo. En 1882 se creó la Sociedad para la Investigación Psíquica, dedicada a explorar fenómenos «psíquicos» como el hipnotismo, la telepatía, las apariciones y la mediumnidad.

▼ Espectáculo de salón
En esta xilografía (*c.* 1850), los asistentes a una sesión de espiritismo se sientan alrededor de una mesa, con las manos con las palmas hacia abajo, a la espera de comunicarse con los muertos. Estas sesiones eran una forma popular de entretenimiento en las fiestas.

«27 de agosto – fuerte evidencia de poder espiritual. La mesa, tras una suave vibración, se volvió ingobernable, y se levantó dos pies del suelo.»

CATHERINE BERRY, MÉDIUM, DESCRIBIENDO UNA SESIÓN PRIVADA EN SU DIARIO (1876)

◀ **Bola de cristal**
Un cartel publicita una actuación escénica del vidente Alexander, un mago estadounidense que respondía a las preguntas del público con la ayuda de una bola de cristal.

▲ **Artimañas escénicas**
En esta fotografía de 1925, el ilusionista Harry Houdini finge una expulsión de ectoplasma sosteniendo un paño fino entre los dientes, para desacreditar el fenómeno.

Una forma popular de explorar lo sobrenatural eran las sesiones de espiritismo, ya fueran reuniones en el hogar o grandes exhibiciones públicas a cargo de médiums célebres como Helen Duncan. En ellas, los médiums actuaban como intermediarios entre vivos y muertos. Lo hacían de distintas formas, como entrando en estados de trance o canalizando espíritus. Muchos médiums tenían «guías espirituales» que eran su punto de contacto con el reino espiritual.

Con el tiempo, los médiums encontraron formas cada vez más llamativas de actuar o practicar, con espectáculos como la escucha de golpes, la escritura automática, el uso de tableros de espíritus (pp. 236–237) y la mesa giratoria. En las sesiones pequeñas, se solía pedir a los asistentes que se sentaran en torno a una mesa cogidos de la mano en la oscuridad para facilitar la comunicación espiritual (condiciones que también facilitaban a los médiums el uso de artimañas). Algunas sesiones incluían elementos como la materialización: la manifestación aparentemente física de un espíritu. En el caso de Duncan, el cuerpo de la médium producía una sustancia visible, llamada ectoplasma. Otros médiums parecían hacer levitar su propio cuerpo o mesas y otros objetos.

Espectáculos ocultistas

Además de las sesiones de espiritismo, también estaba de moda la adivinación, junto con un renovado interés por la cristalomancia (el uso de bolas de cristal), la cartomancia (adivinación del futuro con cartas) y la quiromancia (basada en las líneas de las palmas de las manos). Algunos

CLAVE

1 La Sra. Daffodil Downey, médium, realizó su «sesión de luz y oscuridad o captura inteligente» ante multitudes en Londres durante al menos seis años.

2 El espíritu de una bella mujer hace levitar a un hombre. Los diarios de Harry Houdini sugieren que las actuaciones incluían realmente una aparición de este tipo.

3 Una mano incorpórea toca el violín. Este tipo de ilusiones fueron elogiadas en un anuncio de la época, que se preguntaba «dónde se cruza el ingenio del hombre y empieza la magia del arte».

4 Otra mano incorpórea sostiene una varilla de zahorí (p. 259).

▶ **Atraer al público**
Un cartel de la sesión de espiritismo de la Sra. Daffodil Downey en el Egyptian Hall de Londres (*c.* 1885) muestra «ilusiones» comunes usadas para atraer a grandes audiencias. Los anuncios de espectáculos de ocultismo contribuyeron a fomentar el culto a la celebridad de los médiums.

médiums reunieron fervientes seguidores, como Daniel Dunglas Home, un escocés que perfeccionó sus supuestos poderes psíquicos en Estados Unidos y se dio a conocer con sesiones de espiritismo a plena luz. Sus sesiones incluían hablar en trance (cuando el espíritu habla a través del médium), voz directa (cuando habla en algún lugar de la sala), movimiento de objetos y clarividencia. También era famoso por levitar; un informe afirmaba que salió levitando por una ventana y volvió a entrar.

Algunos ocultistas pertenecían a sociedades secretas. Moina Mathers (de soltera Bergson), cuya representación de *Los ritos de Isis* en un teatro de París en 1899 entusiasmó al público al invocar a antiguos espíritus egipcios, fue un miembro clave de la Orden Hermética de la Aurora Dorada.

Desacreditar a los médiums

No todo el mundo creía en las afirmaciones de los médiums y muchos se dedicaron a desacreditarlas. Quizá el más famoso fue el ilusionista húngaro-estadounidense Harry Houdini, quien, en la década de 1920, desenmascaró muchos trucos. Incluso testificó ante el Congreso estadounidense en 1926 a favor de un proyecto de ley para criminalizar a «cualquier persona que pretenda unir lo separado». Houdini creía que los médiums se aprovechaban del dolor de la gente desesperada. El caso más conocido, el de Margery Crandon, ilustra la seriedad con la que por entonces se tomaba la mediumnidad. En 1924, *Scientific American* ofreció un gran premio en metálico por un caso probado de las afirmaciones de un médium. Crandon era la principal candidata, una médium de clase alta famosa por sus manifestaciones mientras estaba en trance. El público recibía pellizcos y oía susurros de fuentes invisibles, y los objetos flotaban, pero Houdini demostró cómo funcionaban esos trucos.

El investigador británico Harry Price (p. 255) también desenmascaró a estafadores. Reveló que el «ectoplasma» producido por Helen Duncan era estopilla que ingería y regurgitaba. Aumentaron las críticas, señalando cómo las prácticas espiritistas facilitaban el engaño, mientras que explicaciones científicas como el efecto ideomotor (pp. 236–237) mostraban cómo los objetos podían moverse aparentemente por sí solos.

▲ **Parodia del espiritismo** Un grabado satírico del *Punch Almanack*, de 1877, muestra una sesión espiritista en la que se ha convocado una orquesta fantasmal. Aunque popular, el espiritismo también era objeto de un escepticismo generalizado.

EN CONTEXTO

Florence Cook

La médium británica Florence Cook era famosa por la materialización de su guía espiritual «Katie King». En sus sesiones, Florence manifestaba físicamente a Katie mientras ella misma estaba atada a una silla. Tuvo un ardiente defensor en el científico William Crookes, que la investigó durante meses. Pero no todo el mundo estaba convencido y fue acusada de fraude en muchas ocasiones. Cuando regresó de su retiro en 1880 con un nuevo espíritu, «Marie», sir George Sitwell empezó a sospechar durante una sesión. Al ver unos corsés bajo la túnica de Marie, los agarró y, cuando se encendieron las luces, no tenía en sus manos a Marie, sino a la propia Florence. Aún tuvo defensores, pero esto la desacreditó.

Esta foto fue utilizada por William Crookes para probar que Katie King no era simplemente Florence Cook (recostada en la silla) disfrazada.

Sesión espiritista

Durante la Primera Guerra Mundial, millones de personas murieron, y un número aún mayor perdió a seres queridos en la pandemia de gripe de 1918–1919. En este contexto, el interés por contactar con los muertos creció en Europa y Estados Unidos en la década de 1920. La gente acudía a sesiones de espiritismo (p. 231) en casas particulares y lugares públicos con la esperanza de comunicarse con los espíritus. Los periódicos informaban de extraños sucesos en estas reuniones, como voces sobrenaturales, luces y apariciones físicas. Doctos defensores del espiritismo (pp. 222–225) dieron legitimidad social a estas sesiones.

El aumento de la alfabetización difundió la práctica de las sesiones, apoyada por libros populares como *The Earthen Vessel* (1921) de lady Glenconner. La comunicación espiritual también se veía en acción en el escenario y en la pantalla. En el cine mudo de la época, las sesiones de espiritismo se acompañaban de una música que realzaba la experiencia, y los efectos especiales permitían al público ver fantasmas. Películas como *Whispering Shadows* (1921) y *The 13th Chair* (1929) usaron la sesión de espiritismo como eje de su trama.

En *El doctor Mabuse* y sus secuelas (1922–1960), de Fritz Lang, las sesiones espiritistas se presentan como cosa de charlatanes para engañar a la gente. Este escepticismo creció a medida que los investigadores trataban de desacreditar a los fraudulentos médiums (pp. 254–257) que se lucraban con los traumas de la gente.

«Una mano grande y fuerte se posó entonces sobre mi cabeza [...] y sentí y oí un beso justo sobre mi frente.»

SIR ARTHUR CONAN DOYLE, DESCRIBIENDO UNA SESIÓN DE ESPIRITISMO CON SU HIJO EN 1919

▲ **La película muda alemana *El doctor Mabuse*** (1922) se burlaba de quienes asistían a sesiones de espiritismo como víctimas de un engaño.

PREGUNTAR A LA OUIJA

tableros parlantes

El espiritualismo (pp. 222–225) creció con rapidez en Estados Unidos a mediados del siglo XIX. Tras la Guerra Civil (1861–1865), muchas personas en duelo recurrieron a médiums, que a veces usaban tableros alfabéticos para contactar con espíritus de difuntos. En la década de 1880, la gente empezó a adquirir sus propios «tableros parlantes», que devinieron la forma más popular de hablar con los muertos.

¿Un juego inofensivo?

El primer tablero parlante fue fabricado en 1886 por la empresa de juguetes W. S. Reed de Massachusetts; lo llamaron «tablero de bruja». Los usuarios colocaban los dedos sobre una plancheta (puntero) que se movía, según decían, bajo la influencia de los espíritus: señalaba letras y números marcados en el tablero para deletrear mensajes. Más tarde, en 1890, Elijah Bond patentó un diseño que en 1901 se conocería como ouija. Cuando los fabricantes le preguntaron cómo debía llamarse, la tabla dio el nombre de «Ouija», que según ella significaba «buena suerte». Sus ventas se dispararon; se produjeron tableros profusamente decorados y versiones baratas para el mercado de masas. Los primeros anuncios la presentaban como un juego de salón, un pasatiempo divertido e inofensivo, y a la vez como herramienta espiritista para personas sin formación. La ouija se convirtió en una sensación en Estados Unidos y apareció en películas como *El murciélago susurra* (1930) y en canciones populares.

▲ Tablero de confianza
Aunque Ouija es ahora una marca comercial de la empresa Hasbro, muchas compañías fabricaron sus propias versiones. Este ejemplar de Massachusetts (*c.* 1920) tiene todos los elementos habituales de un tablero parlante: las letras del alfabeto, los números del 0 al 9, «sí», «no», «adiós» y una plancheta para señalar.

Reacciones negativas

Tras el estreno de la película *El exorcista* (1973), en la que una niña es poseída tras utilizar una ouija para comunicarse con un espíritu, las opiniones cambiaron. La ouija se consideraba una herramienta potencialmente peligrosa que invitaba a las fuerzas demoníacas a entrar en casa y fue condenada explícitamente por grupos e iglesias cristianos.

Los científicos tenían una opinión diferente: desde 1852 habían explicado el fenómeno de la escritura espiritual por el efecto ideomotor: movimientos musculares inconscientes realizados por los usuarios. Las investigaciones han demostrado que, si los usuarios tienen los ojos vendados, los mensajes del tablero se convierten en un galimatías.

▶ «Weegee Weegee Tell Me Do»
La letra de esta canción de 1920 declara que la mayoría de los hogares tenían una ouija: «un juego jugado por casi todas las familias» de Estados Unidos «para ver lo que los días futuros pueden traer».

EN CONTEXTO

Pearl Curran y Patience Worth

Pearl Curran fue un ama de casa de San Luis elevada a estrella literaria gracias a un espíritu del siglo XVII que canalizaba a través de una ouija. Su contacto con Patience Worth comenzó en 1913 y dio lugar a la publicación de siete libros atribuidos al espíritu. Curran realizaba actuaciones públicas con su ouija, durante las cuales las palabras dictadas por Worth eran taquigrafiadas por su marido. Cuando Curran murió en 1937, el espíritu le había comunicado supuestamente casi cuatro millones de palabras.

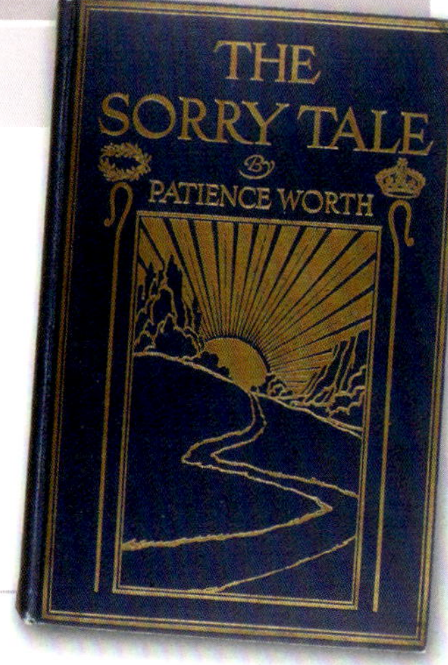

La primera novela de Patience Worth sobre uno de los ladrones crucificados con Jesucristo recibió críticas muy favorables al publicarse en 1917.

"The Craze Of The Country, The Great Ouija Board Song"
WEEGEE WEEGEE
(OUIJA) (OUIJA)
TELL ME DO
LYRIC BY
William Jerome
MUSIC BY
Harry Von Tilzer
Barbelle
HARRY VON TILZER
MUSIC PUBLISHING Co.
THIS NUMBER ON ALL
RECORDS
AND MUSIC ROLLS
5

Fuelle que se puede extender para enfocar la imagen

Objetivo

Marco de extensión frontal (para cuando se extiende el fuelle)

▲ **Esta cámara Instagraph Bellows** de 1906 es el mismo modelo que usó William Hope, que falsificaba sus fotografías de espíritus exponiendo imágenes de los difuntos en placas fotográficas antes de sus sesiones.

▲ **Una médium** durante una sesión de espiritismo, fotografía tomada en 1901 por John K. Hallowell en Chicago. Existen varias fotografías similares de médiums con sus guías espirituales.

Fotografía de espíritus

En el siglo XIX se utilizaron nuevas tecnologías para explorar lo sobrenatural. La fotografía de espíritus pretendía captar imágenes de fantasmas. El fotógrafo estadounidense William Mumler fue el primero en afirmar que lo había logrado, después de utilizar accidentalmente una placa vieja sin limpiar por completo, lo que dejó una impresión fantasmal en la foto revelada. A menudo vinculada al espiritualismo (pp. 222–225), la fotografía de espíritus siguió siendo popular en el siglo XX gracias al trabajo de fotógrafos como William Hope.

▲ **Esta estereografía de 1876**, realizada con un tiempo de exposición prolongado, muestra a una mujer depositando dinero en el cepillo de una iglesia, observada por un fantasma.

▲ **Tomada por William Hope** hacia 1920, esta imagen muestra a una familia con una tenue forma fantasmal y un aura difuminada para darle un efecto dramático.

▲ **William Hope** utilizó placas marcadas para crear esta imagen de una mujer, dos niños y un «fantasma». Harry Price (p. 255) desenmascaró el engaño.

▲ **Esta imagen de William Hope** muestra a una pareja de ancianos con la figura velada de una mujer joven. Esta clase de imágenes consolaba a las familias en duelo.

▲ **Esta imagen estereoscópica** coloreada a mano muestra unos estragos fantasmales. Imágenes así solían ilustrar historias de fantasmas famosas.

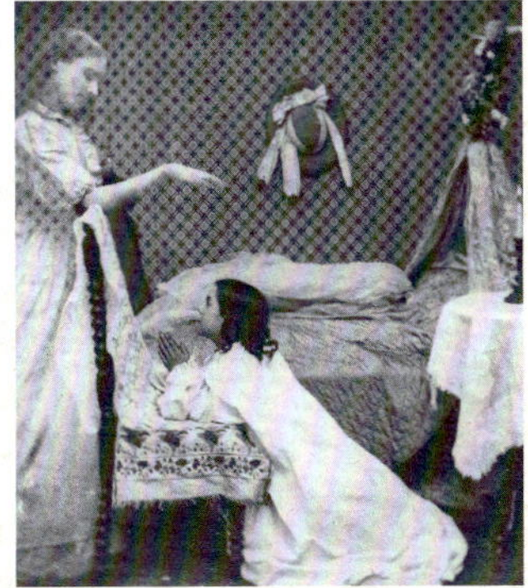

▲ **Esta imagen de la London Stereoscopic Company**, de 1865, muestra a una joven rezando, vigilada por una figura fantasmal.

▲ **Esta imagen de William Mumler**, creada mediante doble exposición, muestra a Robert Bonner con un fantasma femenino detrás de él.

▲ **La fotografía más famosa de William Mumler** muestra a Mary Todd Lincoln consolada por el fantasma de su marido, Abraham Lincoln.

Tarjeta producida por L. M. Melander & Bro., Chicago

◀ **«The Haunted Lane»** muestra a un fantasma asustando a un hombre y a un niño. Las tarjetas estereográficas contenían dos imágenes idénticas; vistas a través de un visor, se convertían en una foto dinámica.

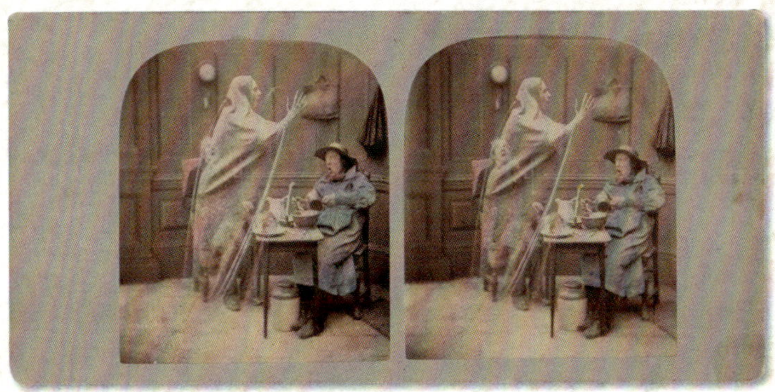

▲ **La London Stereoscopic Company** utilizó trucos fotográficos fantasmagóricos en tarjetas estereográficas coloreadas a mano entre 1854 y 1890, antes de que los fotógrafos de espíritus afirmaran captar fantasmas reales.

VISIONES DE MUERTE

la danza de los espíritus

En el otoño de 1869, mientras los paiutes se reunían en el este del actual estado de Nevada (EE. UU.) para la cosecha anual de piñones, un hombre llamado Wodziwob compartió sus visiones proféticas. Había enviado su espíritu a la tierra de los muertos, donde vio a sus parientes cazando felizmente. Wodziwob dijo a su pueblo que si se lavaban y pintaban la cara a diario y bailaban danzas circulares, los muertos resucitarían. Sus profecías ofrecían esperanza en una época en la que había poco que perder. Él murió en 1872, y el movimiento que había iniciado se desvaneció. Pero el día de Año Nuevo de 1889, durante un eclipse solar completo, otro chamán paiute, Wovoka, compartió nuevas visiones. Había viajado al cielo, se había encontrado con Dios y se había enterado de que, gracias a la danza de los espíritus (*ghost dance*), los muertos regresarían con los vivos, los blancos desaparecerían de Norteamérica y se restablecería la vida anterior a la colonización.

◀ Protección sagrada
Los arapajós crearon camisas y vestidos ceremoniales, pintados de amarillo y azul y adornados con plumas sagradas de águila. Los danzantes creían que estas prendas especiales podían evitar que las balas los atravesaran.

Renacimiento y supresión

El movimiento de la danza de los espíritus de 1870 y su resurgimiento en 1890 tras las visiones de Wovoka son ejemplos de movimientos de revitalización. Tomaron impulso porque ofrecían dos cosas: alivio del trauma y restauración de culturas indígenas establecidas desde antiguo. Los pueblos indígenas se enfrentaron en el siglo XIX a oleadas de epidemias mortales, a la expansión del ferrocarril por sus tierras, a amenazas a sus recursos naturales y a un número creciente de colonos.

Tras la Guerra Civil estadounidense (1861–1865), los pueblos indígenas sufrieron brutales campañas de asimilación forzosa que redujeron aún más sus tierras y amenazaron a sus familias. En 1867, el gobierno federal envió misioneros a las reservas para forzar la aceptación del cristianismo, mientras que a los agentes indígenas empleados por el gobierno se les concedió autoridad para castigar a quienes se resistían a las políticas de asimilación.

Reacción fatal

El resurgimiento generalizado de la danza de los espíritus en 1890, con su mensaje de esperanza, se vio alimentado por los cambios impuestos por el gobierno. El líder hunkpapa lakota Toro Sentado fue asesinado por la policía tribal contratada por el gobierno tras ser acusado falsamente de ejecutar la danza. Días después, su hermanastro Pie Grande agonizaba de neumonía en Wounded Knee

▶ Recuento de invierno
Los pueblos de las Grandes Llanuras llevaban calendarios pictóricos llamados recuentos de invierno para registrar acontecimientos propicios. Nariz Amarilla, un ute criado entre los cheyenes, pintó esta representación de la danza de los espíritus sobre una piel en 1891.

mientras su pueblo bailaba a su alrededor, con la esperanza de resucitar a sus muertos y restaurar un mundo intocado por los colonos. A las pocas horas, soldados estadounidenses rodearon el campamento y empezaron a disparar contra sus ocupantes.

En los meses previos a la masacre de Wounded Knee, los periódicos publicaron artículos en los que se afirmaba que la danza de los espíritus era un movimiento violento, y el ejército respondió con la fuerza. El chamán Alce Negro declaró más tarde haber visto a soldados de caballería matar indiscriminadamente a hombres, mujeres, niños y bebés; la prensa minimizó estas atrocidades.

El movimiento lakota de la danza de los espíritus había recibido un golpe contundente, pero no mortal. En la década de 1890, la danza fue adoptada por otros indígenas americanos con la esperanza de revivir sus tradiciones.

▼ Danza pacífica
El etnólogo James Mooney viajó a Dakota del Sur en 1890 para entrevistar a los supervivientes de la masacre de Wounded Knee. Esperaba que su informe contrarrestara las tergiversaciones de la prensa sobre la danza de los espíritus (en la foto) como un movimiento violento.

> «La gente seguía y seguía y no podía parar, ni de día ni de noche, esperando [...] tener una visión de sus muertos.»
>
> UN SIUX LAKOTA, SOBRE LA DANZA DE LOS ESPÍRITUS

▲ **Recarga**
A los que buscaban una cura mediante la técnica del magnetismo animal de Mesmer se les invitaba a sentarse en su *baquet*, o bañera, cargada con un fluido invisible. A continuación, debían presionar las partes del cuerpo contra las varillas metálicas de la bañera.

«El título de este libro abarca todas las transmisiones de pensamiento y sentimiento de una persona a otra, por otros medios que no sean los canales reconocidos de los sentidos.»

EDMUND GURNEY, INTRODUCCIÓN A *PHANTASMS OF THE LIVING* (1886)

MENTE SOBRE MATERIA

parapsicología

En el siglo XIX, el interés por lo sobrenatural se disparó, con el auge del espiritualismo (pp. 223–225), el espiritismo (pp. 228–229) y movimientos similares, y los médiums se convirtieron en celebridades mundiales (pp. 230–233). Pero los numerosos casos de contacto con espíritus y apariciones iban acompañados de una creciente demanda de pruebas.

La parapsicología se desarrolló para investigar supuestos fenómenos psíquicos, desde habilidades mentales como la telepatía, la telequinesis y la precognición, hasta asuntos espirituales como visiones de fantasmas, sesiones de espiritismo y experiencias cercanas a la muerte. Los parapsicólogos exploran las posibles causas de sucesos que parecen ir más allá de la comprensión normal de la ciencia y la naturaleza.

Las primeras investigaciones

A mediados del siglo XVIII, el médico alemán Franz Mesmer usó el mesmerismo, o «magnetismo animal», para tratar a sus pacientes. Sus métodos se basaban en su teoría de que un fluido invisible impregnaba el universo y podía ser dirigido por medios científicos. A pesar de que científicos como Benjamin Franklin y Antoine Lavoisier no hallaron pruebas que respaldaran esta teoría, el mesmerismo se extendió e influyó en los espiritualistas posteriores.

Estudio formal

Los primeros estudios sobre fenómenos psíquicos analizaban si los médiums podían contactar con los muertos. Los resultados iniciales sugerían que sí. Sin embargo, investigadores posteriores señalaron fallos o trampas en los experimentos; por ejemplo, que la inclinación de la mesa durante las sesiones de espiritismo podía ser provocada por las rodillas de los participantes.

En 1882 se fundó en Londres la Sociedad para la Investigación Psíquica (p. 230) para investigar las afirmaciones sobre sucesos paranormales. Poco después la sociedad publicó *Phantasms of the Living*, con cientos de casos de supuestas apariciones. Las investigaciones llevadas a cabo por la sociedad descubrieron que una gran proporción de la población afirmaba haber visto alguna aparición, lo que sugería que dichas visiones no estaban causadas por una enfermedad mental. También trataron de probar si existían o no explicaciones naturales para ello.

▲ Sueños y fantasmas
Publicado en 1897, *El libro de los sueños y los fantasmas*, del investigador psíquico Andrew Lang, pretendía reunir informes sobre fantasmas y espíritus y explorar la realidad de las experiencias que la gente afirmaba tener.

EN CONTEXTO

Phantasms of the Living

En 1886, Frederic Myers, Edmund Gurney y Frank Podmore publicaron la obra en dos volúmenes *Phantasms of the Living* (Fantasmas de los vivos), que reunía informes de 701 casos de fantasmas que habían entrado en contacto con los vivos. Mucha gente quedó impresionada por el nivel de detalle recogido en la investigación y sus intentos de verificar aspectos de las apariciones. Pero otros consideraron que faltaban pruebas reales y que muchos relatos podían explicarse como alucinaciones. Aun así, la obra resultó influyente para establecer los métodos experimentales de muchos parapsicólogos posteriores.

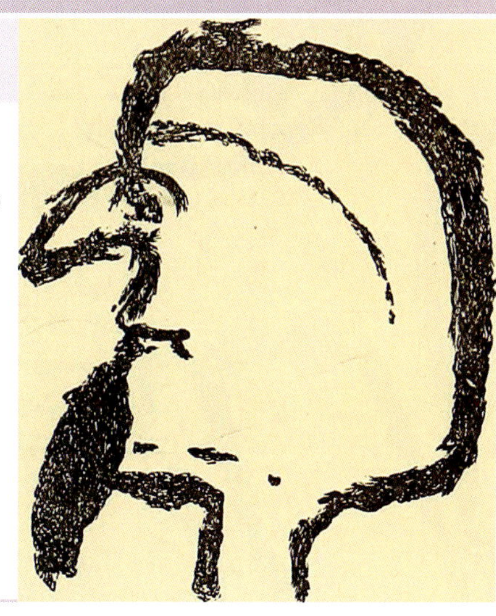

Además de los informes escritos, *Phantasms of the Living* contenía intrigantes imágenes aportadas por testigos.

▲ **Experimento en acción**
El parapsicólogo Joseph Banks Rhine contribuyó a crear el primer laboratorio de parapsicología en Estados Unidos. También creó muchas de las herramientas utilizadas para probar de manera científica las afirmaciones de telepatía y precognición.

Cuando Frederic Myers, uno de los fundadores de la sociedad, murió en 1901, varios practicantes de la escritura automática empezaron a recibir mensajes, aparentemente de su espíritu. Eran fragmentarios y esporádicos, pero, al reunirse, parecían contener información que solo Myers y otras personas fallecidas conocían. Esto, a su vez, llevó a afirmar que aquellos mensajes demostraban la pervivencia del alma después de la muerte.

Una nueva ciencia

En 1930 se creó un laboratorio de parapsicología en la Universidad de Duke (EE. UU.) para explorar científicamente los fenómenos psíquicos. Los investigadores se centraron en la percepción extrasensorial, usando tarjetas Zener (p. 245), por ejemplo, para probar las afirmaciones de telepatía. Un participante en el experimento miraba una carta elegida al azar, y otro, situado al otro lado de una barrera, intentaba percibir de qué carta se trataba. El análisis estadístico de los resultados permitía determinar la validez de las afirmaciones.

El sucesor moderno del laboratorio, el Centro de Investigación Rhine, edita una revista donde se publican las últimas investigaciones en parapsicología. Se han creado instituciones similares en todo el mundo para investigar si los efectos parapsicológicos son auténticos, y la investigación en este campo sigue creciendo.

Fenómenos psíquicos

Hoy, los parapsicólogos estudian dos tipos de fenómenos. Los fenómenos cognitivos son los que existen dentro de la mente de un sujeto, como la capacidad de percibir acontecimientos antes de que sucedan (precognición) o las experiencias sensoriales de los médiums que afirman comunicarse con los muertos. Los fenómenos cognitivos incluyen las experiencias cercanas a la muerte y la proyección astral (pp. 262–263), en la que la mente abandona el cuerpo. Los fenómenos físicos, en cambio, ocurren fuera del cuerpo. Algunos incluyen entre ellos las apariciones, argumentando que los fantasmas se perciben fuera de la mente.

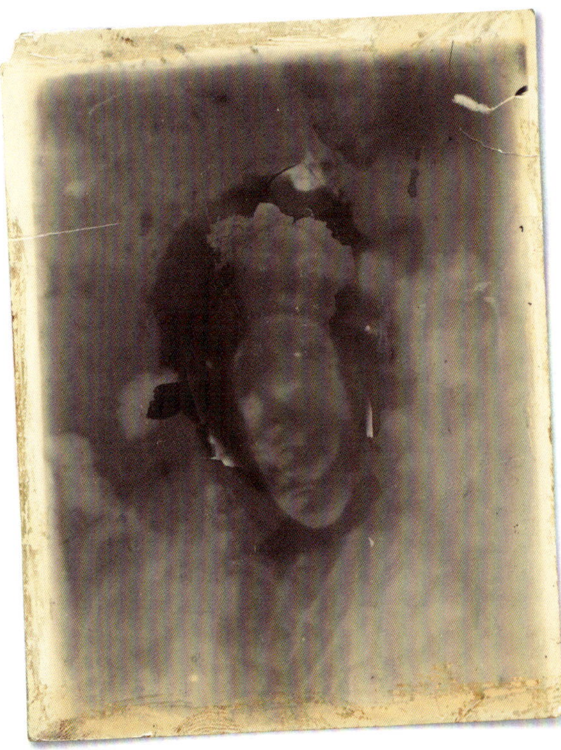

▶ **Fotografiar pensamientos**
Varios psíquicos afirmaban ser capaces de proyectar imágenes mentales en una película fotográfica. En muchos casos, las imágenes podían explicarse por el tratamiento químico de la película, la doble exposición u otras manipulaciones, pero algunos investigadores afirmaron que no todos los ejemplos eran fraudulentos.

Muchos parapsicólogos prefieren hablar de «experiencias aparicionales» en vez de apariciones, y registran lo que experimentan las personas que dicen ver fantasmas en vez de intentar documentar la aparición. Esto se debe a que los fantasmas no suelen dejar pruebas físicas tras su aparición. Mediante la recopilación de informes y la exploración de temas comunes, los investigadores intentan comprender qué desencadena la experiencia de ver un fantasma.

Escepticismo

Muchos científicos ven la parapsicología como una seudociencia que hace afirmaciones imposibles de probar según el método científico. Ello se debe en parte a la incapacidad de esta disciplina para replicar sus experimentos. Sin utilizar a los mismos participantes en la misma situación, es imposible realizar la misma prueba.

Muchos de los resultados de las investigaciones sobre fantasmas y apariciones han sido criticados por anecdóticos y subjetivos. Asimismo, el sesgo cognitivo puede llevar al investigador a ver patrones donde no los hay, debido a la naturaleza subjetiva de los informes sobre fantasmas. Afirmaciones extraordinarias requieren pruebas también extraordinarias; pero los parapsicólogos seguirán buscando respuestas.

▶ **Tarjetas Zener**
Esta portada de la revista *Science Digest*, de 1965, muestra las tarjetas utilizadas en las pruebas de percepción extrasensorial. El uso de estas imágenes estandarizadas permitió obtener un mayor conjunto de resultados y realizar análisis estadísticos y comparaciones entre distintos experimentos.

> «[El hecho de] no ver ninguna causa razonable por la que podría darse [la adivinación en sueños], hace desconfiar de esto.»
>
> **ARISTÓTELES**, *ACERCA DE LA ADIVINACIÓN POR EL SUEÑO* (SIGLO IV A. C.)

Los fantasmas de Chopin

En el invierno de 1839, el pianista y compositor polaco Frédéric Chopin se alojaba en un monasterio en Mallorca con su amante, la novelista francesa George Sand, y los dos hijos de esta. Chopin y Sand habían ido a Mallorca por la salud de él, con la esperanza de que el clima cálido lo ayudara, pero el tiempo era malo y su salud se resintió. La pareja se había visto obligada a buscar refugio en el monasterio tras ser expulsados de su alojamiento por temor a que el compositor tuviera tuberculosis. Ambos se sentían atrapados y Chopin estaba sometido a una enorme tensión.

Ese invierno, Chopin sufrió una conmoción terrible. Dijo que le había visitado el fantasma de un monje. Este suceso no fue su única experiencia fantasmal. Le atormentaba la muerte: perdió a una hermana muy joven a causa de la tuberculosis y su Polonia natal fue aplastada por Rusia tras una rebelión fallida. A menudo se describía a sí mismo como un cadáver y pensaba en la muerte de sus seres queridos, y llegó a referirse a Sand como un fantasma. Sus fantasmas afectaron a sus composiciones, en las que la tristeza y el miedo se manifestaban en forma de melodías repetidas en clave menor.

Algunos han sugerido que el fantasma de Chopin en Mallorca era en realidad la hija de Sand, Solange, que se había peleado con él, disfrazada. Otros creen que la epilepsia del lóbulo temporal, que puede provocar alucinaciones, fue la causa tanto de la mala salud de Chopin como de sus visiones fantasmales.

> «Para él, el claustro estaba lleno de fantasmas y terrores.»
>
> **GEORGE SAND**, *HISTORIA DE MI VIDA* (1855)

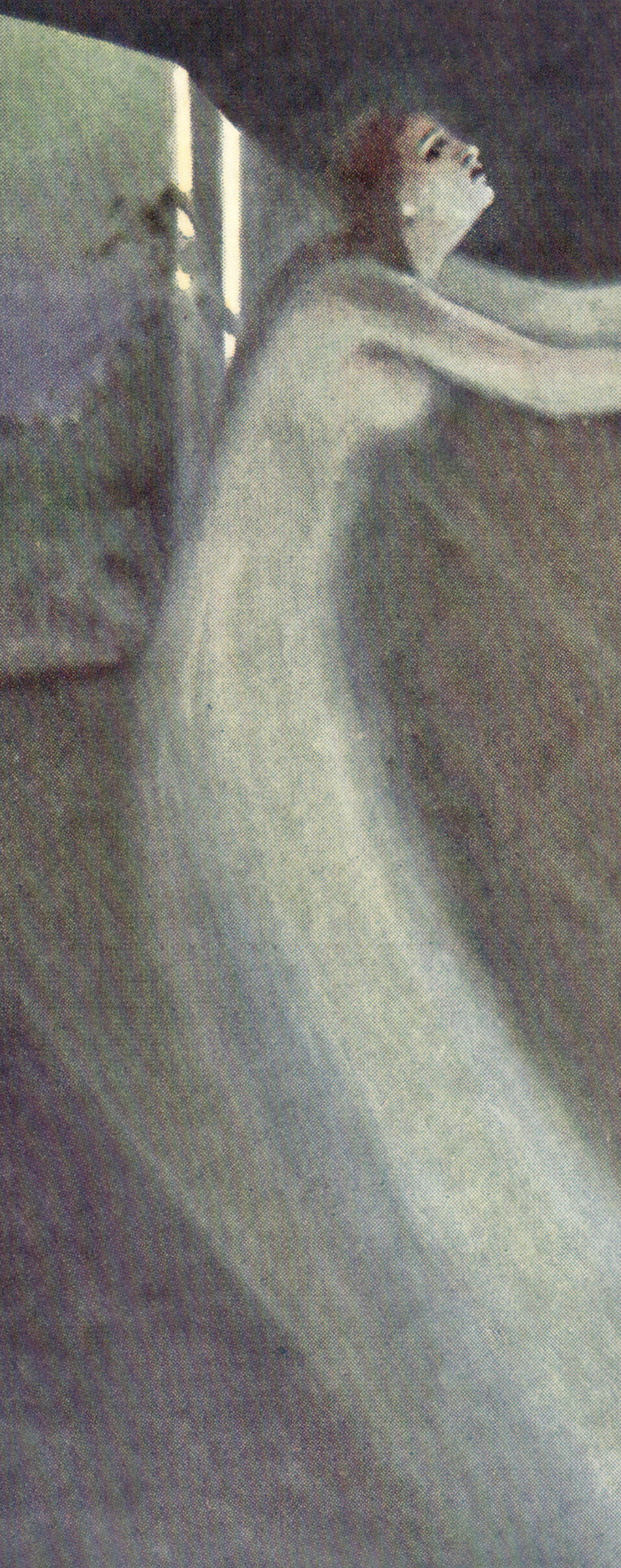

▲ **Chopin visitado por apariciones** en una postal de principios del siglo xx.

▲ **Un barógrafo** mide la presión atmosférica, que se cree que cambia en presencia de espíritus. Diseñado en torno a un cilindro metálico (sensible a la presión) unido al brazo de una pluma, esta traza un gráfico sobre un tambor que gira lentamente, mostrando los cambios de presión a lo largo del tiempo.

▲ **Un electroscopio** mide la carga eléctrica (invisible a simple vista) para detectar la electricidad estática de cualquier presencia fantasmal invisible.

▲ **Un galvanómetro** controla las corrientes eléctricas (supuestamente afectadas por los espíritus) y mide su magnitud a través de la fuerza magnética que hace girar una aguja o una bobina metálica.

La caja aloja 20 metros de película de 35 mm

Objetivo con apertura ajustable

▲ **El cinematógrafo** (cámara/proyector de película de celuloide) fue presentado por los hermanos Lumière en 1895. Ligero y relativamente portátil, los primeros investigadores lo usaron para intentar captar fantasmas en película.

▲ **Un termógrafo** registra la temperatura a lo largo del tiempo: un bolígrafo conectado a un sensor traza una línea en un rollo de papel. Se utiliza para identificar «puntos fríos», temperaturas inexplicablemente bajas que se suponen producidas por la presencia de un fantasma.

Aquí aparecen las ondas de las señales eléctricas

▶ **Un osciloscopio**, antes conocido como oscilógrafo, detecta señales eléctricas (que se cree que son generadas o manipuladas por espíritus) y las muestra gráficamente (eje X: tiempo; eje Y: voltaje).

La madera «neutraliza» las energías externas

◀ **Las varillas de radiestesia** o de zahorí son herramientas usadas para detectar energías paranormales. Giran hacia dentro o hacia fuera como respuesta «sí»/«no» a las preguntas.

▶ **El Ovilus** es una herramienta de comunicación que descifra mensajes fantasmales. Los cambios en el campo electromagnético activan un «banco de palabras», que transmite palabras y frases.

▲ **Una caja de espíritus** es un receptor de radio que escanea rápida y continuamente las frecuencias AM y FM para captar los «mensajes de espíritus» entrantes.

▲ **El oso de peluche cazafantasmas BooBuddy** incorpora un detector de electricidad estática. Cuando los niveles de energía a su alrededor cambian, activa luces y sonidos que indican actividad paranormal.

▲ **Las cámaras termográficas** detectan cambios en la luz infrarroja (invisible para el ojo humano) y los recrean como una imagen térmica en la propia cámara. Se utilizan para identificar puntos fríos y calientes misteriosos.

▶ **Los medidores de campos electromagnéticos e infrarrojos** detectan picos de energía electromagnética (indicados por las luces multicolores), lo que muchos creen que indica actividad paranormal.

Investigación paranormal

A lo largo de la historia se ha intentado investigar la actividad sobrenatural aplicando el rigor de la investigación científica a la caza de fantasmas (pp. 254–257). El movimiento espiritualista (pp. 222–225) de principios del siglo XIX dio lugar a un auge de la investigación de campo y al desarrollo de herramientas y artilugios para controlar aspectos como los campos de energía, la presión atmosférica y los «puntos fríos». En los últimos años, el arsenal de los cazadores de fantasmas se ha ampliado con aparatos más sofisticados, como medidores de infrarrojos y cámaras de imagen térmica, con la esperanza de captar por fin pruebas irrefutables de que «ahí hay algo».

▲ **Los soldados se mantienen firmes** mientras sus camaradas muertos los contemplan en *Backs to the Wall* (1918), cuadro del artista escocés Robert Gibb.

En la guerra

La Primera Guerra Mundial provocó horrores inimaginables. Los soldados vieron caer a amigos y camaradas. Millones murieron y millones más soportaron años de lucha bajo el riesgo constante de bombas, balas y gas venenoso. Muchos sufrieron neurosis de guerra, lo que hoy se conoce como trastorno por estrés postraumático. En el caos de la batalla, muchos soldados afirmaron haber visto fantasmas y ángeles.

Varios soldados atribuyeron a fantasmas el haberles salvado la vida. Uno dijo que el espíritu de su hermano muerto le dijo que se moviera; poco después, una bomba cayó donde había estado durmiendo. Otros vieron a compañeros muertos que les revelaron peligros ocultos. En Ypres (Bélgica), un fantasmal camarada señaló al teniente William Speight una zona que resultó estar minada; a los temporizadores les quedaban trece horas.

Los medios de comunicación informaron de visiones de fantasmas, e incluso algunos relatos ficticios se tomaron por reales. Inspirado por una victoria británica contra todo pronóstico en Mons, Arthur Machen escribió «Los arqueros» (1914), un relato en el que arqueros espectrales que lucharon en la batalla de Agincourt en 1415 acudían al rescate. Muchos lectores lo tomaron como un hecho real. El arte y la literatura producidos por antiguos soldados incluían fantasmas como un medio para explorar la inútil matanza de las trincheras o expresar la esperanza de que los camaradas muertos no se hubieran ido para siempre.

«El oficial muerto vino una vez más y, tras señalar un punto en el suelo de la trinchera, desapareció.»

TENIENTE WILLIAM SPEIGHT EN YPRES, BÉLGICA (1915)

VIAJES ESPIRITUALES

neochamanismo y espíritus paganos

▲ **Bruja blanca**
Apodada «la bruja más famosa de Gran Bretaña» por la BBC, Sybil Leek (1917–1982) abogó por la recuperación de «nuestra antigua forma celta de brujería». Aquí, presenta uno de sus familiares, un grajo, a otro, una boa constrictora.

Inspirado en las prácticas indígenas y paganas para contactar con los espíritus, el llamado «neochamanismo» engloba una serie de nuevos movimientos religiosos, como la espiritualidad New Age, el neopaganismo y el druidismo.

El origen del neochamanismo se vincula a los primeros estudios sobre culturas indígenas. En el siglo XIX, la teoría del animismo del antropólogo británico Edward Tylor presentaba las creencias indígenas de que animales, plantas e incluso rocas están animados por espíritus como una especie de «primera religión» primordial. En la década de 1950, el historiador de las religiones rumano Mircea Eliade teorizó que el chamanismo era el núcleo esencial de la religión «primitiva» y explicó que los chamanes utilizan «técnicas extáticas», como el toque de tambores, el cántico o la búsqueda de visiones, para acceder al mundo de los espíritus.

Un enfoque alternativo

Aunque los primeros estudios y otras teorías posteriores han sido criticados por despojar de contexto cultural a prácticas religiosas distintas, inspiraron el interés por una experiencia más directa de la naturaleza. El movimiento contracultural de los años sesenta rechazó las religiones dominantes y buscó una visión alternativa del mundo. Los libros del antropólogo Carlos Castaneda sobre sus supuestos encuentros con un practicante yaqui (indígena americano) llamado Don Juan, que le enseñó a acceder a una «realidad separada» de espíritus y poder mágico, fueron un engaño, pero inspiraron a una generación de seguidores. Otro exponente del neochamanismo, Michael Harner, publicó en 1980 *La senda del chamán*. Harner aplicó las teorías psicológicas de los estados alterados de conciencia para proponer un «chamanismo esencial» (o urbano) de técnicas e ideas como la percusión, los animales de poder y los viajes visionarios.

Aunque controvertido, el trabajo de Harner y otros antropólogos llevó al desarrollo de rituales como la *seidr* de los neopaganos. Inspirada en las prácticas espirituales descritas en la *Edda poetica*, una colección de sagas nórdicas que recogen los mitos escandinavos precristianos (pp. 104–107), la magia *seidr* («atadura») es realizada por una *völva* (vidente) con conocimientos de «encantamientos de hilado» que remiten a los «hilos del destino» tejidos por las nornas. En una meditación guiada, la *völva* entra en trance y consulta a los espíritus para responder a las preguntas del grupo.

▶ **El ritmo del tambor**
Un chamán con atuendo tradicional practica el tamborileo, una técnica extática arcaica para entrar en estados de trance y comunicarse con el mundo de los espíritus.

▶ **Solsticio de verano**
Inspirados en la religión celta registrada por primera vez por Julio César, neodruidistas de los años setenta se reúnen en Stonehenge (Reino Unido) para practicar su oficio y celebrar rituales solsticiales.

DECLA
Das Cabinet des Dr Caligari
FILMSCHAUSPIEL in 6 AKTEN.
REGIE: ROBERT WIENE · HAUPTR. WERNER KRAUS · CONRAD VEIDT · FRITZ FEHÉR · LIL DAGOVER ·

CINE TERRORÍFICO

Hollywood y el género de terror

◀ **La marcha de los muertos vivientes**
A pesar de no utilizar nunca la palabra «zombi», *La noche de los muertos vivientes* (1968) dio origen al género zombi, que sigue siendo popular entre los aficionados al cine de terror.

El medio cinematográfico permite invocar espectros a voluntad mediante efectos especiales, y así, casi desde la creación del cine, los fantasmas han aparecido en las pantallas para deleitar y asustar al público. Algunos fantasmas se basan en historias conocidas; otros han surgido de la oscura imaginación de los guionistas.

Los primeros espíritus en la pantalla

En 1896, Georges Méliès estrenó la que se considera la primera película de terror: *La casa del diablo*. Solo dura tres minutos, pero muestra a una multitud de fantasmas vestidos con sábanas que aparecen de la nada de una forma que nunca podría conseguirse en un escenario. Otra película, estrenada en 1898, muestra a unos hombres que intentan captar a un fantasma con una cámara; el espíritu les lanza unas sillas y luego desaparece. En general, estas primeras películas pretendían divertir a los espectadores con sus efectos, más que provocar miedo.

El cine de terror moderno surgió en torno a 1910, cuando la ficción macabra popular, como *Frankenstein* (pp. 194–197), *El extraño caso del Dr. Jekyll y Mr. Hyde* y las obras de Edgar Allan Poe, fueron llevadas a la pantalla. Los sentimientos de amenaza y terror que hoy se asocian al género surgieron con el movimiento expresionista alemán de los años veinte: filmes como *El gabinete del doctor Caligari*, *El golem* y *Nosferatu* usaban efectos visuales exagerados para crear inquietud.

◀ **Cinematografía innovadora**
La película expresionista *El gabinete del doctor Caligari* (1920), de Rober Wiene, se apartó del estilo realista para crear un mundo moldeado por los miedos más íntimos del ser humano.

La llegada del cine sonoro en los años treinta supuso la integración de la música y el sonido para crear tensión en las películas, y el género de terror adquirió impulso. En 1931, la película *Drácula* tuvo un enorme éxito. Calificada de «película de terror» por el público y la crítica, demostró que había hambre de historias sobrenaturales.

Un género en evolución

Los fantasmas fueron un pilar del cine de mediados del siglo XX. Comedias como *El castillo maldito* (1940) recurrían a los espectros para hacer avanzar su trama, y podían presentar a los fantasmas como serviciales y amables. Pero seguían siendo figuras de terror. La productora británica Hammer, fundada en 1934, se convirtió en sinónimo de terror gótico durante décadas. En estos años, muchos directores pioneros

▼ **«La película más aterradora de la historia»**
La película *El exorcista* (1973), sobre una niña poseída por un demonio, sembró el miedo al situar la acción en el ámbito doméstico y mostrar los efectos de fuerzas invisibles.

▲ **¿Amigo o enemigo?** El fantasma Casper, creado en la década de 1940, hizo su debut cinematográfico en la película de animación *Casper*, de 1995. El joven fantasma aparece aquí con sus tíos, el trío fantasmal, que se dedican a asustar y gastar bromas a los vivos.

trabajaron en el género. Alfred Hitchcock fue especialmente influyente en la concepción de técnicas cinematográficas para crear suspense.

La competencia por el público en los cines de los años cincuenta hizo que las proyecciones de terror incluyeran diversos trucos: en algunas salas los asientos vibraban para sobresaltar a los espectadores, otras hacían volar esqueletos por encima de sus cabezas, y otras ofrecían pólizas de seguro en caso de muerte por terror. Sin embargo, el coste de estos recursos convirtió el terror en un género menos rentable, lo que impulsó una tendencia a las producciones de bajo presupuesto.

En 1968, George Romero produjo con un presupuesto de poco más de 100 000 dólares *La noche de los muertos vivientes*, película crucial para el género en varios sentidos. Su estética de bajo presupuesto y sus mensajes políticos y sociales reconfiguraron el cine de terror y, a pesar de no utilizar nunca el término «zombi» (p. 206), lanzó el subgénero homónimo.

En general, en las décadas de 1960 y 1970, los fantasmas cayeron en desgracia, sustituidos por villanos humanos o posesiones demoníacas. *Psicosis* (1960), de Hitchcock, abrió la puerta a las sangrientas películas *slasher*, y los espíritus etéreos no pudieron igualar su baño de sangre.

«Ya podéis creer en las historias de fantasmas… Estáis viviendo una.»

CAPITÁN BARBOSSA, EN *PIRATAS DEL CARIBE: LA MALDICIÓN DE LA PERLA NEGRA* (2003)

Casas encantadas

Una de las primeras películas de casas encantadas fue *Los intrusos* (1944). En ella, un hermano y una hermana adquieren una casa por una suma de dinero sospechosamente baja, pues resulta que la habita un espíritu. En *Terror en Amityville* (1979), basada en un caso real ocurrido en Long Island (p. 257), una familia se muda a una casa que fue escenario de un asesinato múltiple. El padre afirma que «las casas no tienen recuerdos»; aun así, son atormentados por fuerzas sobrenaturales. Ambas películas fueron grandes éxitos comerciales y contribuyeron a establecer un subgénero de terror y sus convenciones. Sus tramas suelen seguir un patrón habitual: una familia se muda a un nuevo hogar y sufre ataques psíquicos y físicos que la llevan al borde de la locura. Pero en vez de huir de la casa, permanecen atrapados en ella.

Estas películas juegan con el miedo a no estar a salvo ni siquiera en el propio hogar, y al situar el horror en un entorno realista, los sucesos resultan aún más cercanos y terroríficos. El género se ha extendido a otros espacios, como barcos, aviones e incluso naves espaciales, con el mismo éxito de público. *Paranormal Activity* (2007), una película de metraje encontrado sobre una pareja atormentada por un espíritu en su casa, se rodó con solo 15 000 dólares; recaudó 194 millones y dio lugar a una franquicia.

Muchas series de televisión también recurren a las casas encantadas. *American Horror Story* explora diferentes lugares encantados, mientras que *La maldición de Hill House* y *La maldición de Bly Manor* adaptan, respectivamente, la novela homónima de Shirley Jackson (1959) y *Otra vuelta de tuerca* (1898), de Henry James.

Diversidad fantasmal

Los fantasmas se han introducido en todas las formas de cine. En la película de animación infantil *Coco*, regresan a la tierra el Día de Muertos (pp. 140–143), y en la franquicia de *Cazafantasmas* tienen un tinte cómico. Incluso aparecen en romances, como *Ghost* (1990). Parece que la temática sobrenatural, ya sea de forma aterradora o amable, continuará rondando las pantallas durante muchos años.

▲ **Ambientación espeluznante**
La serie *La maldición de Hill House* (Netflix, 2018), basada libremente en la novela de terror de Shirley Jackson, explora el trauma de una familia obligada a huir de la mansión que están reformando debido a la actividad paranormal.

EN CONTEXTO

Películas de metraje encontrado

Para que una película de terror dé miedo, tiene que convencer al público de que podría ser real; así, muchos cineastas optan por etiquetar sus historias como «metraje encontrado», como si estuvieran presentando grabaciones de una «historia real», y a menudo las ruedan de forma *amateur* –torpemente y con cámaras sencillas–. La campaña promocional de *El proyecto de la bruja de Blair* (1999) fue más allá para dotarse de un aura de veracidad. Creó un sitio web que presentaba la fuerza maligna presente en la película como algo histórico, e incluso pretendía que los actores (que eran desconocidos) habían desaparecido y se suponían muertos.

Un cartel promocional de *El proyecto de la bruja de Blair* muestra a Heather Donahue, una de las protagonistas, mirando a una cámara portátil.

Krampus

En las tradiciones navideñas de muchas culturas, san Nicolás o Papá Noel es una figura bondadosa que recompensa el buen comportamiento. En el folclore germánico, tiene una contraparte mucho menos benévola, que castiga el mal comportamiento. Este personaje recibe varios nombres, pero hoy suele conocerse como Krampus.

Los orígenes precisos de esta criatura no están claros, pero la palabra alemana *Krampus* significa «garra», lo que encaja con este hombre del saco folclórico, representado como una bestia demoníaca con cuernos, de aspecto similar al Diablo pagano. Se decía que en la *Krampusnacht* (5 de diciembre) Krampus perseguía a los niños traviesos y les pegaba con un palo, en claro contraste con el reparto de regalos de su benévolo homólogo, san Nicolás.

A lo largo de los siglos, la Iglesia fracasó en sus intentos de prohibir a Krampus, que se había convertido en un elemento integral de la Navidad. Desde finales del siglo XIX, en lugar de tarjetas navideñas, la gente enviaba *Krampuskarten*, postales decoradas con «Saludos de Krampus», en las que a menudo aparecían niños metidos en un saco.

La *Krampusnacht* ha resurgido en el siglo XXI, y Krampus ha entrado en la cultura popular gracias a su aparición en una serie de películas de terror. En muchos lugares de Austria, Alemania, la República Checa, Hungría y Eslovenia (y en partes de Estados Unidos y Reino Unido) se celebra anualmente la carrera de Krampus, o *Krampuslauf*: una procesión de Krampus vestidos con pieles y máscaras con cuernos, que hacen sonar cencerros, blanden palos y amenazan (en broma) a los niños.

«Como desde hace miles de años, Krampus no viene a recompensar, sino a castigar.»

DE LA PELÍCULA *KRAMPUS* (2015)

▲ **Hombres disfrazados de Krampus** en una procesión en Boerwang (Alemania) durante las fiestas navideñas.

Fantasmas en la pantalla

Lo sobrenatural es un tema perfecto para el cine, que se ha descrito a menudo como una manera de dar forma a los sueños. El género de terror puede plasmar las peores pesadillas del público, y la comedia, subrayar lo absurdo de esos miedos. Desde los primeros tiempos de experimentación hasta hoy, muchos cineastas han aprovechado esta rica fuente de inspiración para crear inquietantes e insólitas historias para la gran pantalla.

▲ ***La casa del diablo*** **(1896, Francia)**: un cortometraje mudo, la primera película de terror de la historia.

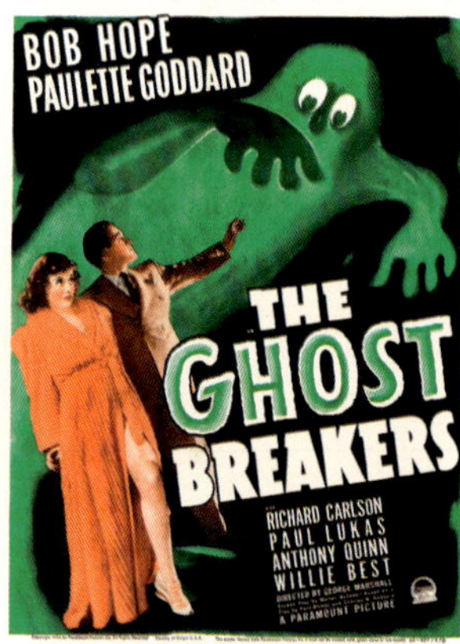

▲ ***El castillo maldito*** **(1940, EE. UU.)**: visión cómica de lo sobrenatural que inspiró *Los Cazafantasmas*.

▲ ***Suspense*** **(1961, Reino Unido)**: aclamada adaptación de *Otra vuelta de tuerca*, de Henry James, que capta a la perfección la creciente atmósfera de terror psicológico de la novela.

▲ ***El carnaval de las almas*** **(1962, EE. UU.)**: película de culto apreciada por su retrato del purgatorio.

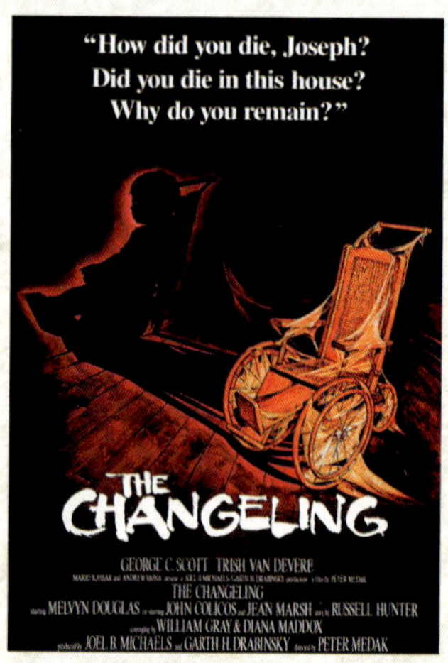

▲ ***Al final de la escalera*** **(1980, Canadá)**: tiene una escena icónica, la de una pelota que rebota por las escaleras.

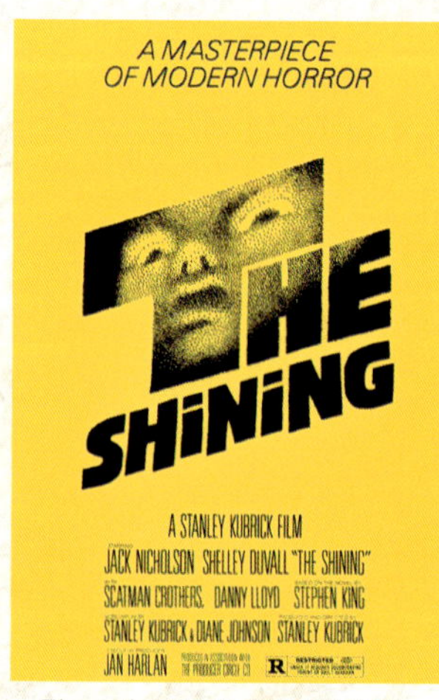

▲ ***El resplandor*** **(1980, EE. UU.)**: célebre e inquietante adaptación de la novela de Stephen King.

▲ ***Poltergeist*** **(1982, EE. UU.)**: con su ambientación suburbana, fue un éxito de taquilla con varias secuelas.

▲ ***Ring: El círculo* (1998, Japón)**: adaptación de la novela de Kôji Suzuki de 1989, es una película perturbadora que mezcla sucesos sobrenaturales con leyendas urbanas, y dio lugar a varios *remakes* hollywoodienses.

▲ ***Los Cazafantasmas* (1984, EE. UU.)**: mezclando lo espeluznante y el humor, batió récords de taquilla.

▲ ***El sexto sentido* (1999, EE. UU.)**: memorable historia de un niño que afirma poder ver a los muertos.

▲ ***El viaje de Chihiro* (2001, Japón)**: película de animación sobre una niña que entra en el reino de los espíritus.

▲ ***El espinazo del diablo* (España, 2001)**: una visión de los fantasmas de la Guerra Civil española.

▲ ***2 hermanas* (2003, Corea)**: provocó un *boom* del terror en el cine coreano.

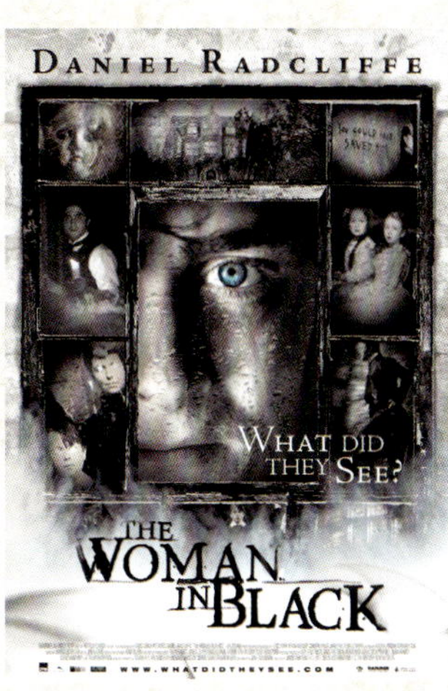

▲ ***La mujer de negro* (2012, R. U.)**: este *remake* clásico fue la película de terror más taquillera en Reino Unido.

▲ ***A Ghost Story* (2017, EE. UU.)**: más centrada en la inquietud existencialista que en los sustos y el suspense.

▲ ***La Llorona* (Guatemala, 2019)**: fantasmas llorosos buscan venganza contra un líder genocida.

▲ **Espectáculo espectral**
Una actriz de un *tour* fantasmal deambula por Mary King's Close, en Edimburgo (Escocia). Los visitantes de este callejón «encantado» informaron de fenómenos que los investigadores han relacionado con ruidos de baja frecuencia o con la baja humedad de la zona.

DESMONTANDO HISTORIAS

ciencia y escepticismo

La mayoría de las culturas hablan de lo sobrenatural. Aunque hoy en día muchos tachan estas creencias de fantasías, un número considerable de personas afirma haber visto algún fantasma. La investigación científica ayuda a esclarecer cómo y por qué se producen las experiencias paranormales.

Explicar lo paranormal

En el siglo XX se acuñó el término «teoría de la cinta de piedra» para explicar los avistamientos de fantasmas. Esta afirmaba que algunos lugares o materiales (como la piedra) tenían la capacidad de grabar (como en una cinta) y «reproducir» las acciones de una persona. Se basaba en las ideas de estudiosos como Charles Babbage, que sugirió que todo lo que se dice permanece en el aire en forma de ecos inaudibles que algunas personas pueden percibir, y T. C. Lethbridge, que afirmaba que los fantasmas eran campos de energía remanente.

Los estudios han demostrado que ciertas condiciones ambientales pueden provocar sensaciones fantasmales. En un caso, la vibración de baja frecuencia producida por un ventilador provocaba temblores y apariciones visuales. Al apagar el ventilador, cesaron las «apariciones». La vibración de 20 Hz se conoce como la «frecuencia del miedo».

Hoy día, los cazadores de fantasmas (pp. 254–257) suelen utilizar detectores electromagnéticos (EM), pues creen que los fantasmas producen campos EM mensurables, pero podrían ser los

«La gente asume que, si no puede explicar algo en términos naturales, entonces debe ser algo paranormal.»

CHRISTOPHER FRENCH, CATEDRÁTICO DE PSICOLOGÍA Y DIRECTOR DE LA UNIDAD DE INVESTIGACIÓN DE PSICOLOGÍA ANOMALÍSTICA EN GOLDSMITHS, UNIVERSIDAD DE LONDRES (2014)

propios campos los que producen sensaciones fantasmales. En un estudio realizado en 2000 se usaron campos magnéticos para estimular el cerebro de los participantes. Esto les hizo sentir miedo y «ver» una aparición a la que se llamó «fantasma sintético».

Cerebros encantados

El cerebro humano debe procesar gran cantidad de datos, lo que podría explicar ciertas experiencias fantasmales. El cerebro organiza las sensaciones para producir patrones útiles, pero a veces se equivoca; por ejemplo, cuando vemos objetos en las formas de las nubes. Del mismo modo, cuando se cree oír voces fantasmales en el ruido blanco, puede ser un intento del cerebro de poner orden en el caos. Y es bien conocida la capacidad del cerebro para generar imágenes. Muchas personas sufren alucinaciones aterradoras cuando se duermen o se despiertan, que son producto de la transición entre vigilia y sueño.

Las investigaciones sobre la naturaleza y la psicología de las apariciones continúan. Sin embargo, al margen de lo que descubran sobre lo paranormal, es poco probable que la gente deje de creer en los fantasmas.

▲ **Dar sentido**
Estas formaciones de arenisca roja en el Valle del Fuego (Nevada, EE. UU.) se perciben con frecuencia como rostros fantasmales. El reconocimiento de patrones es clave para el funcionamiento del cerebro, pero implica que a veces «veamos» objetos o patrones donde no los hay, un fenómeno llamado pareidolia.

EN CONTEXTO

Presencia fantasmal

No todas las apariciones fantasmales son visuales. Es más común la percepción de una presencia cercana. En un estudio de 2014, los investigadores utilizaron un robot para inducir en varios sujetos un conflicto sensomotor (un desacuerdo en el cerebro sobre lo que hace el cuerpo) que les hizo experimentar una «presencia fantasmal». Los sujetos dijeron sentir algo detrás de ellos o tocándoles la espalda. Dos de ellos se asustaron tanto que pidieron detener el experimento.

El dispositivo robótico de Olaf Blanke confundía los sentidos de los sujetos de prueba y generaba la sensación de algo inquietante.

▲ **Imágenes tomadas por Christina Lonsdale**, que creó el laboratorio fotográfico Radiant Human para captar el aura de las personas.

Fotografía del aura

Según ciertas creencias espirituales, todos los seres vivos están rodeados por un campo de energía o «aura». Algunas personas afirman ser sensibles al aura y poder ver sus colores. Desde al menos la década de 1880, los investigadores han intentado captar auras en película fotográfica.

Las fotografías más famosas de auras fueron tomadas por el inventor soviético Semión Kirlian a mediados del siglo XX. Consiguió el efecto haciendo pasar una corriente eléctrica a través de objetos colocados sobre papel fotográfico. Las fotografías de Kirlian muestran seres vivos que irradian chispas, que se cree que representan un misterioso campo de energía, posiblemente psíquico, que no se puede ver de otra forma.

En la década de 1980, Guy Coggins creó en EE. UU. la Auracam, que produce una imagen del sujeto rodeado por un campo de energía de colores. Los fotógrafos del aura creen que los colores pueden interpretarse para conocer el estado de la psique de una persona. La artista conceptual y escritora Christina Lonsdale, con su proyecto itinerante Radiant Human, ha reunido más de 46 000 imágenes de auras. Según ella, el color rojo revela, entre otras cosas, fuerza, fisicidad y nuevos comienzos; el morado, originalidad, alegría y una perspectiva visionaria. Según dónde aparecen estos colores en la fotografía tienen distintos significados. Los colores de la parte inferior izquierda representan la energía del estado interno de una persona, mientras que los de la parte inferior derecha muestran la energía que emite al mundo.

«¡Es alucinante!»

SITIO WEB DE LA APLICACIÓN DE CÁMARA DEL AURA PARA *SMARTPHONE* AURLA, QUE UTILIZA UN ALGORITMO DE BIORRETROALIMENTACIÓN PARA CREAR Y ANALIZAR FOTOGRAFÍAS DEL AURA

AMORES MONSTRUOSOS

romance paranormal

Los romances paranormales, novelas románticas con al menos un protagonista sobrenatural, cobraron importancia a fines del siglo XX, pero existe una larga historia de relatos en los que un humano se enamora de un ser sobrenatural. Son ejemplos las *merrows* (sirenas de cabello verde) del folclore irlandés y los caballeros élficos de baladas como «Scarborough Fair», que imponen tareas imposibles a sus amantes humanos. Estos cuentos inspiraron a los autores de romances paranormales, pero ninguno tanto como *La Bella y la Bestia* (1740), de Gabrielle-Suzanne Barbot de Villeneuve. Cuenta la historia de una princesa y una bestia, a la que solo el amor de ella puede devolverle su forma humana. Los romances paranormales suelen contar una historia similar de amor redentor con un «monstruo» peligrosamente seductor.

◀ **Fenómeno juvenil**
La serie *Crepúsculo*, de Stephenie Meyer, alcanzó una gran popularidad internacional. Bella, una adolescente humana, tiene que elegir entre sus dos amores: Edward, un vampiro, y Jacob, un hombre lobo.

El género romántico paranormal evolucionó a partir de los romances góticos del siglo XX. Estas novelas, a menudo inspiradas en *Jane Eyre* (en sí misma un relato «bella y bestia»), suelen tener protagonistas masculinos fuertes y enigmáticos que podrían suponer una amenaza para la heroína. Tras el apogeo del género romántico gótico, las editoriales empezaron a diversificar su oferta para conservar su público, llegando a convertir a los oscuros amos de casas oscuras (un motivo gótico; pp. 194–197) en vampiros o demonios.

Amantes vampiros

El desarrollo del romance paranormal también está ligado a la evolución de la imagen del vampiro (pp. 214–217): de cadáver reanimado en los relatos del siglo XVIII a aristócrata seductor y despiadado en «El vampiro» (1819) de John Polidori; a amante viciosa y trágica en *Carmilla* (1872) de Sheridan Le Fanu; a personaje amoral e intrigante en las *Crónicas vampíricas* (1976–2018) de Anne Rice; o a misterioso rompecorazones en *Crepúsculo* (2005) de Stephenie Meyer. El vampiro pasa de simple depredador a antagonista complejo y a atractivo forastero. *Dark Shadows*, serie de televisión estadounidense (1966–1971), fue clave en este cambio de perspectiva: la popularidad del vampiro Barnaby Collins dio lugar a novelas relacionadas y allanó el camino del vampiro como personaje romántico.

◀ **Modales bestiales**
En la historia original de *La Belle et la Bête*, la bestia no se describe con detalle, dejando margen a la imaginación del lector. Aunque se suele representar con rasgos de oso y león, en esta ilustración es una especie de castor o morsa.

Variedad sobrenatural

Aunque algunos de los romances paranormales más famosos están protagonizados por vampiros, en la actualidad es un género muy diverso y prolífico. Se pueden encontrar romances con seres sobrenaturales de casi todas las clases: fantasmas, hadas, hombres lobo y otros seres bestiales e incluso zombis.

▼ **Atracción peligrosa**
Las novelas de Anne Rice se llevaron al cine en *Entrevista con el vampiro* (1994), protagonizada por Brad Pitt y Tom Cruise en el papel de complejos y atractivos vampiros.

BESTIAS HUMANAS

seres bestiales

▲ **Hombre jaguar olmeca**
Los jaguares eran relevantes en la religión del pueblo olmeca, la primera gran civilización mesoamericana conocida (*c.* 1200–400 a. C.), que dejó muchas estatuas como esta, cuyas manos están fuertemente cerradas en puños, como si se convirtieran en zarpas felinas.

En culturas de todo el mundo se encuentran seres con formas mixtas de humano y animal (teriomorfos o teriántropos), que se remontan a tiempos prehistóricos. En Indonesia se ha descubierto arte rupestre de hace 44 000 años que representa figuras humanas con pico, cola y otros rasgos animales. En Alemania se halló una estatuilla de unos 40 000 años de una figura mitad león, mitad hombre. Los primeros relatos escritos también hablan de la creencia en hombres-bestia. En la mitología griega, el dios Zeus aparece bajo la apariencia de muchas criaturas, desde un cisne hasta un toro. En el siglo I d. C., el filósofo chino Wang Chong relató historias de hombres-tigre.

Seres metamorfos

Los teriomorfos son un fenómeno casi universal, con formas a menudo basadas en la fauna local, con los superdepredadores como los más peligrosos. En algunas leyendas, los seres bestiales son animales que pueden adoptar forma humana, como el travieso *bake-danuki* japonés, un perro mapache que puede convertirse en humano. En otras tradiciones, los teriomorfos son espíritus que pueden adoptar formas humanas y animales. En el folclore de las islas Orcadas y las Shetland, el espíritu marino *tangie* puede adoptar la forma de un caballo o de un anciano, y utiliza ambas para atraer a los humanos al agua y devorarlos.

En muchas fábulas, los seres bestiales son metamorfos humanos. Algunos controlan su transformación, como el somalí Qori-ismaris, que se frota con un palo para convertirse en «hombre hiena». Otros tienen menos control sobre su naturaleza. En la mitología hawaiana, Nanaue es el hijo de un dios tiburón y una mujer mortal, cuyo primer bocado de carne le hace transformarse en tiburón y le provoca un hambre insaciable de carne humana.

Hombres lobo

La capacidad mitológica de un ser humano para transformarse en lobo (licantropía) aparece en el folclore de muchas culturas. El primer ejemplo lo hallamos en la *Epopeya de Gilgamesh* (*c.* 2100–1200 a. C.), en que el héroe titular rechaza a la diosa Ishtar, en parte por haber transformado a un pastor en lobo. Los hombres lobo son habituales en los relatos de la Edad Media. En los cuentos vikingos de la *Saga de los volsungos* (*c.* 1270), Sigmund y Sinfjötli quedan atrapados temporalmente en forma de lobos tras ponerse unas pieles malditas. Los relatos medievales suelen presentar un monstruo más simpático que los posteriores. En cuentos como «Bisclaravet», de María de Francia, la criatura es un lobo con un alma racional, capaz de lealtad y ávido de venganza.

Las creencias sobre hombres lobo evolucionaron con el tiempo, y la idea del hombre lobo malvado se generalizó en Europa a principios de la Edad Moderna. Se celebraron muchos juicios contra «hombres lobo», como el del granjero alemán Peter Stump en 1589, al que se acusó de pactar con el Diablo, matar y comer niños, y licantropía.

Hoy en día, los hombres lobo prosperan en la cultura popular, y pueden ser amenazadores (en películas de terror) o amables (en romances paranormales; pp. 278–279). A menudo son una excusa para explorar las ideas sobre nuestro «animal interior».

◀ **Hombre vestido de lobo**
Los hombres lobo abundan en la mitología griega, como refleja este jarrón. Zeus transforma al rey Licaón en lobo por matar a su hijo. El término «licantropía» procede del griego: de *lykos* («lobo») y *anthropos* («hombre»).

◀ **¿Hombre o bestia?** Los relatos medievales ilustran a menudo la delgada línea que separa a la bestia salvaje del hombre civilizado. Esta xilografía de la *Crónica de Núremberg* (1493) muestra a un «monstruo» con dos cabezas, una lupina y otra humana.

EXPEDICIONES FANTASMAGÓRICAS

turismo de fantasmas

Los fantasmas pueden ser una atracción turística. El turismo de fantasmas –visitar lugares «encantados»– puede adoptar muchas formas. En hoteles encantados, como el Jamaica Inn de Cornualles (Reino Unido), famoso gracias a la novelista Daphne du Maurier, los huéspedes pueden pagar un suplemento por una habitación con fantasma. El énfasis en lo terrorífico ha resultado también una forma eficaz de atraer turistas a lugares históricos, como la abadía de Newstead (Reino Unido) –casa gótica ancestral del poeta Lord Byron–, donde se organizan eventos y se imparten talleres sobre investigación paranormal, y siempre existe la posibilidad de encontrarse con el fantasmal Fraile Negro, inmortalizado en la poesía de Byron.

El turismo de fantasmas es una industria en auge. Son especialmente populares los paseos fantasmales, recorridos a menudo nocturnos. En Reino Unido, el Original Ghost Walk de York presume de ser uno de los más antiguos (desde 1973), mientras que el Ghost Hunters Silent Disco Tour de Bath ofrece una opción menos tradicional. Hay atracciones similares por todo el mundo: los interesados en este turismo pueden visitar la casa encantada de Minxiong, en Taiwán; hacer un inquietante recorrido por Salem (Massachusetts, EE. UU.); dar una vuelta en el Mystery Ghost Bus por Johannesburgo (Sudáfrica); o visitar un baño encantado en la antigua Estación de Cuarentena de Manly (Australia).

La atracción de lo paranormal

Aunque el turismo de fantasmas es un fenómeno relativamente nuevo, popularizado por los *tours* fantasmales en la década de 1980 y por programas de televisión del siglo XXI como *Ghost Hunters* (EE. UU.), los fantasmas tienen una larga historia de atracción turística. En 1762, el «fantasma de Cock Lane» fascinó a Londres: una joven, Elizabeth Parsons, informó de los golpes y arañazos de «Scratching Fanny», identificada como el fantasma de una inquilina presuntamente asesinada. La gente acudió para presenciar estos signos sobrenaturales y se cobraba entrada. La casa se convirtió así en una forma temprana de experiencia fantasmal comercial, si bien el caso se reveló al cabo como un fraude.

En 1809, las catacumbas de París (p. 71) se abrieron al público. Los visitantes recorrían los túneles recubiertos de huesos a la luz de las velas y, a la salida, se les invitaba a anotar sus impresiones. Sus comentarios demuestran la popularidad de las catacumbas en aquella época, tanto entre locales como entre turistas, y hoy día siguen siendo una

◀ **Recuerdo espeluznante**
Los fantasmas de York son compras populares entre los visitantes de la ciudad británica. Están inspirados en los recuerdos que los peregrinos compraban para llevar a los santuarios en la época medieval.

◀ **En los túneles**
Este grabado al aguatinta de 1825 es copia de una ilustración atribuida a Victor Auver de «Un paseo por París». Muestra a un grupo de ansiosos turistas visitando las catacumbas a la luz de las velas.

▼ **Autobús fantasma**
Savannah (Georgia), escenario de batallas históricas, esclavitud brutal y epidemias desastrosas, está considerada una de las ciudades más embrujadas de EE. UU. Los *tours* recorren su historia más oscura y descubren sus fantasmas.

gran atracción de la ciudad. Abundan las historias de fantasmas en torno a ellas, desde voces incorpóreas hasta avistamientos del fantasma de Philibert Aspairt, perdido en el laberinto en 1793 y que supuestamente sigue vagando por los túneles.

En el siglo XIX, los turistas también acudieron en masa a otros lugares, como la abadía de Medmenham (Reino Unido), donde los lugareños cobraban por visitar la sede del tristemente célebre Club del Fuego Infernal, fundado por libertinos en 1749. En el siglo XX, el investigador paranormal Elliott O'Donnell recorrió Gran Bretaña y publicó guías populares de sus lugares encantados. Aunque ya existía hace cientos de años, el turismo de fantasmas se ha convertido en un gran negocio a finales del siglo XX.

▶ Siniestras muñecas
México cuenta con una insólita atracción turística conocida como la Isla de las Muñecas, donde don Julián Santana Barrera, un ermitaño, pasó 50 años y colgó más de mil muñecas para apaciguar el fantasma de una niña ahogada que creía que lo perseguía.

▼ Festival fantasmal
Desde 1956, cada mes de noviembre se celebra en Campbelltown (Australia) el festival del Fantasma de Fisher. Fred Fisher desapareció en junio de 1826 y se dice que su fantasma apareció unos meses después para señalar el lugar de su tumba.

Con el tiempo, se han desarrollado distintas formas de turismo fantasmal. Unas ofrecen emociones fantasmagóricas; otras prometen pruebas de lo paranormal. En Salem (Massachusetts, EE. UU.), los *tours* reviven la persecución de los acusados de brujería. A veces, la línea que separa la historia y el entretenimiento es difusa. Los visitantes acuden a la *Isla de las Muñecas* de México no solo para recordar a la niña que murió allí, sino también por las emocionantes historias de muñecas que se mueven y de ruidos extraños.

El lado oscuro

El turismo de fantasmas puede solaparse con otras formas de turismo macabro sin vinculación directa con lo sobrenatural. Entre ellas, el «turismo oscuro» a lugares asociados a la violencia y el asesinato; y el «turismo gótico», centrado en lugares o experiencias terroríficas o macabras. Eventos como el festival anual del Fantasma de Fisher, en Campbelltown (Australia), mezclan historias trágicas con espectáculos góticos: decenas de miles de visitantes acuden a la ciudad para ver el fantasma de Fred Fisher (desaparecido en junio de 1826, pero cuyo fantasma apareció unos meses después para señalar el lugar de su tumba) y participar en una semana de terroríficos desfiles y actividades.

Explotación de tragedias

Aunque la exploración de relatos de fantasmas puede revelar historias ocultas, a veces se sacrifica la exactitud en aras de una buena historia y se explota la tragedia. Por ejemplo, en 2021, un empresario compró por 2 millones de dólares la casa de Lizzie Borden en Fall River (Massachusetts, EE. UU.), donde se cometió un doble asesinato en 1860, para sacar provecho de su historia. La tienda de regalos del museo anexo vende como recuerdo un «hacha ensangrentada» (el arma que usó Lizzie para asesinar a sus padres).

Los lugares de sufrimiento se asocian a menudo con fantasmas, y algunas prisiones y manicomios con historias brutales se han convertido en destinos turísticos. En la Penitenciaría Estatal del Este de Filadelfia (pp. 286–287) se organizan visitas en Halloween, que ofrecen una experiencia de terror en vivo en el lugar donde se torturaba a los presos. Estos ejemplos plantean cuestiones éticas sobre la actitud de turistas y operadores turísticos hacia los muertos, y sobre cómo tratar respetuosamente sus historias.

▶ Oración silenciosa
La iglesia de San Jorge de Lukova (República Checa) fue abandonada en 1968 tras derrumbarse su tejado, y los lugareños dijeron que estaba encantada. Desde 2012, el fantasmal arte en escayola del artista Jakub Hadrava ha vuelto a atraer visitantes.

Prisión encantada

Se dice que la Penitenciaría Estatal del Este de Filadelfia (en activo de 1829 a 1971) es uno de los edificios más embrujados de EE. UU. La prisión se basaba en un nuevo y radical enfoque del encarcelamiento, centrado en el aislamiento. Durante muchos años, los presos no podían hablar entre sí y se les obligaba a llevar sacos en la cabeza para mantener el anonimato. Toda comunicación estaba prohibida, y los presos eran sometidos a dolorosos castigos por las menores infracciones. No es de extrañar que durante décadas se hayan contado historias de fantasmas en esta prisión. Presos, guardias y visitantes han informado de actividad paranormal, como figuras sombrías en el bloque de celdas 6, voces y gritos en el bloque 12 y una misteriosa figura masculina en la torre de vigilancia. Uno de los internos más famosos de la prisión, el gánster Al Capone, se vio acosado allí por un fantasma en 1929. Por la noche se le oía gritar y rogar a «Jimmy» que lo dejara en paz. La penitenciaría ha sido objeto de muchas investigaciones en TV e internet, como *Ghost Adventures*, *Most Haunted* y *Buzzfeed Unsolved*. Hoy, las visitas al museo se centran más en la historia de la prisión y los debates en torno a la justicia penal que en los fantasmas. No obstante, hay *tours* fantasmales y muchos visitantes informan de experiencias extrañas. También hay un evento anual que convierte la prisión en una atracción con actores en vivo y escenas terroríficas.

«Mire a su alrededor. Si existen fantasmas en algún lugar, deben de estar aquí.»

EL ACTOR STEVE BUSCEMI EN LA AUDIOGUÍA «LAS VOCES DE LA PENITENCIARIA DEL ESTE»

▲ **La ruinosa prisión** tiene una larga historia de actividad sobrenatural, desde apariciones fantasmales hasta gritos lastimeros

▲ Apaciguar a los espíritus Un chamán dusun se prepara para realizar un ritual para apaciguar a Akinabalu, el espíritu guardián del monte Kinabalu (Sabah, Malasia), tras el terremoto de 2015.

OJOS Y OÍDOS EN TODAS PARTES

creencias animistas modernas

El animismo se define por dos creencias: la primera, que todas las cosas no humanas, como animales, plantas y objetos, están imbuidas de un *anima* (alma) o habitadas por espíritus; la segunda, que todas las cosas existen como seres intencionales, dotados de voluntad. Este doble reconocimiento inspira el respeto del animismo por el medio ambiente, ya sea natural o construido. También ofrece distintas formas de entender el mundo que afectan al bienestar individual (lo personal) y a las relaciones con otros seres vivos e inertes (lo comunitario).

Las creencias animistas siguen siendo parte integrante de la vida cotidiana de las culturas indígenas del Sureste Asiático. Pese a siglos de represión en la región, han sobrevivido junto a las principales religiones oficiales, como el islam y el cristianismo, ya sea en la clandestinidad, como prácticas indígenas marginales o, más comúnmente, asimilándose en esas religiones principales.

Entre los diversos pueblos indígenas (orang asli) de Malasia se encuentran kadazans, ibans, mah meris y senais. Sus creencias animistas son

«[Los animistas] reconocen que el mundo está lleno de personas, de las cuales solo algunas son humanas.»

GRAHAM HARVEY, *ANIMISM: RESPECTING THE LIVING WORLD* (2006)

especialmente evidentes en sus prácticas de caza y recolección, agricultura y ganadería. Por ejemplo, evitan la tierra considerada sagrada o impura y hacen ofrendas a las deidades locales y a los espíritus ancestrales para conseguir alimento, criar animales o cosechar la tierra.

En Malasia oriental, los kadazan-dusun creen que los espíritus locales conocidos como *mogigion* («guardianes de la tierra») se enfurecen si se viola o perturba la naturaleza. Por esta razón, las obras de construcción no suelen acometerse hasta haber erigido santuarios y hecho ofrendas para apaciguarlos.

Equilibrio cósmico

La cosmología balinesa está influida tanto por el animismo como por la antigua convicción de que la isla pertenece al dios supremo Sang Hyang Widhi Wasa («El Orden Divino»), que la ha confiado a la humanidad para su custodia. Se cree que los espíritus buenos (masculinos) habitan en las montañas, y que los malos (femeninos) están relegados al mar, dominio de Nyi Roro Kidul, la reina serpiente que es en parte sirena. Ambos deben ser respetados por igual, ya que se cree que esta dualidad aporta equilibrio al universo.

Casas de los espíritus

En Tailandia, Camboya, Laos y Birmania, el terreno en el que se establece un negocio o una casa suele ir acompañado de una «casa de los espíritus»: un santuario en miniatura construido para cobijar a los espíritus residentes y evitar que interfieran con los vivos, o incluso les hagan daño. La casa de los espíritus se repone regularmente con ofrendas de comida, bebida, guirnaldas de flores e incienso. Suele colocarse en un lugar propicio, establecido con la ayuda de un chamán, y si son bien apaciguados, sus espíritus pueden traer también buena fortuna.

▲ **Rey de los espíritus** La leyenda de Barong, una deidad con aspecto de pantera, refuerza la lógica binaria que sustenta las creencias animistas balinesas: como líder de los espíritus benévolos, su eterna archienemiga es Rangda, la reina demonio.

EN CONTEXTO

Teatro de espíritus

Algunos creen que las marionetas, las tallas y los gongs del teatro de marionetas indonesio albergan espíritus ancestrales, y el folclore animista ha inspirado muchos cuentos teatrales. El personaje de Semar, aunque en apariencia es un bufón, es considerado por algunos el espíritu ancestral de Java, al que se acude en busca de curación o protección. Su atuendo suele ser blanco y negro, lo cual representa los binomios sagrados (luz/oscuridad, vida/muerte, bien/mal); y, a pesar de su condición de payaso, se lo considera un símbolo de la sabiduría divina.

Marioneta de sombras del payaso Semar, reconocible por el cuerpo negro, la cara blanca, el vientre prominente y el bulto en la frente.

VUELVEN LOS ESPÍRITUS

resurgimiento de las creencias tradicionales africanas

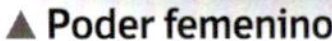

▲ Poder femenino
Esta máscara *gelede* se usa durante un festival que celebra el poder espiritual de las «madres». Esto incluye a Iya Nla, la madre primordial, pero también a las antepasadas y las ancianas de las comunidades yoruba-nago de Benín, Nigeria y Togo.

Resulta difícil separar las creencias espirituales y sobrenaturales de África, tal y como se entienden hoy, de la historia colonial del continente. Los colonizadores europeos suprimieron las creencias indígenas por considerarlas prácticas paganas «primitivas» e impusieron el cristianismo. Siglos antes, los conquistadores islámicos del norte, este y oeste del continente actuaron de forma similar. Cristianismo e islam arraigaron, y las prácticas africanas quedaron marginadas.

En el siglo XX, los sistemas de creencias africanos habían sido en gran medida eliminados. Diversos movimientos nacionalistas han tratado de remediar esta situación, pero no han logrado eliminar el estigma atribuido por el colonialismo a las prácticas «supersticiosas». Los esfuerzos por restaurar la fe en las creencias tradicionales han fracasado debido a la hostilidad de cristianos y musulmanes, los abusos de poder, su propia tendencia al secretismo y la propagación del secularismo y la globalización. Pese a ello, existe un nuevo interés, en África y en la diáspora africana, por devolver a las prácticas espirituales tradicionales un lugar entre las principales religiones importadas.

Deidades y espíritus

Las deidades, los espíritus de la naturaleza y los espíritus de los antepasados africanos se manifiestan como ambivalentes: benévolos y malévolos. Sin embargo, los relatos de misioneros y africanos convertidos al cristianismo y al islam casi siempre los etiquetan como malignos. Así hicieron en el sur de África los misioneros con los *badimo*, espíritus ancestrales de la religión tsuana, o el predicador de origen yoruba y cristiano converso Samuel Ajayi Crowther, que vinculó al *òrìṣà* (deidad) yoruba Èṣù (pp. 44–45) con Satán cuando tradujo la Biblia a la lengua yoruba en la década de 1840. Hoy, los seguidores de las creencias tradicionales luchan por disipar esas ideas. A través del activismo cultural y las redes sociales, el movimiento #ÈsùIsNotSatan pretende reivindicar quién es realmente Èṣù: el travieso *òrìṣà* de las encrucijadas, la dualidad, los comienzos, los viajeros, la fertilidad y la muerte.

El poder de la diosa

Las creencias tradicionales africanas se centran en la comunidad y su relación con el mundo natural, en el que las mujeres ocupan un lugar central. Estas creencias pueden alinearse con ideas progresistas, como demuestra la campaña del pueblo mijikenda en Kenia para proteger los lugares sagrados de los bosques ancestrales de los daños medioambientales.

Se han recuperado diversos rituales y festivales para subrayar el papel fundamental de la mujer en las creencias africanas. En 1996, miembros de la comunidad zulú revivieron un festival anual en honor de Nomkhubulwane, diosa de la lluvia, la naturaleza y la fertilidad. La controversia posterior acerca de si el rito tradicional de la prueba de la virginidad protege o no la salud, los derechos y la dignidad de las niñas que participan en él ha abierto el debate sobre cómo las comunidades africanas pueden mantener hoy las creencias tradicionales.

▶ Guardianes ancestrales
Tallas de antepasados montan guardia en una *kaya* de la costa suroriental de Kenia. Las *kayas* son aldeas ancestrales sagradas que el pueblo mijikenda venera como lugares de poder ritual. Las figuras protegen las *kayas* de la tala de árboles, el pastoreo y la agricultura.

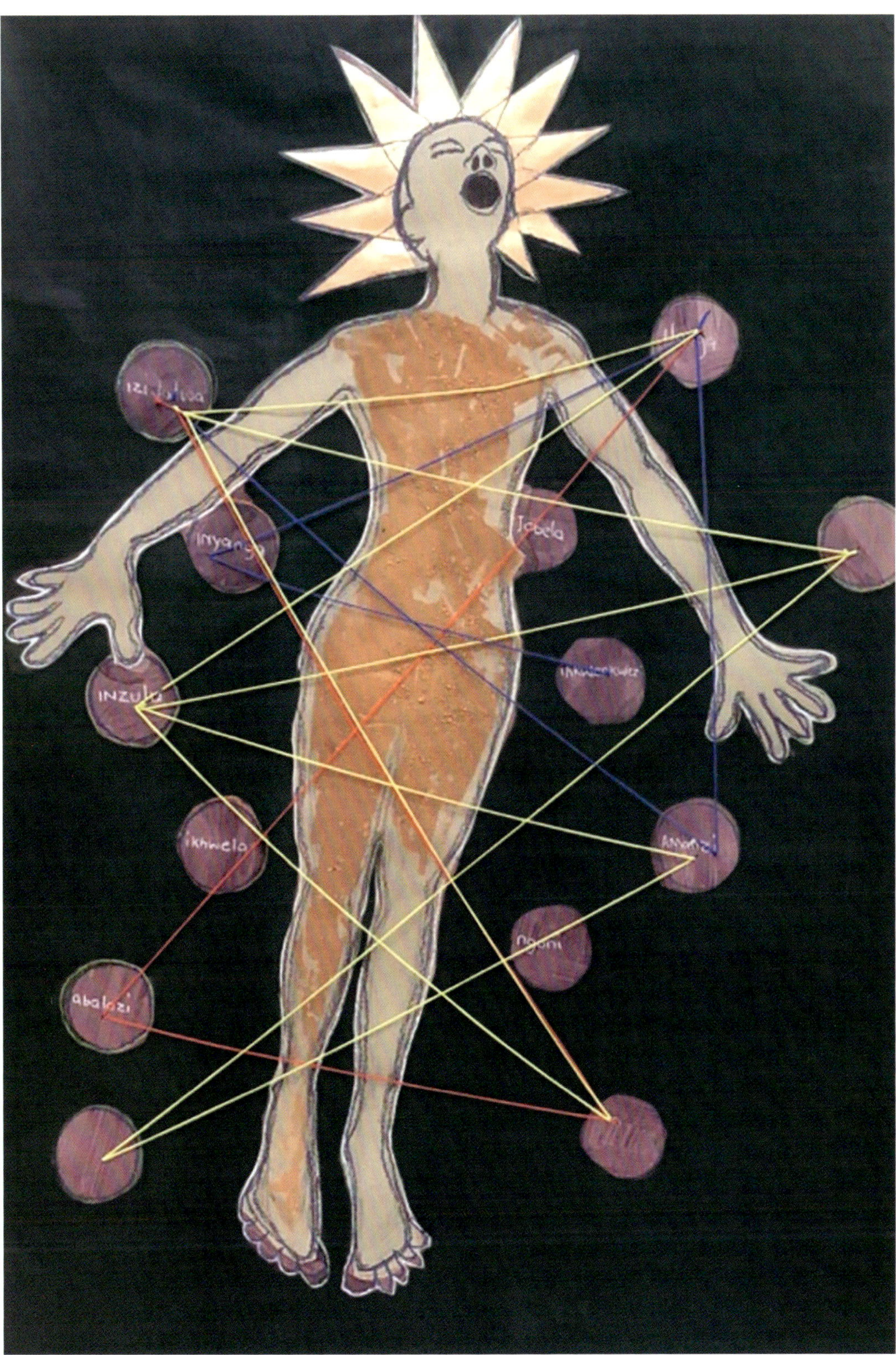

◀ **Madre Tierra**
Una niña virgen suplica a Nomkhubulwane, la diosa zulú de la lluvia y la fertilidad, en esta obra de técnica mixta de la artista sudafricana Mandisi Mncela, de 2021.

BLOODY MARY, BLOODY MARY

leyendas urbanas

Historias transmitidas oralmente, contadas como si fueran actuales y ciertas, las leyendas urbanas suelen narrar sucesos extraños que suscitan emociones como sorpresa, miedo o asco, o misterios solo explicables a través de lo sobrenatural. Existen ejemplos en todo el mundo, y no solo en las ciudades, a pesar de la etiqueta «urbana». Pueden hacer referencia a cualquier lugar, desde carreteras aisladas hasta centros comerciales, y su ambientación en lugares reales aumenta su verosimilitud para el oyente.

◀ La autopista de la muerte

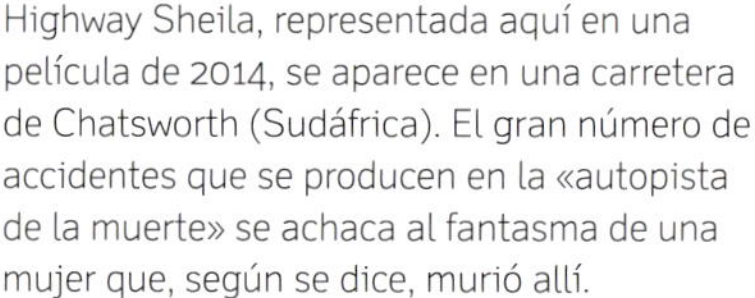

Highway Sheila, representada aquí en una película de 2014, se aparece en una carretera de Chatsworth (Sudáfrica). El gran número de accidentes que se producen en la «autopista de la muerte» se achaca al fantasma de una mujer que, según se dice, murió allí.

Arquetipos fantasmales

Muchas leyendas urbanas se centran en un personaje fantasmal que se aparece de manera recurrente en algún lugar. La «dama de blanco» es el fantasma de una mujer vestida de blanco que murió trágicamente y cuya historia suele tratar de amor, sexo, traición o asesinato. Es un fenómeno mundial, y muchas poblaciones tienen su propia dama de blanco, aunque su historia cambia para adaptarse a los distintos lugares. En Coventry (Reino Unido), la dama de blanco frecuenta la abadía de Whitley, donde se dice que se suicidó cuando su padre se negó a dejarla casar con el hombre al que amaba. En Ciudad Quezon (Filipinas), un taxista recoge a una mujer vestida de blanco a altas horas de la noche; cuando el conductor mira hacia atrás, ve que tiene la cara ensangrentada, y huye del taxi aterrorizado. Otra historia común es la del autoestopista misterioso (hombre o mujer). En los suburbios del suroeste de Chicago, una mujer con un vestido de gala blanco, conocida como Resurrection Mary, pide a los conductores que la lleven a casa. Cuando el coche llega a un cementerio local, la mujer desaparece sin dejar rastro.

▼ Espectro aterrador

El imaginario «hombre del saco» aparece en distintos cuentos para asustar a los niños y que se porten bien. En este grabado de Goya, de 1799, el «Coco», cubierto con una suerte de sábana, aterroriza a dos niños. Se trata de una crítica a las malas prácticas educativas de la época.

Invocación de fantasmas

Las leyendas urbanas también incluyen juegos rituales que invocan a un fantasma. Bloody Mary es el fantasma ensangrentado de una mujer que aparece en un espejo si se canta su nombre tres o trece veces. En España se la conoce como Verónica. En Japón es una chica llamada Hanako-san, que aparece en los aseos de las escuelas si se llama a la puerta tres veces y se pronuncia su nombre; según dónde se juegue, puede aparecer como una chica vestida de rojo, un lagarto de tres cabezas o una mano ensangrentada que arrastra al invocador al retrete. Estos juegos son muy populares entre niños.

> «Son las historias que utilizamos para explicarnos a nosotros mismos.»
>
> **NEIL GAIMAN**, SOBRE LAS LEYENDAS URBANAS

◀ **La dama de blanco**
En este cuadro del austríaco Gabriel von Max, de 1900, la arquetípica dama de blanco es una figura pálida y fantasmal que lleva un manojo de llaves en la cintura. La pintura cuelga en un castillo medieval de la República Checa que se dice que alberga muchos fantasmas.

LOS FANTASMAS HOY

fantasmas en la cultura popular

▼ Espectros bailarines En esta escena de la producción del Ballet Nacional de Inglaterra de *El fantasma de Canterville*, de 2006 (basada en el cuento de Oscar Wilde de 1887), los invitados bailan en el baile fantasmal de sir Simon.

En la cultura popular moderna, los fantasmas están más vivos que nunca. De los videojuegos a los memes de las redes sociales, los espíritus se manifiestan en gran variedad de géneros y formas, y continúan influyendo en la imaginación popular. Algunos aparecen como puro entretenimiento, para asustar o incluso por su valor cómico, como el espíritu flatulento Moquete de la franquicia cinematográfica de *Los Cazafantasmas*. Otros son manifestaciones de la inquietud colectiva respecto a la muerte, y ayudan a afrontarla y a sobrellevar el duelo.

Fantasmas de novela

Los fantasmas siempre han proporcionado buenas historias, y muchos escritores –entre ellos Stephen King (*El resplandor*, 1977; *Un saco de huesos*, 1998) y James Herbert (*Hechizo*, 1988)– han gozado del éxito internacional con el género de terror sobrenatural. Sin embargo, los fantasmas se utilizan en la ficción por algo más que su capacidad para asustar. En *Hotel World* (2001), de Ali Smith, el fantasma de una camarera adolescente sirve para explorar las etapas del duelo. En *Las siete lunas de Maali Almeida*, de Shehan

Karunatilaka (ganador del Premio Booker 2022), el fantasma trata de denunciar las atrocidades de la guerra civil de Sri Lanka. Y la novela gráfica *Fantasmas* (2016), de Raina Telgemeier, que sigue los intentos de una niña con fibrosis quística de hacerse amiga de los fantasmas de su pueblo, invita a un público joven a reflexionar sobre cómo aceptar la muerte.

Estrellas de *reality*

Los fantasmas pasaron con facilidad del papel a la pantalla (pp. 266–269), y un género muy popular es el de los *reality shows* paranormales, que alcanzaron su apogeo a inicios del siglo XXI. Algunos ejemplos son *Most Haunted* (Reino Unido), *Buscadores de fantasmas* (EE. UU.) y *Scariest Places on Earth* (EE. UU.), que presentan a equipos de cazadores de fantasmas, psíquicos y demonólogos en busca de experiencias paranormales. Cada episodio se centra en un lugar «embrujado», en el que los investigadores documentan avistamientos históricos de fantasmas y usan cámaras de infrarrojos y dispositivos de grabación para captar lo que ven y oyen durante una noche. Otros programas similares han llegado a YouTube, como *Buzzfeed Unsolved*, de Shane Madej y Ryan Bergara (y su continuación, *Ghost Files*). Estos programas están dramatizados; Ofcom declaró en 2005 que *Most Haunted* tiene «fines de entretenimiento» y no de «investigación legítima». Sin embargo, estos programas también pueden ofrecer una visión seria de cómo puede responder la gente a experiencias paranormales.

Fantasmas de videojuego

Los fantasmas también viven en los videojuegos, a menudo en el papel de adversarios. En *Pac-Man*, el jugador es perseguido en un laberinto por fantasmas de colores, mientras que en *Luigi's Mansion*, subserie de la franquicia *Super Mario*, el jugador explora una mansión encantada, captura fantasmas con la aspiradora «Succionaentes 3000» y lucha contra el fantasma Rey Bu.

En los juegos del género *survival horror*, los fantasmas suelen ser más siniestros y violentos, como los antagonistas de la serie *Project Zero* y *Phasmophobia*. Sin embargo, no siempre son los malos: en la serie *Zelda*, los fantasmas suelen desempeñar el papel de mentores. En *Beyond: Two Souls*, la protagonista está ligada a un fantasma que la ayuda a lo largo del juego.

▲ **¿Cuán embrujada?**
Un operador de *steadicam* filma a Yvette Fielding, presentadora del exitoso programa de televisión *Most Haunted*, mientras investiga indicios paranormales.

◀ ***Estos fantasmas míos***
Esta instalación artística del diseñador de moda y artista italiano Antonio Marras está hecha con 80 camisones, bordados por estudiantes de la Academia de Bellas Artes de Nápoles. Los farolillos se iluminan por la noche y flotan como los simpáticos fantasmas de la ciudad.

▲ **Gente fantasma**
Estos murales aparecieron en Savamala, un barrio de Belgrado (Serbia), a principios de la década de 2010, cuando la población local estaba siendo expulsada de la zona por una polémica remodelación. Representan a la población desplazada.

La red espeluznante

Las historias de fantasmas se contaban antes en torno a una fogata. Ahora se propagan por internet, en redes sociales y plataformas de intercambio de contenidos, como Reddit, TikTok, Instagram, Tumblr y Pinterest. Internet ha tenido un papel clave en la fascinación por lo paranormal y, como los contenidos pueden difundirse rápidamente a todos los rincones del planeta, cuentos populares e historias de fantasmas se comparten a una escala sin precedentes. Con el tiempo, ha surgido una subcultura conocida como «*creepycore*», nombre que hace referencia a la creación y el intercambio generalizados de arte, fotos y vídeos inspirados en la estética del terror y lo oculto.

Lo sobrenatural se manifiesta incluso en la jerga de las redes sociales: el término «*ghosting*» hace referencia a alguien que deja de responder abruptamente en una plataforma o aplicación de citas, desapareciendo como un fantasma. A su vez, el uso de las redes sociales entre comunidades paganas contemporáneas se ha extendido tanto que se conoce como «WitchTok».

En internet se pueden compartir las creencias en la magia y lo sobrenatural con una vasta audiencia global. Las experiencias personales de lo paranormal pueden convertirse en virales a través de relatos escritos o imágenes grabadas, del mismo modo que se publicaron y difundieron fotografías de las hadas de Cottingley (pp. 62–63), el monstruo del lago Ness o Bigfoot en los siglos XIX y XX. Sin embargo, con internet, esas historias e imágenes pueden copiarse y pegarse de foro en foro, pasar de una plataforma a otra y presentarse como verdaderas, pero con un creador original desconocido u olvidado. Este contenido se denomina «*creepypasta*», adaptación de «*copypasta*» (texto que ha sido copiado y pegado en los foros en múltiples ocasiones), y muchas historias han adquirido así vida propia.

La leyenda de Slender Man

Hay muchas historias *creepypasta* en internet. La más conocida es «Slender Man» (el Hombre Delgado), sobre una figura sin rostro, antinaturalmente alta y delgada, que viste traje y acecha a los niños. Esta leyenda surgió a partir de un mensaje en línea en el foro «Something Awful», que organizó un concurso de imágenes paranormales editadas con Photoshop en 2009. Eric Knudsen (bajo el nombre de Victor Surge) aportó dos fotografías de niños con una figura acechando en el fondo y un perturbador pie de foto (cita, abajo). Estas imágenes captaron la imaginación y los temores de la gente, y muchos contribuyeron con su propio arte e historias. El mito creció y la figura del Hombre Delgado se convirtió en el hombre del saco de la era moderna. En 2014, la leyenda era tan conocida que cuando dos niñas de Wisconsin apuñalaron a otra en el bosque, afirmaron que no habían actuado por voluntad propia, sino que Slender Man les había ordenado hacerlo.

> «Su persistente silencio y sus brazos extendidos nos horrorizaban y nos reconfortaban a la vez.»
>
> **ERIC KNUDSEN** EN UN PIE DE FOTO QUE DESCRIBE A SLENDER MAN

EN CONTEXTO

Whisper

Las redes sociales son una nueva frontera para los interesados en fantasmas y muertos vivientes, como demuestra la popularidad de Whisper, un personaje con aire de zombi. Con una piel cenicienta, largo cabello, colmillos puntiagudos y un críptico lenguaje de gruñidos y chasquidos, Whisper surgió en 2022 a través de TikTok e Instagram en Spookers Haunted Attraction. Los fans califican de «adorable» a este terrorífico personaje nacido para cumplir con las pautas de TikTok al tiempo que genera una devota comunidad *online*.

El creador de contenidos @spookersnz publica vídeos de Whisper realizando actividades divertidas y tontas para entretener a una audiencia global.

▲ ***Figura sin rostro***
Esta es una de las muchas recreaciones artísticas de la leyenda *creepypasta* del Hombre Delgado. En 2018 se estrenó la película *Slender Man*, que consolidó aún más su imagen –una figura sin rostro con largos brazos– en el imaginario público.

GLOSARIO

Ajuar funerario Conjunto de objetos enterrados junto a un muerto, a menudo en la creencia de que el difunto puede utilizarlos en la otra vida.

Alma La esencia más íntima de una persona; puede usarse como sinónimo de «espíritu».

Amuleto Objeto, encontrado o creado, que se cree que tiene poderes protectores o curativos cuando se lleva. *Véase* Talismán.

Ángeles En el cristianismo, seres que sirven de mensajeros e intermediarios entre los humanos y Dios. A principios de la Edad Moderna, algunos grimorios contenían rituales para invocarlos como espíritus benévolos (en contraste con la invocación de demonios).

Animismo Creencia de que todo lo natural, como plantas, animales, rocas, el agua o los fenómenos meteorológicos, tiene un espíritu y puede influir en los acontecimientos humanos.

Antepasados, veneración de los Culto que un grupo familiar o una comunidad rinde a sus muertos, u otras prácticas rituales y ofrendas dirigidas a apaciguar los espíritus de sus difuntos.

Aparición Fantasma o fenómeno sobrenatural similar que supuestamente aparece de la nada. *Véase* Fantasma.

Bhuta En el sur y el sureste de Asia, espíritu inquieto que tras la muerte no ha logrado pasar al otro mundo ni renacer.

Bruja Persona que se cree que tiene o aprovecha poderes mágicos malignos. A principios de la Edad Moderna se creía que las brujas hacían pactos con el Diablo y tenían espíritus familiares. *Véase* Familiar.

Cábala Antigua práctica judía de interpretación mística del Tanaj (la Biblia hebrea), primero de palabra y luego mediante códigos secretos. Incluye la creencia en la posibilidad de ser poseído por espíritus malignos como *dybbuks* o *ibburs*.

Cacería Salvaje Horda de fantasmas y otros espíritus terroríficos que surca los cielos a caballo, a menudo en pleno invierno, dirigida por un líder mítico.

Catacumbas Conjunto de pasadizos subterráneos, generalmente construidos para enterrar a los muertos.

Caza de tesoros Práctica consistente en invocar y atrapar a los espíritus que, según se cree, custodian objetos valiosos, con el fin de obtener riquezas.

Chamanismo Prácticas espirituales de los pueblos de las estepas de Asia Central y Siberia, que datan de hace unos 40 000 años. El término se utiliza a veces de forma más general (y controvertida) para referirse a tradiciones tribales espirituales y mágicas más amplias, en especial las de comunicación con el mundo espiritual. Se puede decir que los pueblos prehistóricos tenían prácticas «chamánicas».

Changeling Criatura que seres sobrenaturales como las hadas dejan como sustituto tras haber robado a un niño humano.

Círculo mágico Círculo trazado dentro del cual se sitúa un practicante de magia mientras invoca. Inscrito con runas u otros símbolos mágicos, se cree que protege al practicante de los espíritus (a menudo demonios) que invoca. *Véase* Demonio.

Conjurar Invocar espíritus.

Conjuro Palabras que se cree que tienen un efecto mágico cuando se pronuncian o se recitan; también llamado encantamiento.

Cosmos Visión del mundo de una sociedad o religión: su concepción del universo, sus esferas, sus divinidades, su principio y su fin.

Deidad Dios o diosa (en religiones politeístas como el hinduismo); creador y ser supremo (en religiones monoteístas como el cristianismo o el islam).

Demonio Espíritu maligno con acceso a poderes ocultos. Un practicante de magia puede invocar a un demonio para que cumpla sus órdenes.

Demonología Estudio de los demonios y rama de la magia relacionada con ellos.

Día de Muertos Fiesta mexicana en la que se celebra a los antepasados y se les hace ofrendas en altares. Se cree que el Día de Muertos tiene su origen en una mezcla del cristianismo con otras prácticas religiosas indígenas mesoamericanas.

Diablo El más poderoso de los demonios de las religiones abrahámicas (judaísmo, cristianismo e islam). Se lo conoce como Satán, Satanás, Lucifer o Iblis (en el islam). Se cree que el Diablo tiene dominio sobre otros demonios y espíritus malignos.

Duende Criatura folclórica asociada a las travesuras, a menudo representada como pequeña y fea. Algunos duendes se asocian con el hogar y se consideran benévolos; otros, sobre todo los que se cree que viven en ríos y cuevas, son más maliciosos.

Ectoplasma Sustancia que se cree que envuelve a los fantasmas y otras criaturas relacionadas con actividades espirituales. Los médiums espiritistas solían fingir la producción de ectoplasma.

Efigie Representación de una persona concreta en forma de escultura u otro medio tridimensional.

Endemoniado Persona poseída por un demonio.

Enoquiana, magia Tipo de magia ceremonial, desarrollada por John Dee y Edward Kelley, cuyo objetivo es invocar y controlar diversos espíritus, incluidos los ángeles.

Esoterismo Tradición occidental de conocimiento místico y oculto (esotérico) que solo poseen unos pocos privilegiados. Por ejemplo, el rosacrucismo y la cábala.

Espiritismo Movimiento del siglo XIX inspirado en los escritos de Allan Kardec, especialmente popular en Brasil; creencia de que el espíritu de las personas sobrevive después de la muerte y puede ser contactado a través de médiums. *Véase* Espiritualismo.

Espíritu Entidad no física, a veces llamada alma o chispa. Muchas culturas creen que es la forma psíquica de una persona, que puede seguir viviendo después de morir su cuerpo. Hay quien cree que los animales y el mundo natural tienen sus propios espíritus; esta creencia es clave en las religiones animistas y chamánicas. «Espíritu» se usa también para designar un fantasma o una fuerza sobrenatural.

Espiritual, mundo/reino Reino en el que algunos creen que habitan los espíritus, tanto buenos como malos, de las personas que han muerto.

Espiritualismo Movimiento filosófico-religioso surgido en el siglo XIX en oposición al materialismo. De él surgió la idea de que los muertos pueden comunicarse con los vivos, normalmente a través de un médium, y la creencia de que la realidad es espiritual, más que material.

Exorcismo Proceso o ritual por el que se obliga a un espíritu normalmente maligno, como un demonio, a abandonar a una persona o un lugar mediante oraciones o magia. *Véase* Posesión.

Familiar (o diablillo) Compañero ofrecido por el Diablo a una bruja para que cumpla sus órdenes. Los avistamientos o ataques de familiares se utilizaron como prueba en los juicios de brujas europeos. Se creía que eran espíritus demoníacos que se alimentaban del propio cuerpo de la bruja (a través de una marca de bruja, o teta), pero muchos de tales avistamientos parecen describir simplemente animales como gatos y ranas. *Véase* Bruja.

Fantasma También llamado espectro o aparecido, es el espíritu de una persona (o animal) muerta, a menudo sin cuerpo, con diversas capacidades para ser visto u oído por los vivos, o para manipular objetos. Los fantasmas suelen ser los espíritus de aquellos que no pueden llegar al más allá debido a asuntos pendientes, castigos por sus actos en vida u otras razones, y están ligados a una persona, objeto o lugar.

Fantasma hambriento En el budismo y la religión tradicional china, espíritu condenado a una eternidad de hambre insaciable, debido a sus acciones en vida o a que sus familiares no realizaron los ritos funerarios necesarios.

Fetiche Objeto que en ciertas sociedades se venera porque se cree que alberga un espíritu o poderes mágicos especiales.

Funerarios, ritos Conjunto de prácticas prescritas que se llevan a cabo tras la muerte de una persona. Su realización puede ser importante por varias razones: para ayudar a un alma a llegar a la otra vida; para proteger al muerto de los malos espíritus; para venerarlo, apaciguar su espíritu y ganarse su favor; o para evitar que el muerto se manifieste como fantasma.

Ghul En la mitología árabe, espíritu que cambia de forma, merodea por los cementerios y se alimenta de carne humana.

Gótico Género literario y pictórico que floreció en la década de 1790 y que combina elementos románticos y sobrenaturales. Motivos góticos recurrentes son las damiselas en apuros, los fantasmas vengativos y escenarios grandiosos como castillos y abadías.

Grimorio Manual de magia que puede incluir hechizos para invocar espíritus o demonios, así como otros conjuros. El término se utiliza sobre todo para referirse a textos medievales o de inicios de la Edad Moderna.

Gui Fantasma en la tradición china; aunque se traduce habitualmente como «fantasma», el término puede designar a cualquier ser sobrenatural.

Hada Ser mágico, a menudo representado como pequeño y alado, asociado a colinas, bosques y ríos. Muchas culturas tienen su propia versión. Aun cuando se piensa que las hadas pueden ser benévolas, se cree que son peligrosas, ya que viven según sus propias reglas y pueden castigar a los humanos por cualquier transgresión, como pisar un anillo de hadas (un círculo de setas o flores).

Herejía Creencia que contradice algún punto de una doctrina religiosa.

Incorporación Equivalente canbomblé a la monta de un espíritu sobre un cuerpo en el vudú. *Véase* Monta.

Incorporeidad Separación del cuerpo: puede referirse a un espíritu que abandona el cuerpo o a una parte del cuerpo (viva) que no está unida a él, como una mano incorpórea.

Íncubo Demonio masculino que se aprovecha de mujeres dormidas. *Véase* Súcubo.

Infierno Reino de ultratumba destinado al castigo de las almas malvadas o pecadoras.

Inframundo El reino de los muertos, imaginado bajo la tierra.

Invocar Llamar a un espíritu, demonio u otra entidad sobrenatural a un lugar.

Jinn (genio) En la mitología árabe, ser invisible capaz de conceder deseos a los humanos. En la fe islámica, se cree que los *jinns* son capaces de hacer el mal, al igual que los humanos, porque tienen libre albedrío.

Leyenda urbana Relato transmitido oralmente, a menudo sobre sucesos sobrenaturales.

Libro de los Muertos Rollo de papiro hallado en tumbas del antiguo Egipto que contiene hechizos para guiar al difunto en la otra vida. No hay dos ejemplares iguales.

Liminal o liminar En referencia a un lugar, intermedio: espacio de tránsito, umbral entre un lugar y otro.

Magia popular Prácticas mágicas del pueblo llano, más que de las élites eruditas.

Maldición Pronunciamiento solemne que tiene por objeto invocar un poder sobrenatural para infligir un daño o castigo.

Más allá Lugar o reino al que va el espíritu o el alma de una persona después de la muerte; o lo que el espíritu experimenta tras la muerte, a menudo algún tipo de viaje que culmina en un juicio final.

Médium Persona que afirma actuar como intermediario entre los vivos y los espíritus de los muertos.

Mesmerismo (magnetismo animal) Teoría de Franz Mesmer según la cual todos los seres están conectados por una fuerza invisible que puede utilizarse para curar o inducir trances.

Metamorfo o cambiaformas Persona o cosa con la capacidad aparente de cambiar de forma.

Misticismo Creencia de que la vida tiene un significado oculto o de que la persona puede unirse a una deidad o a la verdad absoluta mediante la contemplación del conocimiento espiritual más allá de la capacidad del intelecto humano. En un sentido más general, se refiere a la creencia en la religión, la espiritualidad o lo oculto.

Monta En el vudú, posesión de un ser humano por un *loa*; el término refleja la creencia de que el cuerpo humano es como un caballo sobre el que cabalga el espíritu.

Muertos, culto a los Religión o práctica en la que se venera a los muertos.

Necrópolis «Ciudad de los muertos»: gran emplazamiento con numerosas tumbas, generalmente situado lejos de los asentamientos de los vivos.

Neochamanismo Formas «nuevas» de chamanismo o métodos para obtener de los espíritus visiones o curaciones. Comprende diversas creencias y prácticas chamánicas. *Véase* Chamanismo.

Neopaganismo Término colectivo para una serie de prácticas modernas que intentan revivir lo que los practicantes consideran tradiciones religiosas antiguas. *Véase* Paganismo.

New Age Movimiento iniciado en la década de 1970 que engloba diversas creencias y prácticas espirituales que presentan una alternativa al capitalismo y auguran un futuro en armonía con el mundo natural.

Nigromancia o necromancia Magia de los muertos; en origen, una forma de adquirir conocimiento de ellos. A finales de la Edad Media pasó a designar la conjuración de demonios para aprovechar sus poderes.

Obsesión Acoso de los sentidos de una persona por parte de un demonio o espíritu agresivo a través de sueños o apariciones. *Véase* Posesión.

Ocultismo Conjunto de prácticas relacionadas con fenómenos o poderes mágicos, místicos o sobrenaturales secretos.

Otro mundo Otra esfera de existencia; a menudo una vida después de la muerte, como en la fe hindú. En la mitología celta, es el dominio de espíritus, dioses y otros seres sobrenaturales.

Ouija Popular tablero parlante patentado en EE. UU. en 1890. *Véase* Tablero parlante.

Paganismo Creencias y prácticas religiosas politeístas cuyo origen se remonta al mundo antiguo. El término «pagano» se ha usado a veces como peyorativo o para designar cualquier sistema de creencias ajeno a las principales religiones del mundo.

Paranormal Algo que no puede explicarse con nuestros conocimientos actuales de la ciencia y el mundo natural.

Parapsicología Campo de estudio científico dedicado a la investigación de los fenómenos psíquicos. Es un campo controvertido, con detractores que la consideran una pseudociencia, pues no se puede probar mediante el método científico.

Plancheta (puntero) Tablilla plana con ruedas que se utiliza en las sesiones de espiritismo. Puede usarse con un tablero parlante para deletrear letras o símbolos, o combinarse con un instrumento de escritura para psicografías. *Véase* Psicografía.

Plano astral Plano del universo por el que puede viajar la conciencia humana o cuerpo astral. Es un plano espiritual que coexiste con el plano físico de los objetos materiales con el que normalmente interactúa la conciencia humana. Suele creerse que el plano astral está habitado por las almas de los muertos y de los que aún no han nacido.

Poltergeist «Fantasma ruidoso», un tipo de espíritu que puede manipular objetos.

Poppet En la magia popular, monigote hecho para representar a una persona con el fin de dañarla o ayudarla mediante hechizos. Se cree que funciona mediante magia simpática (o empática): la conexión espiritual entre una persona (o cosa) y objetos que se le parecen.

Posesión Invasión de la conciencia de una persona por un espíritu o demonio, que puede entonces controlar sus movimientos, su habla y sus acciones. El cuerpo humano sirve como anfitrión o recipiente del espíritu. En algunas culturas, la posesión por espíritus es un honor que se busca activamente. *Véase* Monta.

Pozo de los muertos En el mundo antiguo, hoyo excavado en la tierra como parte de las ceremonias para resucitar a los muertos. Prohibidos por la ley judía, eran usados por sociedades paganas antiguas como la hitita.

Presagio Señal que indica, previene o anuncia un suceso.

Proyección astral Intento de una persona de separar su alma o conciencia, llamada cuerpo astral, de su forma física, para permitirle viajar por el plano astral.

Psicografía (escritura automática) Método de comunicación espiritual por el que se cree que un espíritu guía la mano del practicante para escribir mensajes, por ejemplo, mediante una plancheta con un lápiz unido a ella.

Purgatorio En la fe católica, lugar entre el cielo y el infierno donde los pecadores expían sus pecados y se purifican para entrar en el cielo.

Regresado o retornado Cadáver que vuelve de entre los muertos. *Véase* Zombi.

Reliquia Recuerdo de una persona santa difunta (a menudo una parte de su cuerpo o algo que poseyó o tocó), conservado a lo largo del tiempo con el fin de venerarlo.

Rito o ritual Conjunto de palabras y acciones preestablecidas, pronunciadas y realizadas como parte de una ceremonia mágica o religiosa.

Rosacrucismo Hermandad secreta del siglo XVII que afirmaba haber descubierto cierta sabiduría esotérica antigua.

Samhain Antigua fiesta celta de los muertos, celebrada a medio camino entre el equinoccio de otoño y el solsticio de invierno con hogueras y sacrificios de animales. Sus tradiciones influyeron en Halloween. Hoy se celebra en comunidades gaélicas y neopaganas.

Samsara En el hinduismo y el budismo, proceso en el que un alma pasa por ciclos de renacimiento, estando cada reencarnación influida por las acciones de la vida anterior.

Sello de Salomón Símbolo que, según se dice, Dios entregó al rey bíblico Salomón en forma de sello y que le permitía controlar y desterrar a los demonios.

Sesión de espiritismo Reunión durante la cual un médium canaliza los espíritus, actuando como intermediario entre estos y las personas presentes.

Sincretismo Mezcla de religiones, culturas o ideas diferentes.

Sirena Criatura mitológica con tronco y cabeza humanos y cola de pez, a menudo representada como una bella mujer.

Sobrenatural Algo imposible de explicar por la ciencia o la naturaleza, y atribuido a fuerzas como dioses, espíritus o magia.

Súcubo Demonio femenino que se aprovecha de hombres dormidos. *Véase* Íncubo.

Tablero parlante También llamado tablero de espíritus o de brujas: dispositivo de comunicación espiritual con símbolos o letras dibujados en él para que el practicante reciba mensajes de espíritus. *Véase* Ouija.

Talismán Objeto elaborado al que se han transferido poderes positivos mediante un ritual mágico. *Véase* Amuleto.

Teosofía Filosofía basada en la idea de que el conocimiento de Dios puede alcanzarse mediante el éxtasis espiritual, la intuición directa y el estudio intenso de lo oculto.

Teriomorfo o teriántropo Criatura sobrenatural, como los hombres lobo, que cambia entre una forma humana y otra animal. *Véase* Metamorfo.

Teúrgia Sistema ritual destinado a pedir ayuda a dioses o espíritus benignos, en particular ángeles, para hacer magia o milagros.

Tótem En las creencias indígenas americanas, símbolo –a menudo un animal– que representa una unidad social, como un grupo familiar o un clan; como término general, designa un objeto venerado por motivos religiosos y simbólicos.

Tumba en el cielo Alta estructura circular donde se dejan los cuerpos de los difuntos insepultos para que los pájaros se den un festín con ellos; así limpian los cuerpos antes de que puedan ser atacados por espíritus malignos. *Véase* Zoroastrismo.

Túmulo Colina o pila de tierra construida sobre un lugar de enterramiento o tumba; una práctica observada en muchas culturas de todo el mundo desde el Neolítico.

Turismo de fantasmas Visita de lugares que se creen encantados.

Vampiro Tipo de criatura mitológica no muerta que se cree que bebe la sangre de los vivos. A principios de la Edad Moderna, el miedo a los vampiros (relacionado con brotes de tuberculosis) en Europa del Este y EE.UU. llevó a abrir tumbas para identificar a posibles vampiros.

Velo Concepto que designa la barrera entre los vivos y los muertos, que se dice que es más tenue en Halloween o Samhain. A menudo atribuido de forma errónea a los antiguos celtas, el concepto de velo es probablemente una invención del siglo XIX, resultado de un renacimiento del interés por la cultura y la religión celtas.

Yūrei Fantasmas japoneses, incapaces de pasar del mundo de los vivos al más allá. El término significa literalmente «alma oscura».

Zombi Cadáver reanimado. Los zombis tienen su origen en el *zonbi* haitiano, un cadáver sin mente obligado a cumplir las órdenes de su creador. *Véase* Regresado.

Zoroastrismo Religión monoteísta preislámica del antiguo Irán, fundada por Zoroastro en el siglo VI a.C. Era dualista: se caracterizaba por la lucha entre las fuerzas del bien y el mal.

ÍNDICE

Los números de página en **negrita** remiten a las entradas principales.

B

C

I

J

N

AGRADECIMIENTOS

DK desea dar las gracias a Christine Stroyan, Anoushka Alexander-Rose, Fozia Bora, Madeline Potter y Cross Cultural Consultants por su ayuda editorial; a Adam Brackenbury por su trabajo en el procesamiento del color en alta resolución; a Phil Gamble por su ayuda en el diseño; a Diana Vowles por la corrección de pruebas; a Helen Peters por el índice, y a Manpreet Kaur por su ayuda en la iconografía.

Los editores también agradecen a las siguientes personas e instituciones el permiso para reproducir sus fotografías:

Clave: a-arriba; b-abajo; c-centro; d-derecha; e-extremo; i-izquierda; s-superior

1 Bridgeman Images: Freer Sackler Gallery / Freer Gallery of Art, Smithsonian Institution. 2 Alamy Stock Photo: North Wind Picture Archives. 4 Wellcome Collection. 5 Alamy Stock Photo: AF Fotografie (si). Bridgeman Images: British Library archive (sd). 6 Alamy Stock Photo: Chronicle (sd); Science History Images (si). 7 Getty Images / iStock: John Webb (s). 8 Alamy Stock Photo: Universal Art Archive. 10-11 Dover Publications, Inc. New York. 12 Alamy Stock Photo: Bill Bachman (bi); dpa picture alliance / picture alliance Arkivi (bc); BTEU / RKMLGE (bd). 13 Alamy Stock Photo: Xinhua (bi). Bridgeman Images: Dundee Art Galleries and Museums (bd). © The Trustees of the British Museum. All rights reserved: (bc). 14 Alamy Stock Photo: Frank Bach (sd). Bridgeman Images: Museo de Israel Museum (Jerusalén) (bi). 15 Philip Maise. 16 Landesamt für Denkmalpflege und Archologie Sachsen-Anhalt: Karol Schauer. 17 Bridgeman Images: Tarker (sd). The Metropolitan Museum of Art: (bi). 18-19 Getty Images: DeAgostini (c). 18 Alamy Stock Photo: geogphotos (bi); Interfoto (sd). © The Trustees of the British Museum. All rights reserved: (cd). The Cleveland Museum Of Art: Donación de Bruce Ferrini 2000.202 (sc); Donación de Severance A. Millikin 1953.628 (ci). Moravsk zemsk muzeum: (si). 19 Bridgeman Images: Heinrich Zinram Photography Archive (bc). Getty Images: DeAgostini (sd). The Metropolitan Museum of Art. Imagen reproducida con el permiso del National Museum of Ireland: (sc). 20 Bridgeman Images: © National Gallery of Australia (Canberra) Adquirido en 1993 / © Johnny Warangkula Tjupurrula / Copyright Agency. Licensed by DACS 2024. (b). 21 Alamy Stock Photo: Bill Bachman (b). Getty Images: Universal History Archive / Universal Images Group / © Jimmy Midjaw Midjaw/Copyright Agency. Licensed by DACS 2024 (sd). 22 Alamy Stock Photo: Adam Eastland Art + Architecture. 23 © The Trustees of the British Museum. All rights reserved: (ca). Getty Images: De Agostini / DEA / A. Dagli Orti (cdb). 24 akg-images: Erich Lessing (sc). 24-25 © The Trustees of the British Museum. All rights reserved. 26 Getty Images: Pictures from History / Universal Images Group. 27 Alamy Stock Photo: dpa picture alliance / picture alliance Arkivi (sd). © The Trustees of the British Museum. All rights reserved: (bc) 28 Alamy Stock Photo: AF Fotografie (bi). Photo Scala (Florencia): RMN-Grand Palais / Christian Dcamps / RMN-GP (ca). 28-29 © The Trustees of the British Museum. All rights reserved: (c). 30 Alamy Stock Photo: Alexey Stiop. 31 Alamy Stock Photo: Charles Walker Collection (si). Wellcome Collection: (bd). 32 Alamy Stock Photo: World History Archive (si). Museo Egizio (Torino): (bi). 33 Bridgeman Images: Museo Nacional Egipcio (El Cairo). 34 Alamy Stock Photo: Album (bi). Getty Images: Desmond Morris Collection / Universal Images Group (ca). 35 Alamy Stock Photo: Science History Images. 36 Alamy Stock Photo: Album. 37 Bridgeman Images: © Archives Charmet (si). Getty Images: Hulton Archive / brandstaetter images / Imagno (bd). 38 Alamy Stock Photo: AF Fotografie. 39 Alamy Stock Photo: ephotocorp (sd). Los Angeles County Museum of Art: (bd). 40 Alamy Stock Photo: Vintage Archives (bd). University of Pennsylvania Museum: Expedición a Nippur I (1889) (si). 41 Alamy Stock Photo: BTEU / RKMLGE. 42-43 Bridgeman Images: Museo de Israel (Jerusalén) / Donación de Lila y Herman Shickman. 44 Alamy Stock Photo: Old Paper Studios. 45 Getty Images: SSPL (cda). Second Face Museum of Cultural Masks. © 2024. All rights reserved.: (bc). 46 Alamy Stock Photo: Eraza Collection (bi). Photo Scala (Florencia): The Metropolitan Museum of Art / Art Resource (cda). 47 The Cleveland Museum Of Art: Donación de Joyce G. Ames en recuerdo de su esposo B. Charles Ames 2019.82. 48 Alamy Stock Photo: Makota Sakurai. 49 Alamy Stock Photo: agefotostock (sd); Vintage Archives (bi). 50 Alamy Stock Photo: FOST (bc); The History Collection (si); Xinhua (sc); INTERFOTO / History (ca). The Metropolitan Museum of Art: The Michael C. Rockefeller Memorial Collection, legado de Nelson A. Rockefeller (1979) (sc/figura de poste de casa). 50-51 The Metropolitan Museum of Art: Donación de Justin Kerr, en recuerdo de Barbara Kerr (2014) (c). 51 Bridgeman Images: (sc); © Brooklyn Museum / Carl H. de Silver Fund (cb). The Metropolitan Museum of Art: Legado de Susan Vanderpoel Clark (1967) (sd). Minneapolis Institute of Art: The John R. Van Derlip Fund (cd). 52-53 © The Trustees of the British Museum. All rights reserved: (s). 53 Alamy Stock Photo: Chronicle (bi); United Archives GmbH / Carl Simon (sd). 54 Alamy Stock Photo: ARTGEN (si); Chronicle (bd). 55 Alamy Stock Photo: Keith Corrigan. 56 Alamy Stock Photo: Walker Art Library. 57 © The Trustees of the British Museum. All rights reserved: (cda). Getty Images: Matt Cardy (bd). 58 Alamy Stock Photo: Historic Illustrations (si). Bridgeman Images: Dundee Art Galleries and Museums (bi). 59 Bridgeman Images: NPL - DeA Picture Library. 60 Bridgeman Images: Lawrence Steigrad Fine Arts (Nueva York) (si). © The Trustees of the British Museum. All rights reserved: (bd). 61 Alamy Stock Photo: North Wind Picture Archives. 62 © The Trustees of the British Museum. All rights reserved. 63 Bridgeman Images: Museo Nacional de Arte de Suecia (sd). Getty Images: SSPL (bd). 64-65 Dover Publications, Inc. New York. 66 Alamy Stock Photo: Niday Picture Library (bc); Alex Ramsay (bd). Getty Images: Dean Mouhtaropoulos (bi). 67 The Bodleian Library, University of Oxford: (bi). British Library: (bc). Gross Family Collection, Tel Aviv: (bd). 68 Getty Images: Stefano Bianchetti / Corbis (bc); DeAgostini (sc). 69 Bridgeman Images: Zev Radovan (si). Getty Images: Dean Mouhtaropoulos (sd). 70 Bridgeman Images: Frank Buffetrille. All rights reserved 2024 (bi). Getty Images: DeAgostini (sc). 71 Getty Images: C. Bevilacqua / DeAgostini. 72 Alamy Stock Photo: Niday Picture Library. 73 Alamy Stock Photo: Art Collection 3 (bc). © The Trustees of the British Museum. All rights reserved: (ca). 74-75 Alamy Stock Photo: Artepics. 76 Alamy Stock Photo: World History Archive (eci); YongXin Zhang (bi). Dreamstime.com: Bjorn Wylezich (c). Pitt Rivers Museum (Oxford): (bd). Science Museum Group. 76-77 The Metropolitan Museum of Art: John Stewart Kennedy Fund (1915) (sc). 77 Alamy Stock Photo: directphoto.bz (cda); World History Archive (bi). © The Trustees of the British Museum. All rights reserved: (sd, bd). Science Museum Group: (bc). 78 © The Trustees of the British Museum. All rights reserved: (bi). The Metropolitan Museum of Art: Rogers Fund (1954) (sc). 79 Photo Scala (Florencia): RMN-Grand Palais / Herv Lewandowski. 80 Yale Center for British Art, Paul Mellon Collection. 81 Alamy Stock Photo: Constantinos Iliopoulos (bi). Yale Center for British Art, Paul Mellon Collection. 82-83 Getty Images: Fine Art Images / Heritage Images. 84 Bridgeman Images: Heini Schneebeli (bd). Photo Scala (Florencia): The Metropolitan Museum of Art / Art Resource (si). 85 Museum Funf Kontinente. 86 Alamy Stock Photo: Endless Travel (cda). Getty Images: Universal History Archive / Universal Images Group (bi). 87 Alamy Stock Photo: Alex Ramsay. 88 Alamy Stock Photo: World History Archive. 89 Alamy Stock Photo: Icom Images (sd). Shutterstock.com: Tony Rivera / EPA-EFE (bi). 90 Alamy Stock Photo: CPA Media Pte Ltd (si). Copyright Agency, 2024: Malkudja, Samantha (bc). 91 Photo Scala (Florencia): RMN-Grand Palais / image BnF / RMN-GP. 92 Bridgeman Images: British Library archive. 93 Alamy Stock Photo: Angelo Hornak (bd); Dirk Renckhoff (sd). 94 © The Trustees of the British Museum. All rights reserved. (bi). Wikimedia Commons: (cda). 95 Getty Images: Culture Club. 96 The Bodleian Library, University of Oxford. 97 akg-images. 98 Getty Images: Transcendental Graphics. 99 Bridgeman Images: Prismatic Pictures (bd). National Museum of Ireland: (c). 100 Alamy Stock Photo: Alexeyev Filippov (c); Science History Images (bi). 101 Alamy Stock Photo: AF Fotografie. 102 Alamy Stock Photo: CPA Media Pte Ltd (bd). The Cleveland Museum Of Art: Donación colectiva al Departamento de arte asiático (ci). 103 Alamy Stock Photo: Art Collection 2. 104 Alamy Stock Photo: Chronicle (c). Museo Nacional de Dinamarca: (bi). 105 Getty Images: Heritage Images. 106 Bridgeman Images. 107 Getty Images: Print Collector (bd). Museo Nacional de Dinamarca (c). 108-109 Alamy Stock Photo: AF Fotografie. 110 Alamy Stock Photo: Chronicle. 111 Alamy Stock Photo: Atlaspix / New Line Cinema / RatPac-Dune Entertainment / The Safran Company / Atomic Monster (sd). Bridgeman Images: © Giancarlo Costa (bi). 112 The Bodleian Library, University of Oxford: (bi). British Library: (si). 113 The Bodleian Library, University of Oxford. 114 FOTOE. 115 Bayerische Staatsbibliothek: (sd). Harvard University, Yenching Library: (bd). 116 akg-images: (si). Alamy Stock Photo: Lesley Pardoe (bd). 117 TopFoto. 118 Alamy Stock Photo: Chronicle. 119 Alamy Stock Photo: Chronicle (s, bd). 120 Alamy Stock Photo: Vintage Archives (b). Photo Scala (Florencia): Christie's Images (Londres) (sc). 121 Photo Scala (Florencia): bpk, Bildagentur fuer Kunst, Kultur und Geschichte (Berlín). 122 Gross Family Collection, Tel Aviv: (ca). Jewish Theological Seminary Library: (bi). 123 Wikimedia: Ephraim Moses Lilien (1874–1925) / PD. 124-125 Getty Images: Francis G. Mayer / Corbis / VCG. 126-127 Dover Publications, Inc. New York. 128 Alamy Stock Photo: Pictorial Press Ltd (bd). Bridgeman Images (bc). Getty Images: Juliet Lehair (bi). 129 Alamy Stock Photo: Universal Art Archive (bi). Bridgeman Images: Christie's Images (bd). Photo Scala (Florencia): bpk, Bildagentur fuer Kunst, Kultur und Geschichte (Berlín) (bc). 130 Alamy Stock Photo: Peter Horree. 131 Alamy Stock Photo: Brian Perry (sc); Science History Images (bd). 132 Getty Images: PHAS (bi). The Metropolitan Museum of Art: Museum Purchase, 1900 (ca). 132-133 Bridgeman Images: Christie's Images / © Alejandro Colunga. 134 Alamy Stock Photo: Matthew Corrigan. 135 Cortesía de Smithsonian. © 2023 Smithsonian: Donación de William J. Fisher (b). Getty Images: Don Emmert (cd). 136-137 © The Trustees of the British Museum. All rights reserved. 138 John Aster Archive. 139 Brooklyn Museum: expedición del museo (1908), Museum Collection Fund (sd). Wisconsin Historical Society. : (bd). 140 Alamy Stock Photo: Peter Horree (c). Lam Museum of Anthropology: (bi). 141 Getty Images: Juliet Lehair. 142 Getty Images: Gabriel Perez. 143 Alamy Stock Photo: John Astor (sd). Getty Images:

Cristopher Rogel Blanquet (b). 144-145 Getty Images: Print Collector (s). 144 Wellcome Collection. 145 AF Fotografie: (bd). 146 Bridgeman Images. 147 Alamy Stock Photo: Charles Walker Collection (ca). Wellcome Collection: (bd). 148 Alamy Stock Photo: Charles Walker Collection (si); Prisma Archivo (bd). 149 Alamy Stock Photo: Chronicle. 150 Wellcome Collection. 151 Library of Congress, Washington, D.C.: https://www.loc.gov/item/59059328 (s). Wellcome Collection: (b). 152 Photo Scala (Florencia): Photo Josse. 153 Alamy Stock Photo: The Picture Art Collection (s). Bridgeman Images: Giancarlo Costa (b). 154 Amgueddfa Cymru – National Museum Wales: (bi). Photo Scala (Florencia): bpk, Bildagentur fuer Kunst, Kultur und Geschichte (Berlín) (d); The Metropolitan Museum of Art / Art Resource (ebi). Science Museum Group: (bc). 155 Alamy Stock Photo: AmityPhotos (bi); Olga Yastremska (si). Dreamstime.com: Penywise (esi). Getty Images: Universal Images Group / Godong (sd). Photo Scala (Florencia): RMN-Grand Palais / Georges Poncet / RMN-GP (sc). Shutterstock.com: Alwayswin (ebd). US Ghost Adventures: The Historic Lizzie Borden House (bc). 156 University of Manchester: Library. 157 Alamy Stock Photo: Pictorial Press Ltd (s). Bridgeman Images: The Stapleton Collection (b). 158 Universidad de Islandia: (sc). University of California Libraries: (bc). 159 Alamy Stock Photo: World History Archive (sc). Wellcome Collection: (bc). 160 Alamy Stock Photo: BTEU / RKMLGE (bd). © The Trustees of the British Museum. All rights reserved: (si). 161 Alamy Stock Photo: Charles Walker Collection. 162-163 Alamy Stock Photo: Universal Art Archive. 164 Alamy Stock Photo: Universal Art Archive. 165 Alamy Stock Photo: The History Collection (b). Bridgeman Images: © Freer Sackler Gallery / Freer Gallery of Art, Smithsonian Institution (s). 166 Alamy Stock Photo: Evgenii Zolotov (bd). Bridgeman Images: British Library archive (i). 167 © Trustees of the Chester Beatty Library, Dublin. 168 Getty Images: Sepia Times (bi). Nationaal Museum van Wereldculturen: (sd). 169 Getty Images: Sepia Times. 170-171 Alamy Stock Photo: Universal Images Group North America LLC / DeAgostini. 172 Alamy Stock Photo: Vintage Archives (bd). Minneapolis Institute of Art: The Christina N. and Swan J. Turnblad Memorial Fund / PD (si). 173 Photo Scala (Florencia): RMN-Grand Palais. 174-175 Photo Scala (Florencia): bpk, Bildagentur fuer Kunst, Kultur und Geschichte (Berlín) (b). 175 Getty Images: Gerard Sioen (s). 176 Bridgeman Images. 177 Alamy Stock Photo: Chronicle (si). Rijksmuseum Amsterdam: (cd). 178-179 Bridgeman Images. 180 Bridgeman Images: Photo © Heini Schneebeli (c). Brooklyn Museum: Donación de la Carroll Family Collection, 2019.45.2 (cia). Getty Images: SSPL (bd). Science Museum Group: (bi). Shutterstock.com: westernhippie (si). 180-181 Macquarie University Ancient Cultures Research Centre. 181 Getty Images: Oliver Mohr (c). Los Angeles County Museum of Art: Donación de Werner G. Scharff (M.91.232.5) / PD (cdb). McCord Stewart Museum: (sc). Shutterstock.com: Michael Bann (sd). 182-183 Bridgeman Images: Christie's Images (b). 183 Alamy Stock Photo: Science History Images (s). 184 Bridgeman Images: Minneapolis Institute of Art / Legado de Louis W. Hill, Jr. (b). 184-185 The Metropolitan Museum of Art: (c). 185 The Metropolitan Museum of Art: (sd). 186 Bridgeman Images: Fototeca Gilardi (b). Zentralbibliothek Zurich: (si). 187 Getty Images: DeAgostini. 188-189 Dover Publications, Inc. New York. 190 Alamy Stock Photo: Chronicle (bc). Bridgeman Images: © Estate of Gerald Bloncourt. All Rights Reserved 2024 (bd). Yale University Library: Heath, Henry, activo en 1824-1850. (bi). 191 Alamy Stock Photo: North Wind Picture Archives (bi). Bridgeman Images: British Library archive (bc). Shutterstock.com: Buffalo Bill Center Of The West (bd). 192 Yale University Library: Heath, Henry, activo en 1824-1850. 193 Boston Public Library: Defoe.27.59 (sd). The New York Public Library: Carl H. Pforzheimer (bi). 194 Beinecke Rare Book And Manuscript Library / Yale University Library. 195 Bridgeman Images. © Tate, London 2022: (sd). 196 Albert & Shirley Small Special Collections Library: Sadleir-Black Collection of Gothic Fiction / Special Collections Library, University of Virginia via Project Gothic (bi). Bridgeman Images: British Library archive (s). 197 Alamy Stock Photo: AF Fotografie. 198-199 Getty Images: Pictures from History. 198 Alamy Stock Photo: Brian Perry (i). 199 Bridgeman Images: Christie's Images (d). 200 Alamy Stock Photo: Charles Walker Collection. 201 Alamy Stock Photo: Chronicle (sd). Wellcome Collection: (bd). 202-203 Getty Images: Fine Art Photographic. 204 Bridgeman Images: © Estate of Gerald Bloncourt. All Rights Reserved 2024. 205 Alamy Stock Photo: Everett Collection Inc. 206 Alamy Stock Photo: Stig Alens (i). State Library of Pennsylvania: (bd). 207 Rubin Private Collection. 208 Alamy Stock Photo: BBM (s). 209 Alamy Stock Photo: The Granger Collection (si, bd). 210 Alamy Stock Photo: Lebrecht Music & Arts (s). Mary Evans Picture Library: Arthur Rackham (bi). 211 Mary Evans Picture Library: © Estate of Alfred Bestall / ILN. 212-213 Image Courtesy National Gallery Of Art, Washington. 214 Alamy Stock Photo: Chronicle. 215 Alamy Stock Photo: Lordprice Collection (b). Parabon NanoLabs, Inc.: (cda). 216 Alamy Stock Photo: CPA Media Pte Ltd (s). Bridgeman Images: © Archives Charmet (b). 217 Bridgeman Images: © Fine Art Images. 218-219 Alamy Stock Photo: ART Collection. 220-221 Alamy Stock Photo: Universal Art Archive (b). 221 AF Fotografie: (sd). Getty Images: ullstein bild Dtl. (cd). 222 Alamy Stock Photo: North Wind Picture Archives (s). 223 Alamy Stock Photo: Granger - Historical Picture Archive (b). Senate House Library, University of London: (sd). 224 Wellcome Collection: (sd). Xavier University of Louisiana: (bi). 225 Victorian Spiritualists' Union Inc. 226-227 Potter & Potter Auctions: (c). The Museum of Talking Boards Collection, museumoftalkingboards.com: (bc). 226 Alamy Stock Photo: maximimages.com (c). Reproduced by kind permission of the Syndics of Cambridge University Library: (bi). 232 Sworders Fine Art (GES and Sons Limited): (cib). The Museum of Talking Boards Collection, museumoftalkingboards.com: (cda). 227 Dreamstime.com: Taksina (sd). The Museum of Talking Boards Collection, museumoftalkingboards.com: (si, d, ci). 228 Getty Images: ullstein bild (s). University of California Libraries: (bc). 229 Bridgeman Images: © Patrice Cartier. All rights reserved 2024. 230 Alamy Stock Photo: Interfoto (b). 231 Alamy Stock Photo: Chronicle (d). Bridgeman Images: Universal History Archive / UIG (i). 232 Bridgeman Images: British Library archive. 233 Alamy Stock Photo: Chronicle (b). Getty Images: Whitemay (sd). 234-235 Alamy Stock Photo: Masheter Movie Archive. 236 Alamy Stock Photo: Chronicle (d). The Museum of Talking Boards Collection,museumoftalkingboards.com: (ci). 237 Duke University: David M. Rubenstein Rare Book & Manuscript Library. 238 Library of Congress, Washington, D.C.: (sd). Science Museum Group: (i). 238-239 Library of Congress, Washington, D.C.: (bc). 239 Alamy Stock Photo: Gainew Gallery (cd). Getty Images: London Stereoscopic Company (ci); SSPL (si, sc, sd); Sepia Times (eci, c). Library of Congress, Washington, D.C.: (esi). The Metropolitan Museum of Art: Donación de Weston J. Naef, en recuerdo de Kathleen W. Naef y Weston J. Naef Sr. (1982) (bd). 240 Alamy Stock Photo: Pictures Now (bd). Shutterstock.com: Buffalo Bill Center of The West (si). 241 TopFoto: (b). 242 Science Photo Library: Sheila Terry. 243 Alamy Stock Photo: Historic Collection (cda); Penrodas Collection (bc). 244 Rhine Dice Turning Test, University Archives Photograph Collection Box 69, Duke University Archives, David M. Rubenstein Rare Book & Manuscript Library, Duke University.: (si). The Metropolitan Museum of Art: Gilman Collection, Donación de The Howard Gilman Foundation (2005) (bd). 245 Imagen cedida por cortesía del Rhine Research Center: Originalmente publicada en *Science Digest* (noviembre 1965) (sd). 246-247 Bridgeman Images: Look and Learn. 248-249 Dover Publications, Inc. New York. 250 Alamy Stock Photo: Allstar Picture Library Ltd (bc); Gary Doak (bd). Getty Images: Stanislav Tiplyashin (bi). 251 Alamy Stock Photo: Christina Simons (bi); Konrad Zelazowski (bd). Dreamstime.com: Keith Gentry (bc). 252 Alamy Stock Photo: History and Art Collection (i). 252-253 Alamy Stock Photo: NB / DeptComm. 253 Getty Images: Corbis Historical (b). 254 Alamy Stock Photo: Charles Walker Collection (s). 255 Mary Evans Picture Library: (b, s). 256 Mary Evans Picture Library: Harry Price Library. 257 Alamy Stock Photo: Associated Press (b); Ira Berger (s). 258 Alamy Stock Photo: Nigel James (cd). Dreamstime.com: Martin Bergsma (si). Science Museum Group: (sc, sd); National Science and Media Museum (bi). 258-259 Dreamstime.com: Oleksandr Kostiuchenko (bc). 259 Digital Dowsing LLC: (sc). Dreamstime.com: Bigtunaonline (sd). GhostStop: (bc, cia, ca). Shutterstock.com: ViralMind (si). 260-261 ANGUSalive. 262 Alamy Stock Photo: Charles Walker Collection (bd). Bridgeman Images: © A. Dagli Orti / © NPL - DeA Picture Library (si). 263 Alamy Stock Photo: steeve-x-art. 264 Alamy Stock Photo: Tim Ring (i). Getty Images: Evening Standard (b). 265 Getty Images: Stanislav Tiplyashin. 266 Alamy Stock Photo: BFA. 267 Alamy Stock Photo: Allstar Picture Library Ltd (b); PictureLux / The Hollywood Archive (s). 268 Alamy Stock Photo: Everett Collection Inc. 269 Alamy Stock Photo: BFA (sd); Moviestore Collection Ltd (b). 270-271 Getty Images: Karl-Josef Hildenbrand. 272 Alamy Stock Photo: BFA (c); Media Associates (i); Science History Images (sc); Media Associates (sd); BFA (cd); BFA (bc); BFA (bd). 273 Alamy Stock Photo: BFA (si); BFA (c); BFA (sc); BFA (sd); BFA (cd); Media Associates / Big Blue Film (ebi); Cinematic (bi); (bc); BFA (bd). 274 Alamy Stock Photo: Gary Doak. 275 Ecole Polytechnique Fdrale de Lausanne (EPFL): (bi). Getty Images: Matt Anderson Photography (s). 276-277 Christina Lonsdale: radianthuman.com. 278 Getty Images: Historical Picture Archive. 279 Alamy Stock Photo: BFA / Warner Bros (sc); Lilly Pudding (s). 280 Dumbarton Oaks Research Library and Collections, Washington, D.C: (si). Wikimedia: Marie-Lan Nguyen (bd). 281 akg-images. 282 York Ghost Merchants: (bi). 282-283 Alamy Stock Photo: Chronicle (sc). 283 Dreamstime.com: Jerry Coli (bd). 284 Alamy Stock Photo: Christina Simons (sd). South West Voice Photography: (bi). 285 Alamy Stock Photo: Arcaid Images. 286-287 Getty Images: Dale Fornoff. 288 Getty Images / iStock: lanolan. 289 Dreamstime.com: Keith Gentry (sd). Getty Images: Pictures From History / Universal Images Group (bc). 290 Bridgeman Images: © Davis Museum at Wellesley College / Donación de John Friedman y Jane Furse (clase de 1979) (si). © Safaricom PLC: Allan Gichigi (bd). 291 Thomarts Gallery: © Mandisi Mncela. 292 Alamy Stock Photo: Media Associates / Garuda Motion Pictures (sd); Visual Arts Resource (bi). 293 Alamy Stock Photo: VPC Photo. 294 ArenaPAL: Mark Ellidge Archive. 295 Ian French: (sd). Getty Images: Mario Laporta / KONTROLAB / LightRocket (bc). 296 Alamy Stock Photo: Konrad Zelazowski. 297 Getty Images / iStock: John Webb (sc). Spookers Haunted Attraction: @spookersnz (bc). 298-299 Dover Publications, Inc. New York. 300 Kimberly Leahey. 301 Nat Geo Image Collection: (sd). 302 Alamy Stock Photo: Stephen Fleming (bd); Alberto Paredes (si). 303 Alamy Stock Photo: Chronicle of World History. 320 Alamy Stock Photo: Chronicle.

«Puedo invocar espíritus del profundo abismo.»

GLENDOWER EN *ENRIQUE IV, PARTE I* DE WILLIAM SHAKESPEARE (1596–1597)